思政教育实践

—————————————— 邹先定思政教育札记选编

邹先定 著

思政教育札记卷
邹先定文集

ZHEJIANG UNIVERSITY PRESS
浙江大学出版社
·杭州·

图书在版编目（CIP）数据

思政教育实践：邹先定思政教育札记选编 / 邹先定
著. -- 杭州：浙江大学出版社，2023.7（2024.9重印）
ISBN 978-7-308-23957-8

Ⅰ．①思… Ⅱ．①邹… Ⅲ．①思想政治教育－中国－
文集 Ⅳ．①D64-53

中国国家版本馆CIP数据核字(2023)第112184号

思政教育实践
——邹先定思政教育札记选编

邹先定　著

责任编辑	季　峥	
责任校对	蔡晓欢	
装帧设计	龚亚如	
出版发行	浙江大学出版社	
	（杭州市天目山路148号　　邮政编码　310007）	
	（网址：http://www.zjupress.com）	
排　　版	杭州林智广告有限公司	
印　　刷	浙江新华数码印务有限公司	
开　　本	787mm×1092mm　1/16	
印　　张	14.5	
插　　页	1	
字　　数	319千	
版 印 次	2023年7月第1版　2024年9月第3次印刷	
书　　号	ISBN 978-7-308-23957-8	
定　　价	86.00元	

自序

2022年，在浙江大学党委学生工作部、浙江大学求是学院的支持下，我几十年在高校从事学生思政教育和工作的文集《思政教育实践——邹先定思政教育札记选编》终于将付梓出版了。已步入人生深秋的我在夕阳的辉映下，重拾泛黄的文稿，当年教学马克思主义理论课程、和学生一起开展丰富多彩的思政教育活动的情景又仿佛呈现在眼前。当年的学生中有的已成为两院院士、大学教授、大学校长，有的已成为各级领导干部和农业战线的专家骨干，还有更多在平凡岗位上默默无闻奉献的奋斗者，他们都是改革开放时期培养的社会主义合格建设者和可靠接班人。此时的我，内心充满了对党培养教育的崇敬之心、感恩之心，也充满了对学生的思念和耕耘收获的愉悦。

2022年是我荣获为庆祝中国共产党百年华诞而颁发的"光荣在党五十年"纪念章的第2年，是我光荣参军60周年和投身高校思政教育50周年。我格外珍惜自己这些在党的培养教育下成长的经历。

我一生无法忘却的是1949年5月3日杭州解放和10月1日新中国成立的童年记忆。我亲见位于大学路的浙江大学于子三阅览室中的《战局形势图》上被不断插上小红旗，人民解放军势如破竹、捷报频传，浙大进步学生告诉我父母"天亮了，迎接新中国，建设新中国"。我亲历时代的伟大变迁，在当年杭州师范学校的校园里，《你是灯塔》《解放区的天》的歌声此起彼伏……解放军战士个个年青英武，班排席地就餐，纪律严明，轻重武器摆放在身边。我站在杭州师范学校的美术教师周天初先生身旁，出神地看他临摹马克思、恩格斯等伟人的巨幅彩色油画肖像。由此开始，红色种子深埋于我心。现今我已79岁耄耋之龄，还能一字不漏地从心底里流淌出《你是灯塔》的歌词：

> 你是灯塔，照耀着黎明前的海洋；
> 你是舵手，掌握着航行的方向，
> 光荣的中国共产党，你就是核心，你就是方向。
> 我们永远跟着你走，人类一定解放。

我常常会独自一个人在工作之余情不自禁地吟唱起这首70多年前的童时听会的歌，唱着唱着，禁不住眼里噙满泪水。70多年来，党和马克思主义就是我心中永远的灯塔。

1962年，蒋介石集团叫嚣反攻大陆，党号召大学生参军，保卫胜利果实。我响应党的号召，毅然中断大学学业，投笔从戎，成为一名解放军战士。我参军6年，在部队火红的革命熔炉里经受锻炼和考验，成为一名光荣的中国共产党党员，奠定了我爱党、信党、为人民服务的坚定政治立场，并确立了自己的马克思主义信仰。1963年，我20岁，在学雷锋的热潮中，我通读了《毛泽东选集》四卷。我翻过有凉亭的小山，在离驻地20里的新华书店捧回列宁的《唯物主义和经验批判主义》。一本艾思奇的《辩证唯物主义　历史唯物主义》马克思主义哲学教程，我从1965年读起，到1997年还在读，阅读了10余遍，时间跨度30多年。如今，这本书纸张已变脆变黄，当年阅记时留下的字迹已经褪色斑驳，我一直珍藏着这本引导我自学马克思主义哲学的入门书，它见证了我自青年时代当战士起，就如饥似渴地阅读马列主义、毛泽东著作，爱学习、刻苦钻研的态度和习惯。

　　1968年，我退伍回校复学。大学毕业后，我留校担任马克思主义哲学的任课教师。我曾就读于农业物理系和农业机械系，改行担任马列政治课教师，跨度大。好在我对马克思主义哲学，特别是自然辩证法教学，具有一定的自然科学基础，加上我在部队自学马克思主义哲学打下的基础，我找到了结合点，增强了信心，决心边学边教，在学中干，在干中学。我选用艾思奇的《辩证唯物主义　历史唯物主义》作为教材，向77、78级恢复高考后的本科生讲授马克思主义哲学原理，并受到欢迎。我为改革开放后浙江农业大学招收的首届硕士研究生讲授自然辩证法，靠的也是反复精读恩格斯《自然辩证法》《反杜林论》，列宁《唯物主义和经验批判主义》，毛泽东《矛盾论》《实践论》等哲学著作的积累。1981年，组织上送我去中央党校自然辩证法研究班学习深造，同时完成研究生学业。在此期间，我聆听了钱学森、吴文俊、韩树英、葛力、舒炜光等著名科学家和学者的讲授，有机会向他们当面请教，听取指导。我根据农业学科的特点，以马克思主义哲学为指导，开始系统研究农业科学哲学、宏观农业、现代农业建设等现实课题，先后发表120多篇文章，有一些被"中国人民大学复印报刊资料库"所引用，撰写或主编出版了《世纪之交的中国农业和农村》《宏观农业原理与现代农业建设》《农业发展的宏观分析》《现代农业导论》《形势与政策》《马克思主义哲学教程》等著作。我把以马克思主义哲学观点研究农业的论著和成果，归入个人文集《农业科学哲学研究——邹先定农业笔记选编》，故不在本书中展开。

　　在高校思政教育实践中，我先后获高等教育国家级教学成果奖二等奖、浙江省教委优秀教学成果奖一等奖、浙江省哲学社会科学优秀成果奖三等奖、浙江省教育科学重大研究成果奖三等奖、《高等农业教育》优秀论文一等奖、浙江省高校思想政治教育优秀论文二等奖、中国自然辩证法研究会成立20周年著作三等奖、"从事中国自然辩证法事业30周年"等奖项。在浙江农业大学获优秀教学奖、教学改革奖一等奖。在我主管学生工作期间，浙江农业大学连续11年荣获全国大学生暑期社会实践先进集体称号。我先后担任浙江农业大学马列主义教研室副主任、社科部副主任（主持工作）、校党委宣传部部长、校党委副书记等职。相关的学术兼职有浙江省社会科学联合会首届理事及学术咨询委员会委员、中国自然辩证法研究会理事、浙江省高校思想政治教育研究会副会长、浙江省自然辩证法研究会副理事长、浙江省哲学学会常务理事等。

回顾自己50年从事马克思主义哲学教学和思政工作的实践，有以下3点体会。

第一，对马克思主义的热爱和信仰。我出身于教师家庭，生在旧社会，长在红旗下。童年迎来了新中国的成立，从小埋下热爱党热爱新中国的种子，受革命文化的熏陶，扣正了人生的第一粒扣子。特别是参军6年，我在革命大熔炉，受人民军队宗旨和使命的教育，更深地理解马克思主义的人民性，更坚定了自己一生听党的话，跟党走，党叫干啥就干啥的坚定信念和决心。我亲历党领导下国家的沧桑巨变，这使我更深刻地理解马克思主义的科学性、真理性，即使遭遇十年"文革"动乱，也从未动摇。我始终热爱马克思主义理论，信仰马克思主义，并自豪地认为从事马克思主义理论的教学和宣传是我毕生的事业、崇高的使命。

第二，认真学习，刻苦钻研。自参军60年来，我始终未中断对马克思主义理论的学习。研读马克思主义经典著作已成为我的习惯，成为我精神生活的第一需求。60年来，我持之以恒地学、精读原著学、结合相关学科融会贯通地学、联系国内国际实际和人生实践经历学。我的书房摆满了从马克思到习近平的经典著作和革命导师们的传记，以及有关的自然科学、历史科学、哲学和人文社会科学、中华优秀传统文化典籍等书籍。坐拥书城，潜心研读，对我来说是一种美好的享受。年近70的我，特敬置新出版的《马克思恩格斯文集》十卷和列宁《专题文集》五卷。我72岁重读马克思的《资本论》。如今，我依然坚持早晨4点起床，保持早自修习惯，研读《习近平谈治国理政》一至四卷。

第三，热爱学生。喜欢与学生在一起，向学生学习，同学生一起成长，是我从教50年的真切体会和真实写照。是学生的鼓励、质疑、鞭策、教学相长，帮助并成就了我的今天。我粗略地算了一下，50年授课的在校学生大约有3000多名（不含继续教育生）。50年前有的学生比我还年长一点，如今的学生已是我孙辈的同龄人，我自己也从而立之年到耄耋之龄，但始终与学生保持着终生的真诚友谊。学生毕业后告诉我，听马克思主义哲学课对工作还是很有用的。有一个学生毕业后转攻哲学，在自己的哲学著作扉页上工整地写上："听你的课是在享受精神的盛宴"赠送给我。我一直在收获并享受着青蓝相继、青胜于蓝的喜悦。

2003年，我光荣退休，从事关心下一代工作，帮助青少年树立理想信念、培育社会主义核心价值观，实际上依然是思政教育的延续。2017年，党的十九大胜利召开，我提出创建浙江大学"在鲜红的党旗下"党建教育平台的构想。2020年，浙江大学关心下一代工作委员会（简称校关工委）成立了"在鲜红的党旗下"邹先定工作室。据不完全统计，

2013—2021年，我为学生激情宣讲党的创新理论130多场次，受众达3万多人次。我担任浙江大学关心下一代工作委员会顾问、求是宣讲团团长，还担任浙江省离退休干部红色讲师，获"红船精神优秀'五老'宣讲员"称号。我于2019年获浙江省关心下一代先进个人和"最美五老"称号，2020年获关心下一代工作"全国先进工作者"称号，2021年获教育部关心下一代工作突出贡献奖。从教50年，前30年在职从事思政教育，后20年在关心下一代工作的舞台上继续从事思政宣讲马克思主义传薪工作，特别是当代中国马克思主义、21世纪马克思主义——习近平新时代中国特色社会主义思想的宣讲传播。我没忘记自己的初心和使命，一辈子听党话、跟党走，党叫干啥就干啥、就干好啥，始终不渝地热爱、信仰、践行马克思主义。

50多年，我不断收获学生发自内心的听课感言。博士生在研修我讲授的《现代科学技术与马克思主义》课程后写道："可以毫不夸张地说，这门课程是我收获最大的一门课。一是老师知识广博，见解深刻，治学严谨，是我学习的楷模；二是老师一丝不苟的治学态度，对学生严而有爱的师长形象，字里行间饱含着的对祖国的无限热爱、对美好生活的无限神往、渴望通过现代科学技术促使祖国富强与人民富裕的急切愿望，深深打动了我。老师对马克思、恩格斯等革命导师丰功伟绩及其著作无限的热爱与深刻的领悟，用极其有限的课程时间，高度概括其精神实质与对当代中国发展的指导意义。"2022年，竺可桢学院的学生在聆听《从党的百年奋斗历程中汲取智慧和力量》演讲后，写下自己的感想："老师真挚而精彩的演讲，展现了一名胸怀理想、脚踏实地的老党员的形象，这是本次演讲最让我感慨的地方。老师年近80，声音依然洪亮，为党工作60年，志向依然坚定，是一位令人顿生敬意的党员，我从心底里佩服他，视他为自己的榜样。"

2022年，我入党55年，参军60年，从事高校思政教育50年。我始终是一名党的战士，在鲜红的党旗的指引下，矢志不渝继续从事马克思主义教育和学生思想政治工作，关心青年一代健康成长，为党育人，为国育才，和学生一起成长，同时代一道前进。

是为自序。

邹先定

2022年10月于浙大华家池

目录

01 自然辩证法研究

02 思政工作

自然辩证法研究

ZIRAN BIANZHENGFA YANJIU

01

量子论创立的方法论启示①

　　20世纪所建立起来的量子力学是现代物理学的理论基础之一。今天，量子力学理论被广泛运用于自然科学的各学科。量子论是量子力学的先驱。量子论创立于20世纪初，人们通常把德国物理学家普朗克向柏林物理学会提出他的黑体辐射定律作为量子论创立的起点，而把丹麦物理学家玻尔运用普朗克量子概念建立原子结构模型作为量子论创立的终点。量子论是由经典力学通往量子力学的过渡性理论，是20世纪初物理学革命的重要篇章，它的提出不仅是人类认识微观世界的一次重大飞跃，而且其影响范围已超出自然科学领域。因此，它在科学史中占有重要的地位。分析量子论创立中的方法论将有助于我们理解科学研究的原理和方法。

　　量子论是物理学革命中精华的荟萃，是普朗克、洛仑兹、爱因斯坦、斯塔克、奥哈斯、索末菲、能斯特和玻尔等科学家智慧接力赛的产物。但其中普朗克、爱因斯坦和玻尔的贡献最为突出，他们先后提出了能量子、光量子和量子化原子模型这三个著名的假说。这三个假说是前期量子论的主要骨架，支撑着物理学革命中产生的这个过渡理论，并成为通往量子力学强有力的跳板。我们先对这三个假说作一概略介绍。

一、"孤注一掷的行动"

　　普朗克把他提出的能量子假说称为"孤注一掷的行动"。普朗克的能量子假说源于黑体辐射实验。黑体辐射实验是19世纪末物理学上的重要课题，当时，物理学家们正试图在经典物理基础上得出黑体辐射规律，但均遇到不可克服的矛盾。由维恩（1864—1928）提出的维恩公式和由瑞利（1842—1919）与金斯（1877—1946）提出的瑞利-金斯公式都同经验事实相矛盾，即前者在波长较短的区域与实验数值相当接近，在波长较长的区域却偏离甚大，后者在长波区域与实验数值尚为相近，但在短波紫外光区部分与实验事实大相径庭。由于根据瑞利-金斯公式计算在紫外光区的辐射能为无穷大，物理学家形象地把它称为"紫外灾难"。但"紫外灾难"又确确实实是运用经典物理理论研究的结果，难怪当时

---

① 本文原载《科学研究的原理和方法》，辽宁人民出版社，1986。

物理学的权威、英国科学家开尔文（1824—1907）不安地把黑体辐射实验称为物理学晴朗天空的"乌云"。

1900年元旦，柏林大学理论物理教授普朗克在仔细研究维恩公式、瑞利-金斯公式及自己大量实验资料的基础上，运用内插法寻求新的辐射公式，提出这样大胆的假设：物体在发射和吸收辐射时，能量不是连续变化的，而是以一定数值的整数倍跳跃式地变化着，即能量不是无限可分的，而是具有一个最小的单元。普朗克把这个不可分的能量单位称为"能量子""作用量子"，或简称量子。普朗克的能量子假说冲击着德国科学家莱布尼茨（1646—1716）"自然界无跳跃"的理论，表现出对"一切自然过程都是连续的"这一"物理学教义"的挑战。普朗克采取了"孤注一掷的行动"：新的辐射定律要么荒诞无稽，要么是牛顿定律以来物理学最伟大的发现之一。然而，普朗克深受经典物理学框架的束缚，为自己提出的理论的革命性而惶惶不安。他在提出量子论后的几年中，总是设法改变它，千方百计把它纳入经典物理学的轨道，为此耗费了十几年宝贵的时间和心血。但是量子论在此基础上继续迅速地发展着，普朗克在这场物理学变革中的历史功绩是不可磨灭的。爱因斯坦称他是"一个以伟大的创造性观念造福于世界的人"[①]。他的能量子假说最先驱散了19世纪末的"乌云"，突破了经典物理学的框架，为量子力学的发展提供了一个新的逻辑出发点。

二、波粒二象性的揭示

第一个把普朗克能量子假说贯彻下去，并努力加以发展，使整个物理学界认识到其重要性的人是年轻的爱因斯坦。

19世纪末，随着电气工业的发展，稀薄气体放电现象开始引起人们的注意。1887年，德国物理学家H. 赫兹（1857—1894）首先发现光电效应。光电效应是物质（主要是金属）在光的照射下释放电子的现象。只有当入射光的频率变化（增大）到某一临界频率（与所用金属材料有关）时，金属表面才会逸出电子。光电效应有两个明显的特征：一是释放出的光电子的能量与入射光频率同临界频率之差成正比，而与光的强度无关；二是对于给定的入射频率，发出的光电子的能量不变，但光电子的数目随光强呈正比例地增加。经典理论对此现象无法解释。

1905年，26岁的爱因斯坦在当时德国的权威杂志《物理学纪事》上发表了《关于光的产生和转化的一个启发性观点》，提出了光量子假说，并圆满地解释了光电效应。爱因斯坦认为，能量不仅在辐射的发射和吸收过程中是不连续的，而且在空气中传播的过程中也

---

① 许良英、李宝恒、赵中立、范岱年：《爱因斯坦文集》第一卷，商务印书馆，1976，第445页。

是不连续的，它由不可分割的能量子所组成。爱因斯坦指出，关于光的产生和转化的瞬时现象，光的波动论同实验事实不相符合，而要解释这类现象，只能假设光是由能量子所组成的，他将这种能量子称为"光量子"（光子）。光由一群光子组成，当每个光子的能量超过某一数值（逸出功）时，被照金属就会释放一个电子，每个电子的能量低于光子能量减去逸出功。所以，光子能量越大（即频率越高），电子的速度就越大；而光子越多（即光越强），电子的数目也就越多。爱因斯坦就这样把神秘的光电效应之谜解开了。十年后，美国实验物理学家密立根（1868—1953）的研究证明，爱因斯坦对于光电效应的解释是正确的。1923年，美国实验物理学家康普顿（1892—1962）也证实了光子的实在性。

光量子假说使19世纪已获得认可的光的波动理论又出现了异议，并使人们重新认识光的粒子性，但又绝非早已销声匿迹的牛顿微粒说的简单复活。它并没有形而上学地否定光的波动理论，相反，它深刻地认为看似矛盾的粒子性和波动性是相互联系着的，光既有粒子性又有波动性。实验事实也是如此，光在不同条件下，主要矛盾会发生变化。例如：在干涉和衍射实验条件下，波动性就成为主要矛盾，光就表现出波的性质；而在原子吸收或发射光的情况下，粒子性又成为主要矛盾，光就表现出粒子性质。爱因斯坦的光量子假说在人类认识自然界的历史上第一次揭示了光的波动性和粒子性的对立统一，即波粒二象性。波粒二象性是微观世界的一个基本特征，它对量子论和量子力学都具有重大的理论意义和深远的影响。

三、通往量子力学的"跳板"

1911年，英国物理学家卢瑟福经过长期探索，在实验的基础上提出了原子行星模型。但是用经典电磁理论无法说明原子行星模型。原子行星模型中绕核旋转的电子具有加速度，按照经典的洛仑兹电子理论，必然产生两个结果：第一，电子因不断向外辐射电磁波而不断丧失能量，最后势必掉到原子核里，导致原子崩溃。第二，由于电子旋转半径是连续可变的，它将越旋越小，根本不可能有什么稳定状态，而只有连续可变的能态，所以它向外辐射的电磁波一定是连续谱，而不是线状光谱。然而原子的稳定状态和原子分立线状光谱的存在都是铁的事实。这两个确凿无疑的事实意味着研究宏观现象的经典理论不适用于原子的微观领域。物理学在这里又面临着严峻的抉择：要么抹杀铁的事实，要么大胆变革旧理论。

1913年，玻尔把卢瑟福的原子模型和普朗克的量子论大胆而巧妙地结合起来。早在1911年，玻尔就认为，如果要描述原子现象，就必须对经典概念来一番彻底改造，他深信量子论能够说明卢瑟福原子模型所要求的稳定性。玻尔在仔细研读了第一届索尔维会议文献和大量实验资料的基础上，既大胆肯定了卢瑟福原子模型原则上是合理的，又认为必须把普朗克的量子论运用到原子结构上，提出了量子化原子模型假说。

玻尔的量子化原子模型概略地说是：①原子中的电子在原子核的库仑力场中各按一定的轨道绕核运动，但是只有当电子运动的动量矩等于$\frac{h}{2\pi}$（h为普朗克常数）的整数倍时，这些轨道才是稳定的。在每一稳定轨道中，原子具有一定的能量，这些不连续的能量值组成原子的各个能级。②原子从能级E_n跃迁到能级E_m时，将发射或吸收一定频率的光，频率的数值为$\frac{|E_n-E_m|}{h}$。玻尔的假说不仅使卢瑟福原子模型得到合理的解释，还对当时已发现的氢原子光谱线系的规律做出了圆满的说明，并且预言在紫外光区存在另一个线系。1914年，这个线索果然被赖曼观察到，观测量与玻尔的计算值相当接近。与此同时，原子能量不连续性的概念也被弗兰克和G.赫兹直接从实验中证实。

玻尔量子化原子模型假说的胜利，大大扩展了量子论的影响。玻尔把普朗克提出的量子论推广到原子结构中去，推广到电子运动中去，从而揭示了在原子行为中或微观世界中存在着特殊的量子化原则，这些都是具有重要意义的。

应该指出，玻尔的假说产生于量子论的创立时期，处于整个量子力学发展的襁褓阶段，因此，它对经典理论的变革不可避免地带有不彻底性。它的整个假说仍然是建立在经典物理粒子和轨道运动的观念上，具有半经典性和唯象性。同时，当时除氢原子外，该假说也不能推广到具有一个电子以上的原子中去，因而今天已理所当然地被量子力学所取代。但是玻尔的假说使人类对微观世界的探索大大推进了一步，而且这个假说的某些核心思想至今仍然是正确的，为量子力学所应用。玻尔的假说还包含着一些非常富有启发性的东西，因此，该假说自然而然地成为更严谨完整的科学——量子力学的一块强有力的"跳板"。

四、驱散"乌云"的根据

普朗克、爱因斯坦、玻尔所提出的三个假说是相互联系的，它们的基本思想是量子化，揭示了微观世界的基本特征——不连续性，对驱散笼罩在物理学上空的"乌云"、迎接量子力学的诞生起了重要的作用。

19世纪末，西欧各国由于冶金高温测量技术和天文学发展的需要，开始推动对热辐射的研究。维恩公式和瑞利-金斯公式就是西欧科学家们分别根据热力学普遍原理、经典电磁理论以及统计物理来处理黑体辐射实验数据的研究成果。普朗克也十分重视黑体辐射的实验事实，他认为："这个所谓正常的能量分布代表着某种绝对的东西，既然在我看来，对绝对的东西所做的探求是研究的最高形式，因而我就劲头十足地致力于解决这个问题了。"①普朗克在维恩、瑞利、金斯研究的基础上，唯象地运用数学的内插法，得出著名的普朗克公式，进而提出能量子假说。

作为一个科学的探索者，在遇到新事实和旧理论冲突时，是将新事实纳入旧理论，从而抑制科学的发展，还是依据实验事实冲破旧理论的传统束缚，创立新理论，这里就有一个是否坚持唯物论的问题。唯物论认为，在科学研究中，实验事实是第一性的，理论假说是第二性的，后者是对前者的认识和反映，而绝非颠倒。因此，坚持实验事实第一、理论假说第二是一条重要的方法论原则。

在量子论的创立过程中，普朗克、爱因斯坦、玻尔都自觉不自觉地、不同程度地坚持了实验事实第一、理论假说第二的唯物主义立场。普朗克曾说："物理定律的性质和内容，都不可能单纯依靠思维来获得，唯一可能的途径就是致力于对自然的观察，尽可能搜集最大量的经验事实，并把这些事实加以比较，然后以最简单最全面的命题总结出来。"②这个见解反映了普朗克的唯物主义倾向。

当然，在自然科学发展中还要区别两种情况。一种是新事实与原有理论的冲突仅为一般性的矛盾和冲突，并不是原有理论的基本原则出了什么问题，只是还不够严谨和完善；不是原有理论的"核心"出现了漏洞，而是理论"核心"外围的"保护带"有缺陷。解决这类情况，无须触动"核心"，只要修补"保护带"，即提出一些新的附加假设去补充完善就可以了。这类附加假设的提出不会导致原有理论的根本变革，而是理论发展的渐进形式。另一种是新事实与原有理论的矛盾冲突不是一般的矛盾冲突，而是根本性的矛盾冲突；不是"保护带"不够"完备"，而是"核心"出了"毛病"。在这种情况下，修补加固"保护带"已无济于事，非得彻底变动"核心"不可。可是，一个理论的"核心"是该理论的灵魂和生命所在，变动"核心"等于抛弃原有理论。后一种情况反映了新事实对旧理论的严重挑战，也显示出旧理论在越出其适用范围时的窘迫局面。旧理论发生"危机"的时候正是新理论创立的时机，按照爱因斯坦的说法，对旧理论的修补已于事无补，非得重新建造一条理论的"大船"不可。在这种"危机"时刻，所提出的新的合理的假说是对旧理论的辩证否定，是科学认识的飞跃，也是理论发展的质变形式。毫无疑问，不论是理论发展的渐进形式还是质变形式，对于一个科学工作者来说，都必须坚持实验事实第一、理论假说第二的唯物主义立场。

---

① 阿尔明·赫尔曼：《量子论初期史》，商务印书馆，1980，第11页。
② 普朗克：《从近代物理学来看宇宙》，商务印书馆，1960，第26页。

五、冲破旧框架的束缚

思想能不能解放、敢不敢冲破旧框架的束缚，对于科学探索来说是十分重要的。科学史上几乎每一次重大突破，都是由怀疑作先导的，量子论的创立也不例外。怀疑的目光、探索的精神、敢于冲破旧框架的勇气，从来都是发展人类科学认知所必需的。科学研究是对自然规律的艰苦探索。一般来说，每一项新的研究都是在前人研究的基础上进行的，每一代科学家都必须接受前人的知识成果作为自己研究的起点。这种接受具有两重性：从积极方面讲，吸取了知识营养和方法，奠定了研究基础，这是主要的；从消极方面讲，无形中受到前人知识和方法的束缚，虽然属于次要的方面，但也必须警惕。因此，作为科学工作者来讲，对前人的知识和方法有分析的必要，对那些不符合客观实际的理论固然要分析，对那些在一定程度和范围内正确反映客观事物及其规律，以及被认为是真理的那些理论，也不要将其绝对化。马克思主义认为任何真理都是绝对和相对的统一，真理是历史的、具体的，是人们在一定条件下对客观事物的正确反映。这种认知受到各种条件的制约，只能达到一定的深度和广度。由此可见，学习继承前人的知识和理论固然重要，但也不能被前人所束缚，背上沉重的知识包袱，忘记了自己认识新事物、研究新问题的责任和使命。科学研究固然离不开精密的仪器和设备，但更离不开科学的创造性劳动所必须具备的"怀疑的批判的头脑"。

爱因斯坦就是具有"怀疑的批判的头脑"的物理学家。他不满足于一切现成的东西，不满足于人类认知的现状，不因循守旧、墨守成规，敢于冲破旧框架的束缚，敢于创新。爱因斯坦自称是一个"很彻底的怀疑主义者"，当普朗克提出能量子假说后，却不敢把能量不连续概念再往前推进，甚至企图撤回一些量子观点，使之与经典理论相适应时，爱因斯坦则不同凡响地提出了光量子假说。这是继普朗克能量子假说后，对"自然界无跳跃"这种形而上学观点的又一强烈"冲击"，从而开启了量子论发展的新局面。爱因斯坦的观点一经提出，几乎遭到所有老一辈物理学家的反对，甚至连相信量子论的那些人也都不赞成，但爱因斯坦毫不顾及权威和其沿袭的教条，提出大胆又新颖的波粒二象性学说。1906年，爱因斯坦在深入研究光电效应后，又把量子论扩展到物体内部的振动上去，成功地说明了低温时固体的比热同温度变化的关系。1912年，爱因斯坦还把光量子概念用于光化学现象，提出光化学当量定律，建立了光化学的理论基础。爱因斯坦这一系列探索有力地推进了普朗克所提出的量子理论。光量子假说对以后德布罗意建立物质波理论及量子力学的创立都具有重要的启示。在普朗克能量子假说提出后的十年里，爱因斯坦对量子论的发展起着主要的推动作用，这和他那科学探索的气质和勇气是分不开的。正如他自己所说的，他没有什么特殊的才能，不过喜欢刨根究底地追究问题罢了。在科学的征途上，是无成规可循的，需要敢于冲破旧框架束缚的勇气。这也是量子论三个假说留给人们的重要启示。

六、大胆选题，抓住关键性实验

普朗克、爱因斯坦、玻尔在创立量子论的过程中，都把自己的研究方向大胆地确定在新实验事实同旧理论冲突的问题上，分别抓住黑体辐射、光电效应、氢原子线状光谱分析等关键性实验事实，敢于揭露矛盾、分析矛盾，提出解决矛盾的新假说，终于突破了旧理论的局限，开拓了新的研究领域，反映了量子论创立中的又一方法论特点。

从量子论创立的过程看，上述三个关键性实验体现了当时物理学发生变革的方向。它们具有以下特点：①富有挑战性。它们同经典理论的冲突十分尖锐，因此，对这些实验事实研究的突破将对整个物理学的发展有深刻的影响。②信息量丰富。因为它们同经典理论的矛盾已明显暴露，就更有可能透过现象揭示其隐藏在内部的本质和规律。人们对这三个实验事实较为熟悉，只是由于当时认识上的局限和旧理论的缺陷，人们才处于百思不得其解的状态中，而这种状态往往孕育着认识上质的飞跃。一般说来，理论上富有挑战性，而又长期未能解决的问题，往往难度较大，但也正因为其既难又富有挑战性，所以科学价值也较大。爱因斯坦曾经说过，他无法容忍那种拿起一块木板、专找最薄的部位、在最容易钻孔的地方钻了很多孔的科学家。他赞赏那些不怕艰险、勇于攻克难关的物理学家。当时，黑体辐射第三个实验事实同经典物理学的矛盾十分尖锐，物理学将进入一个历史的转折，大势已成。普朗克、爱因斯坦、玻尔准确地把握住物理学发展的方向，敏锐地抓住三个关键性实验所提出的十分富有挑战性的问题，表现出他们对课题设置的真知灼见和不畏艰难的气概。

综上所述，选题于新实验事实同旧理论冲突的地方，不回避理论上的挑战性问题，善于抓住关键性实验事实，是普朗克、爱因斯坦、玻尔在创立量子论的过程中共同的方法和风格。

七、辩证思维必不可少

一个自然科学理论的创立，一定要建立在大量确凿无疑的实验事实之上，但又不是简单地罗列归纳实验事实，而是通过大量艰苦的分析思考，揭示出原先认为互不相关的各种事实之间的内在联系，并使之系统化和逻辑化。

我们从量子论的创立中可以看到，任何一个假说都不是随心所欲、凭空而出的。不论是普朗克的能量子假说、爱因斯坦的光量子假说，还是玻尔的量子化原子模型，都是从一定的实验事实出发的，在这些实验事实背后隐藏着深刻的矛盾和尚未揭示的奥秘。正因为量子论三个假说的基础是坚实的，所揭示的矛盾是深刻的，所以其假说的价值和意义才是深远的。

创新是科学工作的生命。科研劳动要不断地用概念、假说、理论来揭示自然的秘密。因此，仅仅具有确凿的事实是不够的，事实仅提供现象。本质的探求和新假设的提出必须进行理论抽象。当然，在理论抽象中形式逻辑思维是不可缺少的，借助它可以严密审慎地判断推理，但是要激发创造性的劳动，辩证逻辑思维更为重要，它可以帮助研究者完成认识上的飞跃。而这种理论抽象能力的训练"除了学习以往的哲学，直到现在还没有别的手段。"①

我们从量子论创立者们身上可以明显地看到这一点。普朗克、爱因斯坦、玻尔在他们的科学生涯中都表现出对哲学的浓厚兴趣和深湛的素养。这种兴趣和素养对他们的研究大有裨益，例如，在过去漫长的岁月里，围绕光的本性，"微粒说"和"波动说"一直争论不休。直到爱因斯坦提出光的波粒二象性才第一次揭示了其矛盾对立统一的端倪。试图对光既是"粒子"又是"波"的奇特现象做出哲学解释的是玻尔，"互补"最初是对波粒二象性的一种物理描述。他认为："这些表现上矛盾的现象必须被认为是互补的，互补的意义是将这些现象汇总起来，它们就将关于原子客体的一切明确定义的知识包罗殆尽了。"②玻尔对微观客体的哲学描述对发展量子论是有积极意义的。他的"互补原理"中有不少辩证因素，也是富有启发性的。玻尔自称，他像一个工匠和一个哲学家那样对物理学发生兴趣。确实，"工匠"的实验能力和"哲学家"理论思维的头脑对于一个有创造性的物理学家来说都是不可或缺的。"工匠"和"哲学家"这种奇特的结合既使玻尔在量子论创造中做出了不可磨灭的贡献，又使他通过对波粒之争的哲学概括给物理学扑朔迷离的微观世界勾勒出一个大致的轮廓。玻尔酷爱哲学著作，自幼就受到哲学思想的熏陶。在他父亲和朋友的哲学谈论中，玻尔惊异地发现表面上截然相反的观点，对全面理解问题却有相辅相成的作用，都是不可缺少的。这给他留下了持久不灭的印象。玻尔博览各种哲学著作，甚至涉猎中国古代哲学，并将东方文明深深植根于他自己的思想之中。有趣的是，他自己设计的徽章，把中国古代的太极符号作为中心图案，以示阴阳互补之意。他既富有科学探索精神，又不乏哲学的深邃思考，两者相得益彰。这不仅对于量子假说的创立具有重要的意义，而且也是一切有创造性贡献的科学家所应该具备的。

量子论的创立是20世纪物理学的重大进展之一。由于量子论处于经典物理学和量子力学之间的特殊地位，具有承前启后、继往开来的作用，所以它对于开创性研究所提供的启发也就更具有典型性。毫无疑问，量子论是普朗克、爱因斯坦、玻尔等科学家集体奋斗的成果，也是运用多种研究方法和手段的产物。但是，我们认为任何一门新的学科、新的概念和范畴的建立是随着科学实践的发展而产生的，可是能否找到一个正确的假设往往成为解决问题的关键。寻求一个正确的假设，从一个合理的逻辑出发点拓展，完成其内部的自

① 《马克思恩格斯选集》第三卷，人民出版社，1972，第465页。

② 玻尔：《原子物理学和人类知识论文续篇》，商务印书馆，1978，第30页。

洽性并接受实践的考验，这一系列活动是科学家创造性的突出表现，也是量子论创立的主要方法特征，这也是我们为什么着手讨论假说方法的理由所在，正如杰出的天文学家拉普拉斯所指出的："论证一种天才的研究方法，对于科学的进步……并不比发现本身更少用处。"①

---

① 拉普拉斯：《宇宙体系论》，上海译文出版社，1978，第445页。

门捷列夫发现元素周期律的方法论启示

一、布瓦博德朗的惊愕

1875年深秋的一天，法国化学家布瓦博德朗突然收到一封陌生的来信。来信者告诉布瓦博德朗，他于不久前所发现的新元素镓（Ga）的性质测定不完全正确，信中写道："镓就是我预言的类铝，它的原子量（即相对原子质量）接近68，比重应该是5.9上下，不是4.7，请再试验一下，也许您那块物质还不纯……"[1]信末的署名是"圣彼得堡大学教授门捷列夫"。布瓦博德朗对这封门捷列夫教授的信感到疑惑不解：镓是他在分析比利牛斯山闪锌矿时所发现的，毫无疑问，他是当时世界上唯一的拥有者，而门捷列夫则在遥远的俄国圣彼得堡，他又怎能判断镓的比重准确与否呢？但是，布瓦博德朗毕竟是一位严肃的科学家，他又重新进行测定，果然镓的比重值为5.94，与门捷列夫的数据极相吻合。此外，门捷列夫还对镓的原子体积、物理化学性质、化合物形式与性能，甚至连镓被发现的技术手段均做了明确的预言，且这些预言都逐一被证实。

门捷列夫的预言使布瓦博德朗大为惊奇和佩服，他说："我认为没有必要再来说明门捷列夫先生的这一理论的伟大意义了。"[2]镓的预言成功轰动了整个科学界，之后，门捷列夫预言的钪（Sc）和锗（Ge）也陆续被证实，他的名字很快传遍了全球。门捷列夫"运筹帷幄之中，决胜千里之外"，创造了化学史上的一个奇迹，它可以同法国天文学家勒维烈根据天体力学理论的计算预言海王星相媲美，恩格斯赞扬门捷列夫"完成了科学上的一个勋业"[3]。

门捷列夫是根据元素周期律理论大胆预言的，元素周期律当时被人誉为"无机界的达尔文主义"。纵观科学史，我们认为像门捷列夫元素周期律这样比较深刻地反映客观自然规律的伟大发现，必有其研究方法上的创见和特色，值得我们学习借鉴。

---

① 田凤岐：《元素周期律》，北京出版社，1965，第29页。

② 斯吉柏诺夫：《人类认识物质的历史》，中国青年出版社，1952，第160页。

③ 恩格斯：《自然辩证法》，人民出版社，1971，第51页。

二、前人的探索

门捷列夫曾给元素周期律下了一个定义："元素（以及由元素所形成的单质或化合物）的性质周期地随着它的原子量而改变。"[1]大家所熟悉的元素周期表就是它的具体形式。门捷列夫和德国化学家迈耶尔几乎同时发现了元素周期律。[2]元素周期律第一次把各种元素看作是内在联系的统一体，揭示了元素性质随原子量增大而发生周期性变化的规律，深刻反映了自然界物质内部的本质联系，为现代无机化学奠定了基础。

但是，人们为探索这个规律备尝艰苦和曲折。化学元素是构成大自然的森罗万象的"原始建筑材料"，是人类在漫长艰苦耐劳的实践中被逐步发现的。自17世纪中叶英国科学家波义耳确定了元素的概念后，自然界元素的发现接踵而来，到19世纪中叶已达63种。此时，人们关于各种元素的物理、化学性质的研究资料已经相当丰富，但是这些材料繁杂纷乱，缺乏系统性、条理性，构成一座化学的"迷宫"。面对这些杂乱无序的材料，人们在想：地球上究竟有多少种元素？怎样去寻找新的元素？各种元素之间是否存在着一定的内在联系？到18世纪后半叶，有人开始对元素分类，法国化学家拉瓦锡把自己认为可信的33种元素分为金属、非金属、气体和土质四大类。这是人类第一次试图揭示元素内部规律性，但囿于当时化学元素的知识，这种分类具有浓厚的人为色彩。1829年，德国耶拿大学教授、大诗人歌德的化学老师德贝莱纳注意到某些三元素组，例如钙（Ca）、锶（Sr）、钡（Ba），当中元素（锶）的原子量近似于第一元素（钙）和第三元素（钡）原子量的平均值，这就是德贝莱纳的三组素，它为探讨相似化学元素的原子量之间的规律开启了先河，但由于当时发现的元素仅54种，德贝莱纳只对15种元素进行分组，没有揭示所有化学元素之间的联系，更没有把元素作为一个整体来考察，故未获成功。1862年，法国地质学教授尚古尔多阿将62种元素按照原子量的大小循序标记在绕着圆柱体上升的螺旋线上，每个周期包含16个元素，这样某些性质相似的元素都出现在同一条母线上，这就是有名的螺旋图。可惜，尚古尔多阿的论文笔调晦涩，没有被重视，因此在周期律的发现史上未起到应有的作用，但是从方法论的角度看，尚古尔多阿能够从整体上考察元素性质和原子量的联系，并初步提出了元素性质的周期表，是一个进步。然而，他的方法也存在缺陷，由于客观上构成性质相似的一组元素之间的原子量差值并非总等于16，因此，螺旋线上，性质迥然不同的元素凑在一起，错误不少，化学迷宫的大门依然紧闭着。1865年，英国化学家纽兰兹把各元素按照原子量的增加次序排列，发现每隔8个元素，相同的物理性质和化学性质重复出现，这就是著名的"八音律"。纽兰兹是最先把元素按照原子序数来排列的科学家，他

---

① 《化学发展简史》，科学出版社，1980，第128页。

② 参见J. R. 柏廷顿：《化学简史》，商务印书馆，1979；M. E. 韦克思：《化学元素的发现》，商务印书馆，1965。

的"八音律"将钙以前的17个元素安排得十分恰当，但是由于他在方法上把"八音律"看作对化学元素的强制法则，硬把当时所知的55种元素纳入"八音律"的框架，致使钙以后的33个元素有15个放错了位置。纽兰兹的缺点在于单凭经验盲目追随事实，既没有充分估计到当时原子量测定值上有错误，又未考虑到为尚未发现的元素留出空位，他把局部出现的现象误认为全体的本质，终使自己陷入迷途。德国化学家迈耶尔与门捷列夫一样对元素周期律做了独立的探索和发现，但是他的周期表没有门捷列夫那样清晰完备，他也没有像门捷列夫那样把元素周期律看作一个崭新的、经过严密论证的、普遍的自然规律，更没有像门捷列夫那样对未知元素做出大胆精确的预言。

应该指出，在近代化学史上，元素分类方法竟有50种之多，为了打开化学迷宫的大门，除上文已提及的探索者外，还有培顿科费、格拉斯顿、库克、欧德林、杜马等一大批科学家。我们清楚地看到，从德贝莱纳到尚古尔多阿、纽兰兹，从三组素到螺旋图、八音律，科学家们越来越深入地揭示了元素间的内在联系，为元素周期律的发现创造了条件；至于他们未能获得突破，除了当时各种客观因素的限制外，也有方法论上的失误。门捷列夫曾总结过尚古尔多阿、纽兰兹等人方法论上的缺点：第一，没有做预测某些元素性质的尝试；第二，没有更正当时某些公认的原子量；第三，不认为周期律是能包括至今尚未概括的事实的客观自然规律。①

前人的探索，使得门捷列夫研究的起点较高，视野较为开阔，有可能将几十种分类方法和研究资料比较优劣、去伪存真、取长补短、争取突破。我们看到，同科学史上一切重大发现一样，元素周期律理论的创立是科学发展的必然，是对前人研究的升华，在认真总结前人经验教训的基础上，门捷列夫立誓："抑制一切妄念，耻空言，重实践，耐心地追寻神圣的科学真理。"②

三、酝 酿

门捷列夫元素周期律是1869年2月17日（旧俄历，即公历1869年3月1日）发现的，人们把这个日子称为"伟大发现的一天"，但是门捷列夫的发现不是一天内完成的，更不是什么灵机一动的想法，而是二十年来顽强探索和紧张研究的结晶，它的酝酿阶段可以追溯到门捷列夫的学生时代。每一个伟大科学成就的诞生都有它的主客观原因。对于元素周期律理论创立来讲，客观上，当时科学的发展不仅向化学提出了从元素认识的感性材料上升为理论概括的需要，而且也提供了丰富翔实的感性认识资料，使这种需要建立在可能性之上；主观上，门捷列夫也具备了一系列必要条件，使他有可能在开启化学元素迷宫大门中

---

① 参见札布罗茨基：《门得列也夫的世界观》，三联书店，1959，第70页。
② M. E. 韦克思：《化学元素的发现》，商务印书馆，1965，第300页。

独占鳌头。我们试从方法论角度对此进行分析。

第一，门捷列夫具备较为完整的知识结构。19世纪60年代，门捷列夫还是一位刚刚走上独立科学道路的青年化学家。他虽然初出茅庐，却已学识渊博。门捷列夫在求学期间，各门功课都学得非常扎实，知识的根基深厚，当时俄国许多杰出科学家都在他学习的中央师范学院任教，其中有被门捷列夫称为"俄罗斯化学之祖"的伏斯克列森斯基教授，以及著名物理学家楞次、数学家奥斯特罗格拉茨基、矿物学家库托尔伽、动物学家勃兰特、天文学家萨维奇等，这使门捷列夫受益匪浅。他攻研了无机化学、有机化学、化学工艺学、物理化学等化学主要学科继续深造，涉猎了各有关领域，知识结构较为完备。门捷列夫曾出国研究深造，与先进国家化学界有一定联系。他先受教于法国著名化学家累诺氏，后又与德国化学大师本生合作。[①]1860年，26岁的门捷列夫参加了卡尔斯鲁厄国际化学家代表大会。会上，各国化学家的争论和见解引起了他的思考，特别是意大利年轻的化学家康尼查罗重申阿伏伽德罗分子论给他留下了深刻的印象，重新唤起他学生时代的幻想和夙愿，促使他下决心致力于化学哲学原理的研究，在元素理论的研究上有所建树。

第二，门捷列夫具有很强的实验能力。作为一名有创造性贡献的化学家，他非常重视观察和实验。他有一句名言：观察和实验是科学的躯体。他在发现元素周期律前，曾对矿物分析、气体燃料、液体内聚力、液体膨胀、绝对沸腾温度等做过大量实验，他常常在自己简陋的实验室里忍着难闻的气味，做出第一流的实验。实验能向科学研究提供宝贵的第一手资料，可以根据精确可靠的实验，表明研究对象与已知客体的各项数量比例；可以根据实验测量建立各种参数的依存性（函数关系或定律）；可以根据实验来检验假设的逻辑结果和理论。[②]门捷列夫通过无数实验事实更坚定了探索元素规律的信念。他通过实验，对大量资料进行核对、验证，对一些有疑问的原子量值进行逐一纠正。他依据理论和可靠的实验数据做出对未知元素的科学预测，凡此种种都离不开优良的实验技能和素养。实验技能和素养是发现元素周期律的重要主观条件。

第三，门捷列夫具有理论思维的修养。在科学上要做出重要贡献，除了继承前人的知识、掌握大量实验事实、富有创造性和严密逻辑推理外，还需要高超的理论思维能力。门捷列夫十分强调理论与实践的统一，他自学生时代起就喜欢哲学，一直关心自然科学与哲学问题，并深切了解如果没有哲学概括帮助，自然科学就难以发展；他还认为，如果没有理论指导和哲学思维，那么在盲目实验与观察的摇摆不定和徒劳无益的道路上，错误就会没有止境。

以上三点是门捷列夫能够发现元素周期律的三个重要主观因素。当然，这三个因素也只能说使业已成熟的客观条件转化为认识成为可能，要使这种认识的可能性转变为现实

---

① M. E. 韦克思：《化学元素的发现》，商务印书馆，1965，第309页。

② 参见《门得列也夫的世界观》，三联书店，1959，第85页。

性，还必须依仗正确的方法和坚韧不拔的努力。

科学史告诉我们，科学研究的进展与研究方法有一定的联系，研究方法每前进一步，犹如登山每上升一阶，使我们拓宽视野，看到前所未见的景象。门捷列夫是充分认识到科学研究方法的重要性的，他一直非常注意总结科学研究的方法，并在元素周期律的发现过程中发挥了研究方法的威力，表现出方法论上的特色。

四、"化学哲学原理"与假说

要发现元素周期律，首先要能透过令人眼花缭乱的元素性质的表面现象，看到它们之间存在着内在联系和规律，假说方法是解决这个困难的关键。门捷列夫认为，"科学大厦"不仅需要材料，而且需要设计，仅搜集事实，即使搜集的范围非常广泛，也不配加上"科学"这崇高的字眼。①元素性质和原子量存在着函数关系的假设就是设计元素周期律这座"科学大厦"的指导思想。设计指导思想的产生受益于哲理的深思，构成了门捷列夫运用假说方法的一个特色。

门捷列夫和一切杰出科学家一样，对哲学怀有浓厚的兴趣。他所处的时代正是牛顿力学辉煌发展并产生深刻影响的时代。门捷列夫认为牛顿力学虽然在大物体方面经受住了千百次考验，却还没有人用它来解释原子世界中的种种现象，他立志"要用不朽的牛顿三定律，来理解化学变化的机制"②，像牛顿那样，探求化学的"哲学原理"③。门捷列夫在总结前人探索和自己大量实验的基础上，认为"在质量和化学元素中间必有某种关系存在"④。他把质量和性质抽象出来进行思索，门捷列夫分析："质量，它占有空间并且表现在引力方面，而最清楚和最现实的是表现在重量上；特性，它表现在化学变化中，而最清楚的是表现在化学元素的概念中。"⑤就这样，门捷列夫用一种简单明了的观念把"质量"和元素"性质"两个"老死不相往来"的概念联系在一起，并明确认为"应该找到元素的性质和它们的原子量之间的函数关系"⑥。这种自觉地把牛顿力学同化学元素的变化规律联系在一起的思想，在当时说来不失为一种大胆、新颖的创见。理论上的模糊不清，必然带来实践中的盲目摸索，这是门捷列夫以前探索元素规律的一个教训；相反，门捷列夫由于有一个总的"设计思想"，有一个哲学理论上的指导就比根据零碎片断盲目地追随事实要

① 参见《门得列也夫的世界观》，三联书店，1959，第62页。

② 费尔斯曼：《门德列也夫周期律在现代科学中的作用》，中国青年出版社，1959，第36页。

③ 参见①，第55页。

④ 同②，第36页。

⑤ 同②，第40页。

⑥ 同②，第40页。

高出一筹，也正是基于这个清晰明了、无懈可击的"设计思想"，把元素作为一个有内在规律的整体来考察，从而使得化学有可能不再是元素及其化合物性质杂乱无章的堆积。门捷列夫在提出这个假设的过程中，既看到各个元素性质的个性，又看到有质量的共性；既承认物质的永恒性，又承认元素性质的永恒性，并把两者联系起来进行研究。这除了需要继承前人的探索成果，掌握大量的实验事实和逻辑思维的能力外，还需要有一定的哲学素养。

门捷列夫在提出假说时受到哲理的启发，而假说又在创立周期律的整个过程中起到重要的作用。门捷列夫认为，假说是科学的灵魂，假说提供理性和简易性，没有假说，达到这两点是困难的。假说不仅在发现周期律的过程中起到提供理论的支撑点和雏形的作用，而且有力地帮助克服了周期表编排上的两个难题。难题之一：当时测定的原子量有错误，其中9种元素的原子量测得不正确。63种元素的原子量真伪相杂，会把表中的次序搅乱。门捷列夫发现，铍（Be）、钙（Ca）、金（Au）、铂（Pt）、锇（Os）、铱（Ir）、钇（Y）、铟（In）、铒（Er）这些元素，根据性质应该排在周期表某一位置，根据原子量却应该排在另一个位置，怎样才能不为其惑，甄别正误？难题之二，更为艰巨：当时所发现的元素为63种，仅占后来所发现的100多种元素的三分之二左右，"士卒"未到，如何"点兵"？那些没有发现的元素有多少种，应该排列在什么位置上？有一些"冒名顶替"或"报错户口"的，如何各得其所，恢复原貌？这两个难题曾使许多化学家绞尽脑汁，结果还是望"表"兴叹。门捷列夫则截然不同，他当机立断，对第一个难题采用大胆修正原子量的办法；对第二个难题，他在周期表许多地方留出空格，并推算出空格中元素的原子量及其理化性质。门捷列夫对自己这两个大胆巧妙的行动深信不疑，其自信源于坚信元素化学性质和原子量存在函数关系的假设的正确性，他说："我决定这样做，是因为……作为我的周期表的基础的那些假设是正确的。"[1]门捷列夫的假说是他多年观察、实验、分析、思索的产物，也是对元素认识一个质的飞跃，它是整个周期律理论赖以成立的实质和核心。然而单靠假说方法还是到达不了真理的彼岸，要把假设转变为严密的理论，还要做大量艰巨的工作，在方法论上也还需要运用分类、比较、综合等一系列方法。

五、分类方法的发展

自17世纪以来，人们就开始将各种庞杂的元素进行分类，方法竟有50多种。分类是根据对象的共同点和差异点，将对象区分为不同种类的逻辑方法。科学发展的历史告诉我们，人们对事物的认识，是"由现象到本质，由所谓初级本质到二级本质"[2]，"从不甚深刻

---

[1] 《门德列也夫周期律在现代科学中的作用》，中国青年出版社，1959，第41页。
[2] 列宁：《哲学笔记》，人民出版社，1974，第278页。

的本质到更深刻的本质的深化的无限过程"①。分类作为对客观事物的反映，也有一个从现象分类到本质分类的逐渐深化的过程。

门捷列夫在深入研究已有的相似元素的全部分类方法后，认为分类方法可归于两类：一类是人为分类（现象分类）方法，一类是自然分类（本质分类）方法。人为分类方法是根据事物的外部标志或外在联系所进行的分类方法，这种分类往往把本质上不同的事物归为同一类别，带有很强的人为性质。在化学上把元素按金属、非金属进行划分，按元素对氢和氧的关系进行划分，按元素活性顺序划分，按元素的化合价划分等等，都属于人为分类方法。人为分类方法在人类认识元素相互联系的初期是不可缺少的，它对揭示相似元素之间规律性联系的端倪起了一定的积极作用，但是随着认识的深化，为了全面揭示元素内在联系，人为分类法却无能为力了，道理很简单，因为人为分类法所依据的元素性质不仅是单一的，而且是相对的，可是，就拿周期表上金属与非金属的分界元素硼（B）、铋（Bi）、砷（As）、碲（Te）、砹（At）来讲，它们既具有某些金属的性质，又具有某些非金属的性质。如果以现代科学技术手段进行严密仔细的观察，就会惊异地发现相当大数量的元素都兼有得到和失去电子的两重性，但是人为分类法将它们截然割裂，把相对的东西绝对化，因而就难以揭示出元素联系的内在规律。

自然分类则根据事物的本质特征或内部联系来进行，例如把元素分为卤族、碱金属、氧族等一系列主族、副族。门捷列夫把根据化学性质的总和进行分类的方法称为自然分类法。门捷列夫运用自然分类法，发现一价元素都是典型的金属，七价元素都是典型的非金属，而四价元素则处于金属和非金属之间，由此可见，金属与非金属的特征是与化合价具有内在联系的。运用自然分类法，还可以进一步看到各种元素的原子量可以相差甚大，而化合价的变动则较小，仿佛隐藏着什么奥秘。总之，自然分类法像一把钥匙，对揭开元素相互联系的"庐山真面目"起着重要作用，这种分类方法既客观深刻地反映了元素的综合属性，又显示了元素间规律联系的丰富内容，为创立元素周期律理论所不可缺少。

应该指出，门捷列夫对前人的分类方法采取的是"不取亦取，虽师勿师"的分析态度，他对以前各种分类方法不是轻率地摒弃否定，也不是抱残守缺地全盘沿袭，而是认真地加以比较、取舍，汲取一切积极合理的因素，克服原先的缺陷和局限，把元素分类方法提高到一个新的水平。门捷列夫说："我与我的先行者一样，也采纳了那些相似元素的族，但我的目的是要研究这些族的相互关系的规律性"②，即既在相似元素之间，也在不相似元素之间找出规律性联系。当然，要全面揭示元素内在联系的规律，仅仅限于分类方法是不够的，分类方法只能把同类元素归在一起，提供一些断断续续的材料，还不足以支撑起元素周期律的"科学大厦"。同时，还有两个困难是分类法难以克服的：第一，一些元素的性

---

① 列宁:《哲学笔记》，人民出版社，1974，第239页。
② 《门德列也夫的世界观》，三联书店，1959，第115页。

质不明，暂时难以分类归属；第二，即便同类元素井井有条，也不足以引导出一个逻辑上明确，并能把所有类别联成一体的理论概括。门捷列夫既合理地发展了分类方法，又不仅仅限于运用分类方法，他在假说"设计思想"的指导下，还注重元素的比较。

六、比较方法的应用

元素周期律的任务是将所有元素按照一定规则编排在一个严整精密的体系中，否则，元素周期律就称不上是一个揭示自然元素内在联系的定律了，仅用分类方法是难以完成这一项艰巨任务的，门捷列夫认为，若要全部把握住，需要比较的方法。

比较方法是人们在相互联系中认识事物的一种方法，当然，分类与比较有密切关系，没有比较就没有鉴别，也无从分类了。分类的方法论原理就是通过比较识别事物之间的共同点和差异点，然后根据共同点将事物归纳为较大的类，根据差异点将事物划分为较小的类。门捷列夫不仅在分类中运用了比较法，而且在分类后又进行比较，构成了他在发现周期律中的方法特点。他不仅对元素"同中求异"，将元素进行分类，而且"异中求同"，在元素分类后经过比较把它们连成一体。从方法论的观点看，科学研究中的比较，就是要看出表面差异较大的事物在本质上的共同点，以及表面上极为相似的事物之间在本质上的差异点。门捷列夫的高明之处在于他运用比较找到了一切元素的共同联系，人们一般都认为，性质不相似的元素不具备什么联系，而门捷列夫恰恰就通过比较，在性质迥然不同的元素之间发现了其性质随原子量递增而呈现周期性的规律。

要卓有成效地运用比较方法，就需要有辩证的思想，德国哲学家黑格尔曾说过："假如一个人能看出当前即显而易见的差别，譬如，能区别一支笔与一头骆驼，我们不会说这人有了不起的聪明，同样，另一方面，假如一个人能比较两个近似的东西，如橡树与槐树，或寺院与教堂，而知其相似，我们也不能说他有很高的比较能力。我们所要求的，是要能看出异中之同和同中之异。"[1]门捷列夫是一位具有"很高的比较能力"的化学家。他认为每一个元素既有个性又有共性，原子量就是元素共性的具体表现，他说："性质不相类似的元素的原子量似乎是不能互相比较的，可是刚刚人们就在性质不相类似的元素中发现了元素性质随原子量而变化的规律性。"[2]门捷列夫入手擒题，直指本源，抓住原子量作为比较的基础，不仅能把相似元素不同族之间及不相似元素之间的内在联系揭示出来，而且借原子量这个精确的物理量，使整个元素周期表连为一体，严整准确。他曾不止一次地指出，他的周期表的特点在于比较并且找到了一切元素的联系。门捷列夫善于运用比较法，着重解决"异中之同"的矛盾，并抓住原子量这个关键，使元素分类突破片断的局

---

① 黑格尔：《小逻辑》，商务印书馆，1980，第253页。
② 《门德列也夫周期律在现代科学中的作用》，中国青年出版社，1959，第42-43页。

限，在整体上彼此衔接起来，周期系的雏形和轮廓就呈现出来了。

自然界的各种元素表现出丰富的多样性和深刻的统一性。当人们分别考察这些元素时，会暂时地把各个元素之间的联系割断，因此，在把握这些元素各自的特性之后，就需要用综合方法在整体上予以把握。所谓综合方法，就是从整体上考察事物的方法，不是攻其一点不及其余，而是把事物各个侧面的属性综合起来，概括出本质属性的方法。综合方法是一种全面考察的方法，它在对某些元素的研究尚不充分、存在着差错和空白的困难时，可以起到很大的变通作用。门捷列夫在具体编排周期表时没有简单机械地按原子量递增排列，而是运用综合方法贯轻重，慎权衡，辩证地分析调整。

门捷列夫历来反对盲目地追随事实，做片断事实的奴隶。他从自己的科学生涯中深深体会到，并非每一个"事实"都是可信的，也不是每一个现象都直接表现本质，有时也需要对某些"事实"和现象做专门的选样和认真的分析，只有在全面、深入地研究事实和现象的基础上，才能得出真正符合事物客观本质的结论，而综合方法就能起到这样的作用，帮助全面地把握事物，防止盲目性和片面性，例如在排列周期系中，对铍（Be）的位置进行调整，就发挥了综合方法的威力。

门捷列夫把氢（H）、锂（Li）、硼（B）、碳（C）、铍（Be）、氮（N）等元素的名称、原子量、主要性质都分别登记在一张张卡片上，并严格按当时测得的原子量值顺序排列，然后作"化学牌阵"，琢磨其联系规律，我们以下表示意之。[①]

元素	H 氢	Li 锂	B 硼	C 碳	Be 铍	N 氮	O 氧	F 氟	Na 钠	Mg 镁	Al 铝	Si 硅	P 磷	S 硫	Cl 氯	K 钾	Ca 钙
原子量	1	7	11	12	13.5	14	16	19	23	24	27	28	31	32	35	39	40
化合价	+1	+1	+3	+4、−4	+2	+5、−3	−2	−1	+1	+2	+3	+4、−4	+5、−3	+6、−2	+7、−1	+1	+2

表中我们仅列了原子量和化合价两项，仔细观察就会发现其中铍的位置不协调，从"左邻右舍"的关系和变化趋势看，铍以后的元素都很整齐、规则，只有铍特殊，再看看铍以前的元素，锂和硼之间原子量相差太大，好像跳过了一个元素，可是碳、铍、氮的原子量相差又太小，仿佛又多了一个元素。前缺后余，是否因为铍的位置不当呢？从化合价看，铍前后变化都呈现出一定的规则，又是铍显得不协调。如果把铍的位置提前到锂和硼之间，这两个问题就解决了。但是当时测得铍的原子量是13.5，更动其位显然会破坏原子

---

① 此表引自田凤歧：《元素周期律》，北京出版社，1965，第12页。

量递增的顺序；但如果原封不动，那么元素性质随原子量递增的规则变化则荡然无存了，这又回到当年纽兰兹的困境上来了。如何抉择，才得两相齐全？门捷列夫认为，排列周期表不单要遵照原子量递增次序，而且要着眼于元素特性的总和以及这个元素与其他元素的联系等各种综合因素。因此，一个元素在周期表中的位置，不仅是由原子量值所决定，还为其性质和其他元素的联系所决定。门捷列夫在进行综合分析后，觉得铍的原子量是13.5这个"事实"值得怀疑，他再三思虑，毅然抹去13.5这个数字，小心地在铍的下面写上一个9，然后重新测定铍的原子量，果然，铍的原子量为9.4，而非13.5，门捷列夫这才满意地把铍的位置安插在锂、硼两元素之间。

门捷列夫还运用综合方法预言未知元素的存在及其性质。门捷列夫认为，元素的位置是元素原子量、各种特性及与其他元素联系综合的结果；反之，元素的位置一旦确定，便可根据归纳演绎的综合方法来预测其原子量及各种特性，以及成为重新审核其他许多元素原子量的出发点。门捷列夫在1869年编排的周期表中留下了6个未知元素的空格，1871年编排的周期表中留下了16个空格，先后预言了镓、钪、锗、钋、镭、锕、镤、铼、锝、钫等11种元素，其中最著名的是对镓（Ga）、钪（Sc）、锗（Ge）的预言。我们试以对钪的预言分析之。

门捷列夫当时把未知元素钪称为"类硼"（Eb），他当时已知钙（Ca）的原子量为40，化合价为正二价，形成氧化物CaO，而钛（Ti）的原子量当时测得为4.8，化合价为正四价，形成的氧化物为TiO_2。门捷列夫综合归纳和演绎，并根据元素各种属性是一个统一整体的思想，指出类硼原子量在40（钙）和48（钛）之间，推测出类硼的原子量为45、化合价为正三价、可能生成一种如Eb_2O_3的氧化物等一系列理化性质，这些都极其精确地为瑞典化学家尼尔森发现的钪所证实。门捷列夫所预言的"类硅"也被德国化学家文克勒发现的锗所证实。门捷列夫敢于把没有发现的元素公开发表，使自己的周期律接受事实的严峻考验，表现出他科学上的非凡气魄和对真理的坚定信念，同时也从侧面反映了综合方法的效力。

七、绝非偶然

1869年，门捷列夫提出元素周期律假说，并且根据这个假说预言了当时尚未发现的镓、钪、锗等未知元素及其性质；1875年后，镓、钪、锗相继被发现，此时元素周期律就由假说转变为科学理论了。

元素周期律是一条伟大的自然定律，它犹如屹立在茫茫化学海洋上的灯塔，向人们提供了正确的航向。它的作用不仅限于化学，还有力地推进了其他学科和工农业生产的发展，元素周期律在宏观水平上揭示了元素联系的奥秘，同时也激发起人们打开原子构造大门、进入微观领域探本溯源的热情。元素周期律发现的意义是巨大而深远的。

可是也有人把这么一个伟大的发现归于偶然和侥幸，有的认为元素周期律的发现出自"牌阵游戏"，有的把它归于教学的偶然启迪，有的甚至笃信其纯属幸运。一个叫韦尔登的科学家就宣称元素周期律是因为幸运与伴随着门捷列夫和他的体系的偶然的运气的影响而成功的，本文不想深涉此题，仅想从方法论角度说明门捷列夫的发现绝非偶然。固然，门捷列夫在教学中是产生过需要一个严整化学体系的愿望，他为了研究确也编制过卡片，做过"化学牌阵"，这是事实；他为了探求，废寝忘食，有时彻夜不眠，也完全可能终因极度疲乏，入梦联想……凡此种种都可能在周期律的发现过程中起到各自的作用。但若无限扩大，佯称周期律发现纯属偶然，则是本末倒置，不仅不符合史实，而且不符合科学研究的认识论和方法论原理。

从发现元素周期律的认识过程来看，门捷列夫在前人探索和大量实验的基础上形成一个假设思想，然后在假设思想的指导下对各化学元素的种种性质加以比较分类，再将相似的同类元素组合为各个元素族，进而在比较各个不相似的元素族的基础上加以综合考察，联成一体，最后得出元素周期律体系。从方法论上讲，门捷列夫除了运用假说方法、分类方法、比较方法、综合方法外，还运用了以选择典型元素作为发端，延伸扩展，由熟悉到不熟悉，由易到难的逐步扩展的方法以及由特别到一般的上升方法等。如果发现是纯属偶然，那又何必用这么多的方法进行探索呢？当然，附带指出以上各种方法是交叉运用、有机结合的，不能截然割裂。

已故的苏联学者札布罗茨基认为，把门捷列夫伟大发现当作偶然运气的人的看法是肤浅的。[1]据门捷列夫的女同事奥札洛夫斯卡娃回忆，有一次《彼得堡小报》的记者问门捷列夫："您是怎样想到您的周期系统的？"门捷列夫听后，大声笑了起来，回答说："这个问题我考虑了二十年，而您却认为我坐着不动，五个戈比一行、五个戈比一行地写着，突然就成了！事情并不是这样的！"[2]这个幽默的回答也表明了门捷列夫对那些把发现当作偶然运气的人嗤之以鼻的态度。

元素周期律是门捷列夫一生最重大的科学贡献。他一生研究的领域甚为广阔，硕果累累，但在元素周期律上倾注的心血最多。自青年时代直到逝世，他一直孜孜不倦地进行探索和研究。可以这样说，元素周期律是他毕生努力的结果，是实践、理论、方法、毅力的完美结晶，而绝非偶然。

---

[1]　参见《门德列也夫的世界观》，三联书店，1959，第115页。

[2]　同[1]。

数学方法①

数学，正日益渗透到各个领域。特别是在新的技术革命中，它与电子计算机结合，成为不可缺少的条件和工具。同样，在科学探索中，数学方法也是必不可少的研究手段和环节。正如马克思所说："一种科学只有成功地运用数学时，才算达到了真正完善的地步。"②本文就数学方法及其在农业上的应用做一些简略的分析。

第一节　数学方法的特点和作用

一、数学方法的特点

数学既是一个反映客观事物的数量关系、空间形式及其变化规律的独立科学，又是其他一切科学进行定量研究的工具和方法。所谓运用数学方法，就是根据研究对象的特点，单独或综合地运用各种数学的概念、方法和技巧，进行数量的描述、计算和推导，进而得出理论的分析和判断。数学方法的应用体现了质和量的统一、内容和形式的统一。作为一种形式化的认识方法和手段，数学方法具有高度的抽象性、严密的逻辑性、应用的广泛性和科学的预见性等特点。

（一）高度的抽象性

数学的抽象性表现在它是在暂时撇开客观对象的其他一切特性的情况下，用纯粹的、抽象的形式去研究数、形及其变换。譬如，两种作物加三种作物，两个生态因子加三个生态因子，数学是撇开具体作物和生态因子的特征去研究2+3的数量关系。当然，现实世界中的数量关系往往是极其复杂的，从而在数学形式上表现出高度的抽象性。数学概念和理论的抽象性，决定了数学方法的抽象性。它的抽象性突出表现在：第一，它只保留量的关

---

① 本文原载《自然辩证法简明教程》，河北科学技术出版社，1985。
② 《积极开展科学方法的研究》，《哲学研究》1980年第1期。

系和空间形式而舍弃其他一切，数或形的关系只能通过抽象思维才能想象和把握；第二，数学及数学方法的抽象程度大大超过了其他科学的抽象程度，同时它有自己完善的抽象的概念体系，可以在独特的符号公式体系中研究。

（二）严密的逻辑性

数学方法表现出逻辑的严密性和结论的确定性。第一，数学中的命题、公式都要严格地从逻辑上加以证明以后才能确立。数学推理必须遵循形式逻辑的基本法则，以保证从某一前提出发的结论在逻辑上准确无误。第二，运用数学方法从已知的量和关系推求未知的量和关系，不仅具备了逻辑的可靠性，而且具备了量的准确性。精确是数学的基本特征之一。在数学中，各种量、量的关系、量的变化以及量之间进行推导和演算，都离不开精确性。第三，它具有独特的公理化方法。这种方法从数学领域推广应用于自然科学研究之中，对概括和整理已有的科学知识、建立科学理论体系是十分有效的。在自然科学理论研究中，数学方法是一种进行推理和逻辑证明的有效工具。

（三）应用的广泛性

数学是研究数和形的科学。首先，现实世界的任何一种物质形态及其运动形式，都具有一定的空间形式和数量关系。因此，数学方法原则上适用于一切自然科学。其次，"量"贯穿于一切科学领域。凡是要研究量、量的关系、量的变化、量的关系的变化、量的变化的关系时，就少不了运用数学及数学方法，这也体现了数学方法应用的广泛性。再次，同一数学形式可以放在不同的条件下，赋予不同的意义，这同样反映出数学方法应用的广泛性。例如，同是偏微分方程的数学形式，可应用于弹性力学描述振动，也可应用于流体力学描述流体动态，还可应用于声学描述声波振动或应用于电工学描述电路振荡。

（四）科学的预见性

数学植根于现实世界，正确反映了客观世界量的关系。事物的质和量是辩证的统一，质要通过一定的量表现。因此，数学方法不仅具有应用的广泛性，而且具有一定的科学预见性。

科学发展的历史表明，不少重大发现是由于科学理论同数学方法相结合而产生的。例如，天体力学理论结合数学的推导和计算预言了海王星的存在；麦克斯韦方程从理论上揭示了电磁波的存在；爱因斯坦在广义相对论中运用数学方法，令人惊异地预言了水星近日点的进动现象；伽莫夫用数学方法预测核苷酸三联体密码的排列；在分子生物学中运用傅里叶变换探索DNA双螺旋结构的奥秘；等等。可以这样说，如果不充分发挥数学方法的科学预见作用，一个重要的科学概念或科学理论就不可能很好地发展起来。

二、数学方法的作用

数学方法的作用，主要表现在它是自然科学研究中必不可少的认识手段和理论思维的有效形式。具体归纳为以下三点。

（一）为科学研究提供简洁精确的形式化语言

在数学中，无论是对概念、理论的表述，还是对定理的逻辑推导证明，无论是对量、量的关系进行比较和运算，还是进行理论概括和总结，都是在某种有规则的符号系统中，采用了一套形式化的数学语言和工具进行的。这种数学语言，不仅形式上简明扼要，而且表达的内容深刻、精确。数学不仅是一种形式化的语言，而且是逻辑和辩证思维的语言。数学以广义的"数"和"形"的形式定量地表示物质运动形态及其相互关系的规律，也以简洁严谨的符号表达思维和推理的过程与规律。数学语言能够使人们比较具体地掌握物质运用的各种数量关系。

（二）为科学研究提供数学分析和计算方法

一门科学从定性的描述进入定量的分析和计算，是该学科比较成熟的重要标志。科学的进步与数学方法的应用密切相关。一种新的数学方法的问世，会对某些学科的发展产生巨大的推动作用。例如，17世纪牛顿、莱布尼茨创立的微积分学，提供了研究函数变化与积累的数学方法。它使人们对自然界许多表现为物理量之间变化与积累相互制约的关系的认识深化了，促进了力学和物理学的迅速发展。同样，农业科学技术也离不开数学的分析、推导和计算。例如，气象预报就是根据过去一段时间各地气压、温度、降雨量等的实测数据，以及表达气象变化规律的这些函数间的微分方程，用数学方法推算出今后一段时间内的函数数值，以预报气象特征的。农作物新品种培育过程中杂交组合的选配和后代的选择，一些珍贵的家禽、家畜品种资源的保存，要运用数量遗传学及相应的数学方法。在农业科学的其他方面，运用数学进行分析、推导和计算的例证是不胜枚举的。

（三）为科学研究提供推理工具和抽象手段

首先，在自然科学的理论研究中，数学方法是一种能有效地进行推理和逻辑证明的工具。其次，运用数学语言，在观测实验的基础上提炼数学模型，并在这种模型上展开数学分析、推导、演算，有助于揭示复杂现象的本质联系，抓住主要矛盾。再次，运用数学方法还可以帮助人们通过抽象思维分析和把握超出感性经验以外的客观世界，充分发挥它作为"思维工具"的特殊作用。

第二节 数学模型

数学方法的运用，一般需要经历如下步骤：第一步，用数学语言表述所要研究的问题，建立起合适的数学模型；第二步，数学模型求解；第三步，对数学解做出解释和评价，以形成对问题的判断和预见。其中，建立数学模型是最为关键的一步，也是比较困难的一步。下面我们就提炼数学模型的原则、步骤，数学模型的类型，以及数学模型在生物学、农业科学研究中的作用做一初步的分析。

一、提炼数学模型的原则和步骤

数学模型是对一个系统（对象）的本质特征或基本过程，运用简化的形式语言进行量的描述的抽象结构。它把所观察到的现象及实践经验，归结成一套反映数量关系的数学公式和具体算法，用以描述对象的变化规律。提炼数学模型，是对研究对象进行具体分析、概括，从而达到数学抽象的过程。

提炼数学模型的关键是必须使数学形式与具体的现实的内容相结合。如果纯粹的数学形式不与现实的内容相结合，不反映现实事物及其变化，那么数学模型方法就不可能成为一种有效的工具和方法，这是提炼数学模型的基本原则和条件。为此，必须注意以下两个方面。

（一）对观测实验中的各种因素进行充分的概念分析，使之数量化

一个研究对象，特别是农业生产上的问题，一般都是一个多因素的复杂系统。例如，施肥问题涉及面就相当广，不仅与土壤本身的物理化学性质有关，也与植物的生理、生态、生化及遗传有关；既受气候等环境因子的制约，又受当地的农业措施及人为因素的影响。在提炼数学模型的过程中，必须把复杂因素分解为多个单一因素，用确切的概念加以表示，并制定相应的单位，然后通过测量，使每一个因素转化为一个基本量。

（二）处理好真实与简化的关系

数学模型是用各种数学符号的组合来反映客观过程和状态的数学结构，是对所研究的具体对象（现实原型）的本质特征和关系的数学表达。它必须既真实又简化。所谓真实，即力求客观地反映过程和状态的本质联系。所谓简化，是指必须抓住最基本的数量关系，从错综复杂的矛盾关系中抓住主要矛盾，大胆地舍末求本。因此，在提炼数学模型时，既要考虑真实性，即简化而不失真，使数学方程式客观地反映原型的主要方面，又要做到尽

可能简化，以便使数学方程建立在已掌握的理论工具和数学方法所能处理的范围内，而不能企求模型毫无遗漏地反映原型。就农业的数学模型而言，则应遵循既反映农业生产实际又不过于庞杂的原则。简化主要受制于两个因素：一是实际问题所允许的误差范围；二是所用数学方法需要的前提条件。

提炼数学模型的步骤大体上为：

1. 根据所研究的系统（对象）确定一些基本的量，以反映系统量的规定性。

2. 分析系统的矛盾关系，突出主要因素和关系，用理想化方法分析其数量关系。

3. 确定常数、变量、已知量、未知量，深化对系统数量关系的认识。

4. 抓住主要矛盾，综合数量关系分析，并力求简化为可求解的数学方程式。

本文试以生态学上著名的伏尔特拉"捕食模型"为例，来剖析提炼数学模型的思路与步骤。

问题的提出是这样的：20世纪20年代，意大利生物学家德安科纳在研究相互制约的各种鱼类种群变化的时候，发现在第一次世界大战期间从意大利沿海所捕获的鱼中，大鱼（指肉食鱼类，如鲨鱼、鳐鱼等）占鱼类总捕获量的百分比急剧增加。该现象并不完全因为战争期间捕鱼量的降低而得到解释，德安科纳从生物学角度进行周密考虑，也未能获得圆满的回答。

伏尔特拉试图用建立数学模型的方法对大、小鱼类种群消长关系进行研究。首先，他假定大鱼是捕食者，小鱼是被捕食者，大鱼靠吃小鱼而生存，并且分别用 $y(t)$ 和 $x(t)$ 表示它们在 t 时间的数量。伏尔特拉又进一步规定了下列生物量：a 表示假定不存在大鱼的情况下小鱼的增长率（平均每条小鱼的繁殖率）；b 表示大、小鱼遭遇次数的比例常数；c 表示大鱼的增长率（平均每条大鱼的繁殖率）；d 表示大鱼由饥饿造成的死亡率。其中，$x(t)$、$y(t)$ 为未知量，a、b、c、d 为已知量。有了种群系统的基本量，伏尔特拉再分析大、小鱼之间相互依存的生态关系：大鱼多了，大量的小鱼就会被吞噬，导致小鱼鱼群减少；但小鱼减少了，又会使大鱼没有充足的食物来源而受抑制，使小鱼繁殖增多。对于这样周期性的变化现象，伏尔特拉突出主要因素和关系，运用理想化方法做出数学描述。他首先假定小鱼的食物相当丰富，然而小鱼的密度也不过分大（它们在食物方面彼此间的竞争甚微），这时小鱼鱼群的增长速度与小鱼鱼群的数量成正比，比值正好是它的增长率 $\dfrac{dx}{dt} = ax(t)$。其次，伏尔特拉又假定每条大鱼和每条小鱼相遇机会相等，那么在单位时间内，捕食者与被捕食者相遭遇次数与 x、y 成正比。显然，小鱼的变化规律应满足微分方程 $\dfrac{dx}{dt} = ax - bxy$。同理，大鱼鱼群变化则应满足微分方程 $\dfrac{dy}{dt} = cxy - dy$。这样就建立起一个没有人工捕捞情况下的"捕食-猎物"系统的数学方程组：

$$\begin{cases} \dfrac{\mathrm{d}x}{\mathrm{d}t} = ax-bxy, & a、b>0 \\[2mm] \dfrac{\mathrm{d}y}{\mathrm{d}t} = cxy-dy, & c、d>0 \end{cases}$$

伏尔特拉再把人工捕捞的因素考虑进去。他假定大鱼和小鱼的捕捞量相同，用k表示之，则小鱼和大鱼的总数分别以$kx(t)$和$ky(t)$的速度减少。上述微分方程组可修正为：

$$\begin{cases} \dfrac{\mathrm{d}x}{\mathrm{d}t} = (a-k)x-bxy \\[2mm] \dfrac{\mathrm{d}y}{\mathrm{d}t} = cxy-(d+k)y \end{cases}$$

在取得一定数据（如a、b、c、d、k等）的条件下，该微分方程组的求解并不难。每个周期解的平均值为$\bar{x}=\dfrac{d+k}{c}$，$\bar{y}=\dfrac{a-k}{b}$。不难看出，一定的捕捞量（如$k<a$时）会使小鱼的数量有所增加，大鱼的数量有所减少；相反，如果减少捕捞量，自然会导致有利于大鱼的结果。伏尔特拉"捕食模型"不仅圆满地揭示了德安科纳提出的问题，而且在生物学、农业上具有理论指导意义。根据伏尔特拉数学模型的分析，滥用杀虫剂的后果往往导致害虫的再猖獗和对天敌增长的抑制。这一事实已为20世纪70年代以来世界各国在农林生产中使用杀虫剂防治害虫的实践所证实。

二、数学模型的类型和作用

数学模型，从不同角度可分为不同的类型。若从数学研究对象的数与形来讲，可分为：①数量关系模型；②逻辑关系模型；③混合关系模型。若从描述客观事实变化的必然现象与或然现象来分，则可形成确定型和随机型两大类。此外，就运算方法而言，可以分为离散（或脉冲）型和连续（或模拟）型；就模型中参数的性质而言，又可分为时–变型与时–不变型以及集中参数型、分布参数型等等。一般人们把常见的数学模型归纳为必然现象的数学模型、突变现象的数学模型、或然现象的数学模型、模糊现象的数学模型四大类。下面，我们着重分析确定型数学模型与随机型数学模型及其在农业上的应用。

客观事物的出现一般有两大类现象。一类是必然现象，即服从于确定的因果关系；一类是或然现象（又称随机现象），即服从于统计性规律。描述必然现象的数学工具一般是方程式，它可以从已知数据推出未知数据，从已知现象的性质推出未知现象的性质。通常的数学形式有代数方程、微分方程、积分方程、差分方程等等。处理或然现象的数学工具一般是概率论与数理统计，它可以分析随机现象发展的总趋势及各种情况出现的比例分布。

确定型数学模型可以从事情前一时刻的运动状态推断出后一时刻的运动状态。农业科学研究中的分析法，就是从研究农业系统中物理的、化学的、生物的现象的内在联系出发，经过深入的分析和探索，建立起数学模型，并在合理简化后进行推导，从而得出描述各变量之间关系的数学方程，再经实验验证而修正为确定型数学模型。前面提到的伏尔特拉"捕食模型"就是应用确定型性模型的一个典例。

所谓随机型数学模型，是对事物随机现象的数学描述。随机现象的变化发展往往具有几种不同的可能性，究竟出现哪一种结果是带有偶然性的。随机现象在农业生产和科研中是大量的、普遍的。无论是从事土壤肥料试验、病虫害防治试验、作物栽培试验、品种田间试验，还是从事病虫害预测预报、气象预测预报、农作物产量预测预报等，从试验设计到最后结果分析处理，都要依赖于统计分析方法，都会遇到大量随机现象的描述和处理。例如农业田间试验，即使土壤、肥料、温度、湿度、灌溉等条件相同，同一品种的产量也仍然会不相同，即在相同试验设计下每一小区产量可能不一样，这就需要用概率论的原理和方法加以测定和分析。

数学模型在生物学和农业科学研究中的作用，概括起来，主要有以下几个方面。

第一，数学模型可以以最精练的形式定量总结系统动态规律，预测生物系统或农业系统在不同条件下的发展趋势。

第二，数学模型的建立便于引入各种假说，以弥补我们知识的不足。通过将"数学实验"结果与生物的、农业的实验结果相比较，可以决定对这些假定的取舍，从而为进一步研究提供新的思想。

第三，数学模型的建立和参数的确定可以使我们对生物系统或农业系统的功能状态行定量的评价标准，从而为制定合理的措施与对策提供定量分析的依据。例如，在农业生产中，通过对光合作用数学模型的深入研究，可以进一步考虑用电子计算机对作物群体光能利用进行模拟，从而对农业生产中的种植密度、种植方式、水肥的合理利用等措施提出更有依据的意见。

第四，建立数学模型能促进生命科学、农业科学与精密科学、工程技术的相互渗透及相互融合。数学模型的提炼往往需要集各种专业知识于一身，然后寻找恰当的突破口，揭示事物的本质联系。

第三节　公理化方法

公理化方法是假说-演绎方法的数学形式。当一门科学积累了相当丰富的理论成果，需要按照逻辑顺序加以综合整理，使之上升为一种理论体系时，公理化方法就起着独特的作用，它是自然科学研究的基本方法之一。

一、公理化方法和构造公理体系的必备条件

公理是已由实践反复证实，其真实性已经得到公认，无须再加以证明的命题。公理化方法，就是从尽可能少的不加定义的原始概念和一组不加证明的原始命题（公理、公设）出发，运用逻辑规则推导出其余命题和定理，以至建立整个理论体系的一种方法。人们运用这种方法建立起来的科学理论，称为公理系统或公理体系。

在自然科学研究中运用理论化方法，就是要依据本门学科所提供的丰富材料，通过深入的分析，寻找其间的逻辑联系，从中抽取出少数最基本的概念和基本命题，作为基本定义和公理、公设，并以此作为出发点，运用逻辑规则进行推理和论证，导出其他一系列命题，建立起演绎理论体系。而数学中的命题、公式都要严格地从逻辑上加以证明后才能够成立，数学的推论必须遵循逻辑规则，以保证从某一前提出发导出的结论在逻辑上准确无误。数学的这些特点，使它成为建立理论体系的现成手段。由于出发点是一组基本概念和公理，因此，如何引进基本概念和确立一组公理，是运用公理化方法的关键。

基本概念是不加定义的概念，必须是无法用更原始、更简单的概念去界定的概念。就是说，它是高度纯化的抽象，是最原始、最简单的思想规定。

19世纪末，希尔伯特对欧几里得几何体系进行深入研究，指出在构造体系时，必须具备无矛盾性、独立性和完备性三个条件。所谓无矛盾性（又称"协调性""相容性"）要求，是指从该公理体系出发，不论推论至多远，都不允许得出命题"A"与它的否命题"非A"同时成立。独立性要求，是指在该公理体系中，每个公理都有独立存在的必要，而不能由其他公理用逻辑方法推论出来，即要求公理的数目减少到最低限度，不容许公理集合中出现多余的公理。完备性要求，即满足公理体系的对象不能再加以扩充，已组成了最广义的集合，不允许再插入新的元素。只有达到上述三条基本要求时，公理体系才能令人满意。需要指出，对于一个较为复杂的公理体系来说，要逐一验证这三条基本要求，是相当困难的。

二、公理化方法的作用和局限性

公理化方法为整理和发展已有的知识、建立科学的理论体系提供了有效的手段。数学中的公理化方法为古希腊数学家欧几里得首创。他在总结几何知识时，运用亚里士多德的演绎逻辑，选取少数原始概念和不需证明的几何命题，作为公理、公设，使之成为全部几何学的出发点和逻辑依据。公元前3世纪问世的欧几里得《几何原本》就是按照这个公理

化结构，整理构造几何学的典范。该著作是几何发展史上的一个里程碑，在方法上则开启了公理化方法之先河，它不仅深刻影响了后来的数学家，成为数学家整理各数学知识、构造数学理论体系、开拓新研究领域的有力手段，而且也深刻地影响到其他科学领域，为其他领域的科学家所仿效。

17世纪，牛顿仿效欧几里得的几何公理化方法，把前人关于力学的研究成果用公理化方法组成一个有机整体，排列为一个逻辑体系。牛顿从少数几条公理（运动三定律、万有引力定律）出发，按照数学逻辑推理，把力学的其余定律逐个推导出来。他的《自然哲学的数学原理》便是这种逻辑推理的结晶。18世纪法国数学家、力学家拉格朗日用变分法原理研究任意力学的微分方程和轨迹，同样使用了公理化方法，对该领域里的成果进行概括总结，写成了《变分力学》。19世纪，热力学奠基者之一的克劳修斯也使用公理化方法，把热力学的成果加以逻辑的整理和概括，写成了热力学的奠基著作——《热的机械运动理论》。美籍匈牙利数学家冯·诺伊曼使量子力学实现公理化；英国生物学家J. 伍杰试图使生物学进行公理化；达莫托尔提出质的信息公理化系统。当一门科学累积了相当丰富的理论成果，需要按照逻辑顺序加以综合整理，使之上升为一种理论时，公理化方法的有效性和独特作用就格外明显。

希尔伯特于1899年发表的《几何学基础》，是近代公理化思想的代表作。书中引进的基本概念包括基本元素（点、线、平面）和基本关系（结合关系、顺序关系、合同特点），引进的基本公理分5组20条，建立了一个完备又简单的公理体系。根据上述公理可以导出全部欧几里得几何定理。20世纪初，希尔伯特又进一步把上述公理化体系加以形式化。至此，公理化方法更引起了科学家的重视，逐渐成为自然科学研究的一种基本方法。

综上所述，从认识过程来考察，公理化方法在科学研究中的作用主要有以下几点。

1. 公理化方法是在科学积累了丰富的经验材料和理论成果的基础上使知识系统化，从而建立科学理论体系的重要方法之一。

2. 公理化方法是理论上探索事物发展的逻辑规律，做出新的发现和预见的重要方法。一个公理体系不仅是前人经验知识和研究成果的总结，而且本身又将成为新的科学研究的起点。例如，对欧几里得第五公设的研究，最终表明，平行公理只适于一般尺度空间。如果引入与之相反的公理，在数学上可以建立自洽的非欧几何理论，由此产生对新的空间结构的认识。新的假说体现为新的公理，新的演绎体系刻画出新的理论成果。因为事物的运动和发展本质上是遵循一定的客观规律，符合一定的逻辑程序的，因此，只要我们按照事物本身发展的逻辑规律进行理论探讨和推理，就可以发现感性认识阶段所不能发现或尚未发现的新东西。

3. 公理化方法研究的深入，为"人工智能"的开发和利用创造了有利条件。数理逻辑是用数学的方法研究推理过程的规律，它对公理化方法的研究，一方面使公理化方法更加形式化和精确化，另一方面又使人们的某些思维形式，特别是逻辑推理形式更加合理化、符号化，从而为电子计算机模拟人脑的某些功能提供理论依据。

4. 公理化方法对训练人的逻辑推理能力、系统地传授科学知识、推广科学理论的应用，起着有益的作用。

5. 公理化方法也是检验命题正确与否的一种辅助手段。

在肯定公理化方法在科学研究中的重要作用的同时，也不应忽视公理化方法本身的局限性。

在西方，弗雷格-罗素的逻辑主义和希尔伯特的形式主义遭到猛烈抨击。弗雷格-罗素的逻辑主义认为数学就是逻辑。全部数学均可归为逻辑。逻辑主义企图从"无可怀疑"的"逻辑公理"出发，演绎出全部数学真理。而希尔伯特的形式主义则认为，无论是数学的公理系统还是逻辑的公理系统，其中的基本概念是没有意义的。其公理是一行行的符号，无所谓真假。只要能够证明公理系统是相容的，即不互相矛盾，该公理系统便可得到承认。但是逻辑主义和形式主义都因理论最终被证明不能成立而失败了。另外，奥地利数理逻辑学家哥德尔证明了一条形式体系不完全性定理，他指出：即使是像算术在内的任何公理体系，如果它是无矛盾的，那么它一定是不完全的。也就是说，任何形式的体系必定存在着一个显然是真命题的A，它既不能从此体系的公理推出，又不能否证（即A和非A都不可证，这证明该体系遗漏了某些定理，这个公理体系是不完全的）。公理化方法所构造的公理体系的不完全性，以及公理体系的无矛盾性，不可能在体系内得到证明，表现了公理化方法本身的局限性。公理化方法是科学研究中的重要方法之一，但它不是万能的，不适当地夸大公理化方法的作用是不正确的。同时还应该指出，用公理化方法建立起来的理论体系，最后还是要接受实践检验，以判定其真伪。

信息论今昔①

　　信息论是信息科学的重要理论基础。物质、能量、信息被人们公认为构成客观世界的基本要素，也是现代文明的三大支柱。人类的认识史表明，人类大约于铁器时代先认识物质，于工业革命时代深入到能量，至20世纪中叶又科学地研究信息。信息论本身也有一个发端于通信理论研究，逐渐拓展为具有横断科学性质的广义信息论的过程和趋势。信息论的发展史表明它与时代的要求及科技状况密切相关，也是人类对客观世界认识历史的与逻辑的统一。狭义的信息论是利用数学方法研究信息的计量、传递、交换和储存的数学分支学科。随着科学技术的发展，狭义信息论超出了通信理论的范围，演化为广义信息论。

　　将信息作为具有一般性质的科学概念，是近代科学史上的重大成就之一。它虽然提出于20世纪中叶，但其酝酿与准备阶段可以上溯到19世纪。美国化学热力学创始人吉布斯和奥地利气体分子运动理论奠基人玻尔兹曼，首先把统计学引入物理学，使物理学涉及并研究不确定事件统计规律和偶然性，冲破了当时机械决定论对人们思想的束缚，客观上也为信息论的创立提供了准备。德国物理学家克劳修斯在提出热力学第二定律后，于1865年提出了"熵"的概念。1871年，英国物理学家麦克斯韦提出著名的"麦克斯韦妖"佯谬。1877年玻尔兹曼敏锐地猜测到信息与熵之间的某种联系。同时期，在通信的实践中，1832年莫尔斯发明"点-划"电码，1846年沃森运用电线传输信号，1876年贝尔发明电话，1896年意大利马可尼与俄国波波夫各自独立发明了无线电。通信实践中也提出了编码的统计问题。但囿于各方面条件的限制，理论与实践虽已涉及有关信息方面问题，却未能提出信息的定量理论。20世纪20年代，美国的奈奎斯特与哈特莱率先研究了通信系统传输信息能力的问题，提出用对数作为信息量的测度。1928年，哈特莱发表《信息传输》，着重探讨信息量。哈特莱的理论可视为现代信息论的起源，为香农的信息论奠定了基础。20世纪40年代以来，随着雷达、无线电和电子计算机、自动控制等的相继出现和发展，美国的香农、维纳，英国的费希尔分别从信息编码、滤波理论和古典统计理论三个不同方面研究信息概念、信息量以及其他信息理论问题，并各自从不同角度得出信息就是负熵的相同结论。香农1948年在贝尔电讯技术杂志上发表了著名论文《通信的数学理论》，1949年又发

---

① 本文原载《社会科学工作者自然科学手册》，山东人民出版社，1988。

表《在噪声中的通信》。香农把用于物理学中的数学统计方法移植到通信领域，提出了信息熵的数学公式及信息量概念。1949年，韦弗撰文介绍香农信息论。香农的两篇论文奠定了现代信息论的基础。现代信息论的发展基本上是围绕着香农的思路展开的。香农是信息论当之无愧的奠基人。

在信息论确立的过程中，维纳也做出了重要贡献。维纳1948年发表了《控制论》，翌年又发表了《平稳时间序列的外推、内插和平滑化》。维纳从控制和通信的角度研究信息问题，即从自动控制的观点研究信号被噪声干扰时的信号处理，从而建立了"维纳滤波理论"。1950年，维纳又出版了《人有人的用处》一书。在上述著作中，维纳提出了测定信息量的数学公式，叙述了信息论形成的思想前提，同时把信息概念进一步扩大到控制论领域。他把信息看作是人、动物或机器等控制系统与外界进行调节过程中相互作用、相互交换的内容，并认为信息就是负熵。这表明，信息论一旦形成，它就是一种概率性的理论。无疑，它属于吉布斯的统计理论为代表的科学潮流的组成部分。

此外，科尔莫戈诺夫、布里渊、艾什比等科学家在信息论研究中各自做出了贡献。20世纪50年代以来，信息论发展很快。麦克米伦和辛钦试图建立信息论公理体系，香农本人以及法捷耶夫、肯德尔、李等人也都对熵测度原理做过某些改进。

应该指出，香农、维纳等人提出的信息、信息量的概念及其理论，只能对某些信息做定量描述。但事实上，任何信息都包含三个方面：①客观描述信息量的统计模型；②语义（意义）；③有效性（价值）。香农实际上只解决了第一个问题。韦典1949年在《通信的数学理论的近期成就》中指出：香农信息论试图解决的是技术问题，不涉及意义问题和实效性问题。哥尔德曼也指出香农的缺点是未考虑信息的内容与它的实用价值、重要性。

20世纪70年代后，电子技术突飞猛进，通信技术蓬勃发展，人们的研究已进入复杂系统、大系统、超大系统。这类系统不仅结构与功能复杂，设计大量的参数与变量，而且具有模糊性，因而不能考虑信息的产生、使用，从而涉及信息的语义与效用等问题。显然，广义信息论的形成是与大系统理论及系统工程的发展、系统科学的产生有着一定的内在联系。为此，许多学者对信息又做了积极有益的探讨，其中突出的有：贝里斯和高艾斯信息的量值统一量度（后来高艾斯和皮卡德把它称作"有效信息"）；夏尔马等人在修正信息可加性基础上，推广为非可加性的"广义有效信息"，以及卡尔耐普的语义信息；达莫托尔的质的信息公理化系统；哥廷格尔的无概率（主观）信息；杰马里的相对信息；等等。1965年，美国控制论学者查德提出了模糊集的概念，开辟了模糊数学这一重要研究领域。1968年，查德在《通信：模糊算法》的论文中提出了模糊数学可用于信息处理，也有人试图建立"模糊信息论"。还有人根据计算机中的信息问题，设想建立"算法信息论"。以上信息论的发展动向值得注意。

"信息论"一词最先于1951年得到英国无线电工程师协会（IRE）的认可，以后又相继获得其他学术团体的认可，其学科地位逐渐被确定。人们一般对信息论有三种解释：①狭义信息论，主要是香农信息论，即消息的信息量、信道容量及消息的编码问题；②一般信息论，也研究通信问题，但还包括噪声理论，信息滤波、预测、调制和信息处理等问题；③广义信息论，除①②的内容外，还包括所有与信息有关的领域和心理学、语言学、神经生理学、语义学等。也有人把广义信息论与信息科学当作同一含义使用，认为信息科学是在信息论、控制论、计算机科学、仿生学、人工智能和系统工程基础上发展起来的边缘、交叉或综合科学。其中，信息论和控制论为理论基础，电子技术（特别是微电子技术）、计算机和通信技术为主要技术手段，仿生学和人工智能为主要技术途径，而系统科学则为其最优化方法和理论。信息论的广泛应用极其迅速地渗透到各门学科、各个领域，向人类展示宏伟壮丽的前景。但也必须指出，应用信息论绝不是简单地生搬硬套，企图使用几个诸如"信息""熵""反馈"这样的概念所能奏效的。同其他任何学科的应用与发展均有其内在规律一样，信息论的发展也必将是一个不断研究、不断实践、反复检验和逐步完善的过程。

人与自然的协调发展①

人与自然的关系，有一个不断变化发展的过程。古代人与自然低水平的协调发展，是因为当时人对自然破坏的深度和广度都没有达到不能恢复的地步，污染也没有超过自然界的自净能力。工业革命和技术革命后，人与自然的关系开始不协调，人类从索取自然到榨取自然和奴役自然，自然一旦不堪忍受，报复就接踵而来。在今天，无数的事实提醒着人们必须学会与自然界和谐相处。

一、人与自然的对立统一

自从劳动在物种关系方面把人从动物中提升出来之后，整个自然界的发展发生了最本质的飞跃，从地球生物圈中分化出智力圈，并形成了人与自然的关系。

人与自然的关系是对立的统一。其统一表现在：第一，人类从自然界分化出来之后，并未割断同自然的联系，更不高居于自然界之上或之外。人的血、肉和头脑都是属于自然界、存在于自然界的。第二，从发展观点看，人类进化的链条既不单纯是人的生物属性的进化，也不单纯是人的社会属性的进化，而是在社会发展的基础上，通过人的社会属性的改造使人的生物属性进化以一种独特的方式延续。第三，科学技术的作用在于提高人类同自然做斗争的能力，它是通过延长或扩展人的各种器官的功能来实现的，先是行动器官功能的延长，而后到感觉器官、语言器官和神经系统功能的延长，再至大脑功能的延长。科学技术的发展过程与人类自身进化的路线（即从类人猿的直立行走到人脑的形成）大致相似。

其对立表现在：第一，人在食物链上是异养和杂食的，动物和植物都可成为人类取食的对象，而且人类对自然环境的适应性极强，几乎在所有的环境中都能生存。人类从自然界获取物质、能量的潜力是巨大的，但同时也埋下了资源耗损的种子。它表现为人类活动需要的无限性与自然界生态系统供给有限性的矛盾。第二，人类从自然界的物质、能量循环链上摄取所需的同时，也将自身的代谢产物、物质生产和生活的废弃物投放到自然界。

---

① 本文原载《哲学的探索与进展》，杭州大学出版社，1991。

人在这方面的潜力也是巨大的，而自然界的自净能力则是有限的，因此也埋下了环境污染的种子。它表现为人类活动（包括生产和生活）的不合理方面和排放废弃物的增长与生态系统调节能力和净化能力有限性的矛盾。第三，人类的需求是多方面的，而自然界的资源却是有限的。当人类像征服异族那样统治自然界时，自然界对人类的报复和惩罚也接踵而来。

人与自然对立统一关系具体表现为两者的冲突与协调。冲突可分为两种类型：一种是自然环境恶劣，不适宜人类的生存和发展；另一种是人类自身活动破坏了自己的生存环境。前者与生产力水平低下相联系；后者多由于生产力发展带来的环境破坏，使本来适宜人类生存的环境恶化。协调也有两种类型：一种是原生的自然生态系统凭借自身的调节而保持平衡；另一种是通过人对自然的积极干预改造，创造一个适合人类生存的生态环境，这是人工生态系统的平衡。第二种类型的冲突和协调的探讨具有更大的现实意义。

二、人与自然关系问题本质上是一个社会问题

人与自然界的对立统一，是以劳动及人与人之间的关系为基础的。通过劳动，人类以有用的形式占有自然物质，用自然界的资源生产出生活资料和生产资料，满足自身生存发展的需要，人类将自然界作为自己艺术创造的对象，形成自然界同人类精神生活不可分离的关系，通过劳动，人类强健了自己的身体，增长了自己的智慧。总之，物质资料的生产劳动，是人类认识自己，改造自然，从而适应自然的过程，是人类活动与自然规律直接结合的过程。

社会是人与自然关系的中介。人与自然界的统一，是以人与人之间的社会关系作为前提的。人利用自然界来生产物质资料，都是在一定的社会关系和联系的范围内进行的，是社会化的人共同协作进行的社会活动。人在自然界地位不只是生物意义上的人与自然的关系，而更重要的是社会意义上的人与自然的关系。自然界对人类社会的制约作用固然需要探讨，但人类社会对自然界日益巨大的反作用及其一系列后果更值得重视和研究。

可是由于认识上的原因和社会的原因，人与自然的不协调现象，在当今世界还没有得到足够的重视。

首先，人类对于自然界活动的规律以及人与自然的关系还缺乏足够的认识。习惯地把自然界作为"征服"、改造的对象，把发展生产力看作提高"征服"自然界的能力，忘记了人类自身和自然界的一致性，因而这种"征服"自然的行为往往是掠夺性的，是只顾及经济利益而忽视生态效益的短视行为。人们只看到并重视人对自然界的作用，不易看到或轻视自然界对人类的反作用；或者只看到自然界对人类的报效作用，未看到自然界对人类的报复作用。造成这种短视的，也有其社会原因。从社会根源上分析，资本主义的掠夺

性生产与盲目竞争随着新的科学技术和现代工业的迅猛发展，使人与自然的分离达到严重的程度。那些唯利是图、以追逐高额利润为目的的资本家，为了在竞争中处于有利的地位，不惜损害自然生态系统和人类生存的环境。虽然他们也意识到了这个问题的严重性，并进行了某种程度的调节，也收到一些效果，但是生产资料的私人所有制限制了这种调节作用。在发达资本主义国家，少数人的巨大财富就是建立在剥削本国劳动人民和掠夺不发达国家的基础之上的。在国际社会中，目前大部分环境危机的根源在于富国与穷国之间的巨大差距。工业化国家的人口只占世界总人口的23％，却控制着世界80％的商品，它们应对大部分污染负责。但遭受人口过多、营养不良、疾病打击最大的却是发展中国家。在这些国家努力追赶发达国家的同时，一个恶性循环已开始形成：高速的工业化进程毒害了城市；提高农业产量的努力往往又毁坏森林，耗尽了土壤的肥力。对发展中国家来说，环境保护的最大障碍还在于这些国家的巨额外债。在深受发达资本主义国家盘剥的发展中国家挣扎着偿还巨额贷款时，怎能期望它们还能发起环境保护运动呢？随着科技与生产的发展，资本主义的剥削方式和手段会发生某些表面上的变化，但资本主义剥削和掠夺的本质却丝毫不会改变。在有阶级存在的社会中，人与人之间的对抗不可避免地带来人与自然的对抗。因此，我们认为自然环境问题或人与自然的关系问题，在本质上是社会的产物、历史的结果，说到底是一个社会问题。

人与自然协调另一个不容忽视的社会因素是人口。当今世界，现实生活中种种棘手问题，诸如土地、粮食、环境、生态、住房、交通、教育、就业、治安等，都与人口膨胀有关。据统计，世界人口增长到10亿，花了200万年时间，再增加10亿花了100年时间，至第三个10亿花了30年，至第四个10亿只用15年，至第五个10亿仅用了12年。如果对人口增长不加控制，以目前17％的世界人口增长率计算，到2015年，地球上将有80亿人口，到2055年，将达到160亿，而要使这160亿人口维持在今天人类的生活水平上，就必须在今后60年内再多出两个已经建造成今天这样规模的地球来！

三、人与自然协调发展的途径和方法

如上所述，水源、能源、生态的危机，温室效应，生物大批消亡……地球从来未像如今这样"喜怒无常"。在自然界的猛烈报复面前，西方国家一些学者对人类的前途和命运产生了悲观情绪。他们认为"人与自然界的对立是无法协调的"，"人的生存注定要破坏自然界的平衡"，主张"倒转生产""退向自然"等等。这些悲观主义的结论，我们是不赞同的，但其中的某些分析也包含某些合理的成分，对唤起人们保护自然环境、保持生态平衡、珍惜自己所栖息的地球也并非没有意义。不过，他们的"倒转生产""退向自然"等消极主张是不可取的。首先，事物是普遍联系和相互作用的，只要有人存在，人与自然界就必然相互作用，从而引起一系列的变化。因此，要保持自然界的"原生"状态是不可能的、不必要的。其次，人类活动引起自然界的变化，并非注定破坏自然界的平衡。事实上，人类在同自然界的长期交往中，已在认识自然规律的基础上重新创造出良性的人工生态系统，协调地再现自然界内部错综复杂的依存关系。整个农业发展史就证明了人类社会系统与生态系统之间协调进化的可能性，不是靠破坏或牺牲自然环境与生态系统为代价来换取人类利益的。再次，科技的进步，不仅能加强人类改造自然界的力量，同时也能消除这些活动所引起的不良后果。科技要素的作用是认识和掌握自然运动规律和经济运行规律，将自然界中人们不能直接作用的物质运动形态变换为社会经济系统中人们可以直接利用的物质运动形态，以便使人类有计划有目的地调节控制经济发展与自然生态的相互关系，从而创造一个适合人类生存和发展的自然环境与经济高速增长的美好社会。

马克思曾经说过，问题和解决问题的手段是同时产生的。据一些学者研究，以下六个方面，对于缓解人类生存与自然资源之间的矛盾，协调人与自然的关系，至关重要。

1. 当今人类自身的再生产应限制在简单再生产或低于简单再生产的水平上，否则，将威胁到大自然的生存状况。

2. 人类对自然资源总量的开发利用速度应低于其自然生长的速度。

3. 以生态空间约束人类自身空间。由于历史的沿革，目前资源格局或称生态空间已成定势，而人类自身空间却是变势。人类自身空间应以生态空间为限度来约束。

4. 人类需要服从生态平衡。人类生存在生态环境里，要以不破坏生态环境为原则，否则，就会受自然界的惩罚。应将生态意识上升为民族意识，并纳入法治轨道。

5. 合理地开发利用资源。对再生资源，应保证其简单再生产和扩大再生产，即构成良性循环。对非再生资源，应使其所产生的工业"三废"（废气、废水、废渣）等物质含量低于或等于生态圈正常循环所消化和允许的程度。

6. 提倡废物利用，必须抛弃那种严重浪费和耗竭自然资源的生活方式。

生态危机的实质是社会制度的问题，仅仅依靠人道主义的呼吁是解决不了的，必须对不合理的社会制度进行变革。早在自由资本主义时期，恩格斯就指出："要实行这种调节，单单依靠认识是不够的。这还需要对我们现有的生产方式，以及和这种生产方式连在一起的我们今天的整个社会制度实行完全的变革。"[①]社会主义社会为合理地调节人与自然的关系提供了客观可能性。新中国成立以来在这方面所取得的举世瞩目的成绩充分显示了社会主义制度在协调人与自然关系上的优越性和我国人民的伟大创造力。

---

① 《马克思恩格斯选集》第三卷，人民出版社，1972，第519页。

灰色系统方法论探讨①

一、什么是灰色系统

（一）灰色系统是信息不完全的系统

灰色系统（Grey System，简记为GS）理论，是控制论的观点和方法延伸到社会、经济系统的产物，是自动控制科学与运筹学等数学方法相结合的成果，也是系统科学体系中一门重要的新科学。

在系统论、控制论中，常常用颜色的深浅来形容信息的完备程度。由于系统的信息完备程度不同，相应地便有白色系统、黑色系统、灰色系统之称。

白色系统即信息完备的系统。一个家庭是一个系统，人口有多少、收入有多少、支出有多少，以及家庭的劳动安排、生活布置、经济情况的发展变化都是清清楚楚的，因此属于白色系统。"白"表示信息完备。

黑色系统即信息相对不完备的系统。湖北神农架的野人，有什么群体关系，有什么生活习性，有什么信息交换方式和群体组织，组织如何发展？这些都是未确知的。因此，这属于黑色系统。此外，还有飞碟、星体的异常现象，这些都涉及自然系统认知。这些问题由于目前研究信息不足，都只能当作黑色系统。"黑"表示信息缺乏。

灰色系统即介于白色系统和黑色系统之间的系统，或者说部分信息已知、部分信息未知的系统。

区别白色系统与灰色系统的主要标志是：系统各元素之间是否具有确定的关系。许多抽象系统如社会、经济、农业、生态等系统，没有物理原型，虽然知道影响系统的某些因素，但很难明确全部因素，更不能确定元素之间的确定关系。因此，它们均属灰色系统。

农业系统就是典型的既包含已知信息、又包含未知信息的灰色系统。虽然知道肥料、农药、气象、土壤、动力、水利、耕作、政策等影响因素，但难以确定全部因素及其确定的关系。有时即使建立某种关系，也是在一定假设条件下，按某种逻辑推理经过某种理性认知得到的。这种关系充其量只能说是原系统的"代表"与"同构"。这类系统可称为本

---

① 本文原载《灰色系统新方法》，农业出版社，1993。

征性灰（色）系统。

人类对客观事物的认识既不是"白"的（即不能全部确知），也不是"黑"的（即不可能一无所知），而是"灰"的（即部分确知、部分不确知）。因此，可以说人类的思维是"灰"的，行动依据也是"灰"的，人们不得不在"灰"的条件下思考、决策和行动。从这个意义上说，灰色系统的存在具有绝对性，是普遍存在的。

"灰"表示信息不完全。一个信息不完全的数，称为灰数；一个信息不完全的元素，称为灰元素；一个信息不完全的关系，称为灰关系；一个信息不完全的系统，称为灰（色）系统；一个含有灰数、灰元素或灰关系的模型，称为灰（色）模型。灰色系统理论就是以信息不完全的灰色系统为研究对象，运用特定的方法描述信息不完全的系统，并进行灰色预测、决策、控制等系统分析的一种崭新的系统理论。

（二）灰色系统理论的创立

灰色系统理论，是华中科技大学邓聚龙教授于1982年首先提出来的。他认为，从发展观点看，应从黑箱、灰箱再到灰色系统。所谓"黑箱"，是指其内部结构、特性、参数全部未知，只能从其外部的因果关系和输入输出关系进行研究的事物。所谓"灰箱"，是指其内部结构、特性、参数已部分明确的事物。"箱"意味着边界的限制，只能从其外部的特征去研究。灰色系统理论则主张打破"箱"的限制，着重从事物的内部结构、特性、参数去进行研究，从系统内部去发掘白色信息，研究系统的发展变化规律。1985年邓聚龙荣获国家教委科技进步奖一等奖。

灰色系统理论的主要内容是：①灰色系统的建模思想、理论和方法；②灰色系统分析；③灰色系统预测、决策和控制；④灰色系统优化与评估。

灰色系统理论的主要特点，归纳起来主要有以下几个方面。

1. 把随机量当灰色量处理。灰色系统理论认为一切随机变量都是在一定范围内变化的灰色量，从而提高系统的可控性。

2. 它用生成数（一般不直接用原始数据）建模。作为灰色量的处理不是去寻找它的统计规律、概率分布，而是将原始的数、无规律的数进行整理（即生成），使之变得较有规律，再分析建模（简称建模）。灰色系统理论主张就数找数发现规律。因为客观系统无论怎样复杂，都是有关联的、有序的、有整体功能的。因此，作为行为特征的数据总是隐含着某种规律。灰色系统理论主张尽量挖掘和找出这些规律，也就是将原有数据进行适当处理、组合，来发现规律，从而提高系统的可观性。

3. 主张"非唯一"，即系统目标分非唯一（多目标）、途径非唯一（多途径、殊途同归）、方案非唯一（多方案）、结果非唯一。"非唯一"比"唯一"的信息量大，以提高系统适应性。

4. 采取定性分析提出思想（语言）模型、因素分析形成网络模型和初步量化分析、优化分析、动态分析的方法，使所研究的灰色系统模型化、优化，以提高系统分析的科学性和可操作性。

（三）灰色系统是当今学术研究之奇观

由于灰色系统普遍存在，无处不有，所以灰色系统理论在社会、经济、管理、工程技术等许多领域得到日益广泛的应用，受到国内外学者的重视。

1. 灰色系统科研课题结硕果。一批国家级的研究课题都与灰色系统理论有关。如国家经济贸易委员会的工业总产值月预报，国家计划委员会的农业产值预测，国家自然科学基金资助的灰色系统预测控制器研究，"七五"国家重点攻关项目的子课题"灰色系统理论在经济决策中的应用"，国家重点攻关课题"三峡水库来水来沙条件分析研究"等均取得重大成果。湖北省老河口市发展规划、浙江省杭州市"菜篮子工程"和"农业综合生产力"研究等一大批地区重大研究项目，均属各个领域首次应用灰色系统理论的有益尝试。

2. 灰色系统学术会议盛况空前。全国灰色系统学术讨论会已先后开了六次，前五次由邓聚龙教授亲自主持召开，第六次是根据他的建议由浙江省农学会灰色系统研究会主持召开的。每次会议都会从大量的学术论文中遴选出上百篇论文，进行大会或分组学术交流，并评选出优秀论文。

同时，*The Journal of Grey System*和史开泉教授创办的中英文版《灰色系统理论与实践》两个灰学杂志，在国内外学术界有一定影响力。

3. 灰色系统研究成果如雨后春笋。邓聚龙教授先后出版了《灰色系统（社会·经济）》《灰色控制系统》《灰色预测与决策》《灰色系统基本方法》《农业系统灰色理论与方法》《多维灰色规划》《灰色系统论文集》《灰色系统理论教程》等专著。与此同时，国内同行先后出版了《灰色系统程序集》（王学萌、罗建军，1986年）、《灰色系统理论浅述》（曹鸿兴等，1988年）、《灰色的军事领域》（满琳等，1988年）、《水资源灰色系统预测与决策》（邓琦、周强等，1989年）、《灰色系统模型在农村经济中的应用》（王学萌等，1989年）、《农村经济灰色系统分析》（张沁文等，1989年）、《灰色系统理论应用丛书》（严智渊、罗庆成等，1989年）、《灰色系统理论的数学方法及应用》（王清印、刘开第等，1990年）、《灰色数学引论》（吴和琴等，1990年）等。

4. 灰色系统引起国内外学者的广泛注意。灰色系统理论提出后，得到了我国著名科学家钱学森教授、美国哈佛大学布洛克特教授、何毓琦教授，美国华盛顿大学谈自忠教授，德国数学中心报主编威格尔教授，法国阿格拉·马赫丹教授，日本东京医科齿科大学松俊教授，日本应庆大学下乡太郎教授等的肯定和支持。

1986年6月，在巴黎召开的不确定系统国际会议上，邓聚龙教授当选为"会议程序委员会"会员，并担任"不确定模型组"主席。会后，国外一些大学邀请他去讲授灰色系统理论，还有国外留学生来华学习灰色系统理论。1990年在美国召开的以"不确定"为内涵的研究建模和系统分析的国际会议上，邓聚龙教授担任会议程序委员会委员，组织并主持了"灰色系统在中国"的专题会议，会上还作了两个专题报告，得到与会者的欢迎和高度评价。

灰学研究由于刚起步，我国暂时属国际领先。为了让灰学走向世界，我们应加倍努力。正如钱学森教授所说："灰色系统很有意义，值得注意，今后还会有更大的发展。"

二、灰色系统方法论

（一）信息的挖掘与开发

客观世界是物质的世界，也是信息的世界。每一个信息都是它所表征的对象的再现，所有的信息总体构成了宇宙完整的"模型"，信息世界是原型世界的"投影"，世界自己反映自己，二者实为一体。人对世界的认识是通过信息实现的。在人的认识活动中，客体本身并没有直接进入主体，主体对信息加工整理，获得经验或理论的认识，才在思想上把握了客体。人通过实践无限逼近对客观世界的正确认识：逐步地由不知到知，由知之较少到知之较多，由知之较浅到知之较深，不断拓展与深化。人在正确认识客观世界及其规律性的基础上，对它进行控制、驾驭和改造。由此可见，人的认识、改造世界的活动须臾也离不开信息。

当我们深思熟虑地考察周围的时候，就会惊异地发现，五彩缤纷的现实世界中既有确知（称为白）和未知（称为黑），还有大量的非确知（称为灰），如系统的因素、关系、结构、作用原理不完全清楚，我们生活在一个充满"信息不完全"现象的"灰"世界里。事实上，在人们认识活动中，绝对的准确、绝对的严格、绝对的清晰都是不存在的。换而言之，纯之又纯、白之又白的事物是不存在的。人对客观事物的认识往往既非全"白"，也非全"黑"，而是处于部分确知、部分非确知和"未知"的"灰"状态下。因此，人们的思维是"灰"的，行动依据也是"灰"的，人的认识是由"灰"逐步"白化"的。人们不得不在"灰"的条件下思考、决策和行动。在人的认识过程中，事物被认知的"灰"性是基本特征而非细枝末节，是普遍现象而非个例。就人的认知程度划分，人无非处于"灰""黑""白"三种状态下，它们相比较而存在，相关联、影响、渗透、斗争而转化、发展。"灰"往往是联结"黑""白"的媒介和桥梁。灰信息的挖掘、利用、开发对认识的由"黑"向"白"转化，对灰色系统的控制、处理、改造具有普遍的意义和价值。

"信息论"自20世纪中叶由香农、维纳等学者创立以来，获长足发展。人类研究已进入复杂系统、大系统、超大系统领域。这类系统不仅结构与功能复杂，涉及大量的参数与变量，而且相应带来了弗晰性，除实践发生的或然性（随机性）、事物属类及性态的模糊性外，还有大量的非确知的灰色性。人们对偶然、随机的或然现象，运用概率论和数理统计方法处理，该方法较为成熟。美国学者查德等对模糊性做了深入研究，创立模糊数学理论，进而提出模糊信息概念。然而对信息不完全的灰色现象的研究，曾长期空白。信息不完全是另一类型的弗晰性。主要表现是系统因素及其关系、系统结构、系统的作用原理等不完全明了。承认灰性、研究灰性、处理灰现象和问题，是灰色系统理论的宗旨。所谓信息不完全，要做具体分析。从系统整体性的观点看，信息是整体的信息，整体制约信息，信息反映整体，同时蕴含着关联、协调、全息、映射等关系。在时间上，过去、现在、未来相联结，现在是过去的产物，又受未来制约。在空间上，系统、环境、因素、关系、结构、功能相互制约、相互作用、相互影响，它既作用于整体又受制于整体。这种深刻的内在关联性和统一性，使"灰"隐含着"白"。"灰""白"转化是以事物普遍联系原理为指导，在联系中认识把握事物的典例。灰色系统理论和方法有效地开发利用信息资源，它认为：距离是信息、影响是信息、关系是信息。系统因子的存在，也是一种信息的存在，从而因子空间是因子的信息空间。灰色系统理论是以信息传递为基础的、以升华了的距离为量度、以整体接近为核心的一种关联框架，它是信息空间、距离空间、拓扑空间的融通和渗透，是三者的升华。灰色系统理论是研究信息不完全的理论，也就是少数据（信息）的分析研究理论。它是对这种隐含、蕴涵着所需信息的挖掘、开发和利用，从而实现"少"与"多"、"局部"与"整体"、"灰"与"白"认识上的转化，以消除人们在一定条件下实践和判断中出现的不确定性，从而实现了对灰色这类弗晰性研究的突破。

众所周知，在通信意义上，信息的功能是消除人们在认识上的不确定性。任何信息都包含三个方面：①客观描述信息量的统计模型；②语义（意义）；③有效性（价值）。香农、维纳等人的信息论只解决第一个问题，不涉及意义和实效性问题。20世纪70年代后，许多学者对后两个问题做了积极有益的探讨。实际上，信息的有效性，包括信息资源的经济性、合理开发及利用，信息的效能、地位、作用和价值等问题。应该说，信息的价值有正负之分。信息污染就会产生负价值效应。信息过量甚至泛滥，使认识主体困惑不解、无所适从或无法处理，也会产生信息价值的负效应。在信息的甄别、筛选、粗选、精选中，信息的"去伪存真、去粗取精、由此及彼、由表及里"的改造制作工作中，在经济合理地开发利用信息、增强信息的有效性方面，灰色系统理论和方法有自己的特色并做出了贡献。

（二）数学模型方法的发展

数学模型方法是通过建立和研究客观对象的数学关系来揭示对象的本质特征和变化规律的一种研究方法。常见的数学模型有必然现象数学模型、突变现象数学模型、或然现象数学模型、模糊现象数学模型等。现在还应加上灰色现象数学模型，它为解决信息不完全的灰色系统的量化分析开辟途径，填补了数学模型研究中的一项空白。应该指出，灰色系统理论和方法的五步建模思想是对数学模型方法的发展，并具有方法论价值。我们试做以下分析。

1. 五步建模。即：①语言模型；②网络模型；③量化模型；④动态模型；⑤优化模型。这样一个建模过程，经历思想开发、因素分析、因素间因果关系量化、因素间因果关系动态化、系统优化等五个步骤，也就是建立了五个不同性质的模型。五步建模过程，事实上是信息不断补充、系统因素及其关系不断明确、明确的关系进一步量化、量化后关系进行判断改造的过程，也是系统由灰变白的过程。它是一种很有特色的建立数学模型的方法。

2. 注重关系的研究。关系也就是相互间的联系。联系是一切事物的客观本性。世界上一切事物都同周围其他事情处于某种联系关系之中。事物联系的广度、深度、强弱和方式不同，事物的性质和特征也不一样。因此，要正确地完整地认识事物、把握事物，就必须了解事物与其他事物的种种联系。要从普遍联系之中去认识和把握事物，从事实的全部总和去把握事实。因果关系是系统研究的核心，但灰色系统理论同样十分重视整体性、关联性、协调性和动态关系的研究，并认为各因素的关系不是绝对的，而是相对的。

3. 动态性研究。恩格斯在《反杜林论》中说："要精确地描绘宇宙、宇宙的发展和人类的发展，以及这种发展在人们头脑中的反映，就只有用辩证的方法，只有经常注意产生和消失之间、前进的变化和后退的变化之间的普遍相互作用才能做到。"[1]灰色系统理论十分注重系统动态性的研究，注意因素发展变化及其关系动态。例如，注意掌握系统是能够持续不断地发展，还是有限度地发展，是单调地发展，还是饱和地发展；若有限度，其极限又是多少，达到极限值的过程如何；变化是单调的，还是摆动的，是有冲击的，还是无冲击的；等等。灰色系统理论和方法还强调系统的可观测性与可控制性。

4. 定性与定量的紧密结合。在灰色系统理论数学模型中，定性分析是定量的前提，定量是定性分析的具体化、规范化。灰色系统理论与方法正在变成定性与定量的结合点。

5. 用生成数模型。灰色系统理论和方法一般不直接用原始数据建模，而是将表面上杂乱无章的原始数据进行整理（生成），使之变得较有规律性，然后分析建模。灰色系统理论主张用"就数找数"的独创方法揭示现实规律。从方法论上分析，客观系统无论怎样复杂，都是有关联的、有序的、有整体功能的。因此，作为行为特征的数据总是隐含着某种具体规律的。灰色系统理论运用"就数找数"的方法揭示或显现隐藏在其中的具体规律性。例如，其中的累加生成方法就具有弱化随机性、增强规律性的作用，实际上也是灰过程的白化，显示出灰量累计过程的发展态势。

---

① 恩格斯：《反杜林论》，人民出版社，1970，第20—21页。

另外，灰色系统理论中的数据预处理模型、数据生成模型、效果测度模型等均是动态地精确描绘客观世界的数学手段。灰色系统理论和方法把随机量做灰色量处理，成功地利用关联空间、光滑离散函数的概念，在灰色导数、灰色微分方程的基础上，利用离散数据列，建立微分方程型的连续动态模型GM，为研究生物系统、经济系统提供了强有力的数学工具。建立灰色微分方程的成功和突破，不仅为新的研究领域，而且为经典数学理论增添了新的时代内容，在数学模型方法中是很有特色和创新的。

（三）择善与善择的统一

古希腊思想家柏拉图说，哲学者择善之学与善择之学。灰色系统理论和方法在认识与改造、理论与实践上体现了择善与善择的统一。

毛泽东同志指出："马克思主义的哲学认为十分重要的问题，不在于懂得了客观世界的规律性，因而能够解释世界，而在于拿了这种对于客观规律性的认识去能动地改造世界。"[①]灰色系统理论与方法认为世界是可知的，并为探索这种可知做出了艰辛的努力也获得成效。知是为了行，认识世界是为了改造世界。例如，灰色系统基本方法的主要内容是灰色系统关联分析、灰色系统的生成函数、灰色系统的建模、灰色预测、灰色决策、灰色控制等，内容前后连贯，成一整体，目的明确。关联分析是数列动态过程发展态势的量化比较，它与生成函数一起，为建模提供基础。建模是预测的基础，而预测又是决策与控制的前提。它把理论与方法探索的光柱始终投向实践的舞台。

灰色系统理论和方法不仅在揭示"灰"现象内在规律上有精辟之见、善择之举，并且在控制、驾驭、改造灰色系统的实践中同样有许多新颖择善的地方。例如，在决策过程中，灰色系统理论认为，与其用过于"严密"的数学推导去获取唯一解或过于复杂的控制理论寻求最优解等，还不如面对实际，通过现实的数据去探索满意解，既探索具有现实依据的，可经实践检验的，反映实际的基本情况、基本关系、基本规律的解，又获得可完善可深化的解。"满意解"本质上是客观的，但又包含一定的主观成分。这种主观成分联通着能动性、灵活性、机动性、变通性，不呆板、不机械、不僵化、不唯一。它既近似科学，又近似艺术。丰富的经验、科学的直觉、熟练的技巧，在此均有用武之地。它对于解决涉及人和社会，诸如科技、经济和生产发展等重大而复杂问题时更显得技高一筹。实践表明，这类问题不应该不切实际地追求统一的、单一的解决方案和发展模式，而应该立足于实践去探求各种可能的、切实可行的解决方案。这里提出了一个颇含哲理的见解："非唯一性"原理。

灰色系统理论和方法认为："非唯一性"原理，在决策上的体现就是灰靶思想。所谓

---

① 《毛泽东选集》第一卷，人民出版社，1991，第292页。

灰靶，是目标非唯一与目标可约束的辩证统一，是目标点可接近、信息可补充、方案可完善、关系可协调、思维可多向、认识可深化、途径可选择的集中表现。"非唯一"在行动上是见机行事，"见机行事"的特点是灵活，"灵活"是在处理问题上有回旋余地，"有回旋余地"在计划工作中的表现是可调性，"可调性"在效果上的表现是可塑性。"非唯一"在决策实践中是多目标，在数量上是范围（是"靶"而非一点），"范围"在处理上是可挑选，"可挑选"在方向上是可"优化"等等。灰色系统确实是一富有辩证法魅力的领域。

灰色系统理论和方法除了以上简略提到的应用哲学上的真知灼见外，还有以下几点总体上的特色。

1. 理论的开拓性与创新。它开辟了新的研究领域、新的研究对象、新的研究内容、新的研究方法和手段，构筑起新的理论框架和应用途径。对具有普遍意义的灰色系统和灰色现象进行富有成效的研究，给人哲学和方法论的启示。

2. 实践性和适用机制。灰色系统理论深深根植于实践的土壤中，吸吮其丰富的营养。它所表述的概念、理论、方法均具有实践性的品格。灰色系统理论源于实践，还于实践。它的实用价值在于：能将抽象问题实体化、量化。将变化规律不明显的现象转化为有规律性的本质，并以此分析事物的可控制性、可观性、可达性。通过分析指出系统发展过程的优势、劣势、潜力、危机，从而做出正确决策，促进系统迅速、健康、高效地发展。

灰色系统理论和方法以时间来检验、补充和修正已有的认识和方法。在实践过程中不断提出新观点、新方法、新应用、新成果，以求完善与发展。它博采众家之长，借鉴各种科学方法之精粹，不拘泥于已有形式和理论框架，敢于分析、批判、创新、充分体现了现代科技的创新意识和著名科学家钱学森历来倡导的"强调实践、讲求实效，不坐而论道"的求实精神。

3. 综合性和影响力。灰色系统理论和方法集数学、信息论、控制论、系统论、唯物辩证论、认识论、方法论于一炉，广泛汲取中外优秀思想成果和学术营养，应用于自然与社会的众多领域，成为自然科学与社会科学一体化的催化剂，也生动体现了当年列宁曾预言过的自然科学奔向社会科学的新潮流。作为新兴的边缘学科的灰色系统理论和方法表现出学科"杂交"的优势和旺盛的生机。它具有到目前为止还没有表现出衰减的渗透力、辐射力、影响力和繁殖力。应用该理论和方法的专著《灰色价值学》《灰色调查学》《表现学》等均已出版，标志着灰色系统理论在向前拓展。灰色系统理论和方法的综合性，体现了现代科学技术的发展趋向。灰色系统理论和方法向人们展示的不是一个封闭和完成了的体系，而是一个开放和不断发展的研究纲领。

4. 通俗性和推广性。灰色系统理论和方法，在实际应用时一般不需要艰深繁杂的计算，手算即可完成，简便易行，推广普及难度小。它的生命力一方面表现在其本身有较高的实用价值，另一方面也表现在通俗性上。寓巴人于白雪之中，出阳春于下里之内，它集阳春白雪、下里巴人于一体，深刻而不玄奥、通俗而不平庸、实用而不浅薄，深受广大科技工作者和基层干部的欢迎，具有较深厚的群众基础。近年来，全国各行各业推广灰色系统理论和方法，并取得丰硕的成果。灰色的系统理论与方法像烂漫的山花、雨后的春笋，生长、开放在建设有中国特色社会主义伟大事业的沃土上，反映出一个振兴中的民族在应用哲学和科技方法论上生机勃勃的探索与创造精神。

德国著名诗人歌德曾有一名言：灰色的理论到处都有，我的朋友，只有生活的绿树四季常青，郁郁葱葱。人类对客观世界认识的具体途径和方法是无限的，也是不断发展的。灰色系统理论和方法作为一门新兴边缘学科，正在成长之中，还需不断地充实、完善与发展。我们相信，扎根于实践土壤，独树一帜的灰色系统理论和方法必将随着实践和认识的发展，更加根深叶茂，郁郁葱葱。

灰学迎来万紫千红的春天①

◎ 2019年9月15日　浙江日报社国际会议厅

　　我是一名自然辩证法工作者，长期从事科学哲学和宏观农业的教学研究工作，今天能应邀参加《孙万鹏灰学文集（10～12卷）》的首发式，感到荣幸。我和孙万鹏先生不很熟悉，但几次接触给我留下深刻的印象。我还清楚地记得第一次见到孙先生是1991年4月28日，当时虽已暮春，但仍有寒意，下着小雨。当时，根据灰色系统创始人邓聚龙教授的建议，第六次全国灰色系统学术研讨会暨灰学文集首发式由浙江省灰色系统研究会主持召开。地点安排在孙先生的母校——位于华家池的浙江农业大学（现浙江大学）的科学楼隆重举行。当时学校委派我出席会议，表示祝贺和支持，并代表浙江农业大学讲话。灰学文集首发式热烈而隆重，也是在这次会议上，我初次见到孙先生。在我的记忆中，当时孙先生大病初愈，身体虚弱，脸有倦容，在与他交谈过程中，孙夫人不时递上中药，以免漏服。但孙先生在发表主旨演讲时，却精神焕发，前后判若两人，演讲铿锵有力，语言精彩，思想深邃，这就使我对他的学识渊博，与疾病抗争的顽强，能掐住厄运的咽喉、扳转个人命运的乾坤以及贤内助吴文上女士无微不至的关爱支撑，留下难忘的印象。我在嗣后被收录在会议论文集《灰色系统新方法》中的拙作《灰色系统方法论探讨》②中，写下对包括刚问世的灰学的初步认识："作为新兴的边缘学科的灰色系统理论和方法表现出学科'杂交'的优势和旺盛生机，它具有到目前为止还没有表现出衰减的渗透力、辐射力，影响力和繁殖力。"我还特别提到孙先生的灰学新作："欣闻应用该理论和方法的专著《灰色价值学》《灰色调查学》《表现学》等均已出版……向人们展示的不是一个封闭和完成了的体系，而是一个开放和不断发展的研究纲领。"③第二次见到孙先生是在仲夏夜晚举行的小型研讨会上。我记得后来出版的书中还有一个序言，有很长的一个参加者名单，我的名字也在其中。

---

① 本文系作者根据在灰学研讨会暨《孙万鹏灰学文集（10～12卷）》首发式上发言的会议记录并查阅当年笔记和学术论文，补充整理而成。本文载入《灰学评说》，西泠印社出版社，2021，第10-13页，特此说明。

② 《灰色系统方法论探讨》还发表在《浙江大学学报（人文社会科学版）》1993年第4期。后被"中国人民大学复印报刊资料库"等转载，入选《中国哲学年鉴》（1995）和《中国新时期社会科学成果荟萃》（1998）。

③ 邹先定：《灰色系统方法论探讨》，载《灰色系统新方法》，农业出版社，1993，第13页。

光阴荏苒，一晃二十八年过去了，这次与会前我还在想，孙先生如今不知是怎么个样子？从年龄上讲，他比我年长，该八十岁左右，耄耋之龄了，经近三十载灰学筚路蓝缕、辛勤耕耘稼穑，该是历尽沧桑、艰辛留痕，但刚才见到孙先生，完全颠覆了我的估计：孙先生出乎意料的年轻、充满激情和活力。刚才会议主持人、省政府原副秘书长俞仲达同志讲这是个奇迹，我完全赞同，这真是奇迹！这对事业奋斗、风雨兼程并肩前行的伉俪也是传奇伉俪。在近三十年后，再来看灰学的发展，我谈两点体会。

一、德国大诗人、思想家歌德有句名言：理论是灰色的，生命之树常青。孙先生创立的灰学的"灰"是创新的，具有深邃思想，踩着时代和科技发展的节拍，与新工业革命、IT、AI、大数据、互联网等新兴技术同台的哲学探索和睿智解读、回应、预测，是"灰"得很深的那个灰，它既有理论的深度，又有思想的高度、实践的力度。这个灰学能解读某些经典理论无法解释的领域和现象，能质疑原有经典理论的局限和短板，还能预测经典理论未涉足的领域和现象，表现出萌生于中华大地、完全由中国学者自主创新的、旺盛的学术生命力和磅礴力量。孙先生创立的灰学具有哲学的普遍指导性，深刻地审视人类认知实践漫长探索之得失，不倦地进军挑战科学探索的盲区和难点，始终把理论探索的光柱投向新时代日新月异的科技发展的舞台。在认识与改造、理论与实践的关系上，它体现了古希腊哲学家柏拉图所说的择善与善择的统一。灰学探索的这种顽强、坚韧和矢志不渝的目标指向，深刻地体现了孙先生的学术性格和治学风格。它也一以贯之地体现在孙先生的学术成果、言谈举止中。正如歌德之言：生活的绿树四季常青，郁郁葱葱。只有当生命与求实求真求是结合在一起，与崇高的真善美融为一体时，生命之树才会常绿常青，这是我的第一点感想。

二、坦率地讲，灰学我不太懂。早在20世纪90年代初期，孙先生就写了《灰色价值学》《灰色调查学》《表现学》等著作，当时我觉得有点"玄"，不太好理解。但我能感受到他另辟蹊径的敏锐思想和创新方法的理论勇气。如果说20世纪90年代灰学的早期著作是报春的山花，那么时过近三十年的今天，以洋洋洒洒十二卷千万余字的著作为代表的灰学，已发展成一片茂密的森林。思想的闪光投射在科学和哲学尚未开发的处女地。它从学者的书斋走向广袤的实践热土，从中华大地走向世界，赢得海内外学界的赞誉；它挑战经典权威，回归真理，升华认知，指导并经受实践的检验，将迎来新时代灰学发展万紫千红的春天。

20世纪90年代，我在《灰色系统方法论探讨》一文中对当时的灰色系统理论包括刚问世的灰学的总体特色，曾做过四点概括：第一，理论的开拓性与创新；第二，实践性和实用价值；第三，综合性和影响力；第四，通俗性和推广应用。文中指出它深深植根于实践土壤中，又博采众长，借鉴各种科学方法之精粹，不拘泥于已有的理论框架，敢于分析、创新，充分体现了现代科技的创新意识和著名科学家钱学森历来倡导的"强调实践，讲究实效，不坐而论道"的求是精神。它广泛汲取中外优秀思想成果和学术营养，应用于自然与社会的众多领域，成为自然科学与社会科学一体化的催化剂。它生动体现了当年列宁曾预言过的自然科学奔向社会科学的新潮流。它的生命力，一方面表现在其本身有较高的实际应用价值，另一方面也表现在通俗性上。"寓巴人于白雪中，出阳春于下里之内"，它集阳春白雪与下里巴人于一体，深刻而不玄奥，通俗而不平庸，实用而不浅薄。 这是我在二十八年前的认识。如今，反观近三十年来灰学发展的轨迹，这充分体现了上述概括，却更有大踏步前进和跃迁、升华。刚才孙先生列举了灰学对经典理论的九个质疑和挑战的典例，就充分说明了这一点。灰学对人们奉为圭臬的经典理论某些论点提出质疑、挑战，是需要巨大的理论勇气和研究支撑的。一个理论能在这么宽广的研究领域对经典提出质疑和挑战，它的覆盖面之大、辐射力之强，体现它方兴未艾的学术成长力。它反映了中华民族在伟大复兴的进程中的文化自信和科学研究能力，也反映了理论工作者不忘本来、吸收外来、面向未来、创造性转化、创新性发展的宽阔视野和创新品格。任何有价值的理论都是人类认识真理的阶梯，它是真理绝对性和相对性的辩证统一。毛泽东同志曾指出："人类的历史就是一个不断地从必然王国向自由王国发展的历史，这个历史永远不会完结。人类总是不断发展的，自然界也总是不断发展的，永远不会停止在一个水平上，因此，人类总得不断地总结经验，有所发现，有所发明，有所创造，有所前进"。[①]我认为灰学是一座深矿、富矿、宝矿，孙万鹏先生等开创的灰学历经近三十年艰辛探索和砥砺前行，已经成为名副其实的中国学派。我认为故事才刚刚开始，更壮丽、更辉煌的业绩和成就还在未来的创新发展中。参加今天的会议，对于我来讲，是一次学习的机会，它是全息的、全方位的，孙先生做人做事做学问，都值得学习。我捧回三大卷厚重的《孙万鹏灰学文集（10～12卷）》，好好地学习研究，从中汲取知识，得到方法论启示。仰观宇宙之大，俯察品类之盛，我们站在民族复兴的地平线上，为中国学者、中国学派的中国贡献和所体现的中国价值鼓与呼！

---

① 逄先知、金冲及主编：《毛泽东传（1949—1976）》，中央文献出版社，2003，第1364页。

自然辩证法教育只能加强不能削弱[①]

最近一段时间，我们对研究生自然辩证法课程的前途非常关心。今看到《自然辩证法报》载，张健同志传达教育部党组的意见：自然辩证法作为研究生的必修课这一决定没有改变。教育部党组从来没有削弱自然辩证法教育的意见，相反，这方面的工作应进一步加强。作为高校自然辩证法教师，我们感到十分高兴，并认为这是教育部对高校广大师生愿望与呼声的支持，它完全符合实际情况，是非常正确和富有远见的。

自然辩证法由无产阶级革命导师所亲自创立，是马克思主义理论大厦不可分割的重要组成部分。一百多年来，尽管人类的科学技术发生了翻天覆地的变化，但马克思主义的自然辩证法依然光彩夺目，保持着强大的生命力。她过去、现在和将来都是指导人们认识和探索自然界、自然科学客观规律的思想武器。特别是在当前世界新技术革命和我国现代化建设的热潮中，学习、研究自然辩证法，更具有重要的现实意义。自然辩证法的教育与研究历来受到党的关怀和重视。

研究生是未来的高级科技人才，是攀登科学高峰的"国家队"，也是我国科技现代化的一支中坚力量。列宁曾经说过：工程师承认共产主义所经历的途径将不同于过去地下宣传员和著作家，他们将通过自己那门科学所达到的成果来承认共产主义，农艺师将循着自己的途径来承认共产主义，林学家也将循着自己的途径来承认共产主义，如此等等。针对研究生的上述特点，让他们在大学阶段系统地接受马克思主义基本理论教育的基础上，再必修自然辩证法课程，这对于他们无论是加强马克思主义理论修养，进一步提高政治素质，还是今后坚持以马克思主义的世界观和方法论指导工作、科研实践，有效地探索客观规律，投身"四化"建设，都具有重要的意义。从几年来的实践看，这门课程的教学已收到了明显的效果。我们还应该看到，现在自然科学哲学领域情况错综复杂，存在形形色色的流派和思潮。

坚持马克思主义，识别、抵制和批判各种错误思潮，仍是长期而艰巨的任务。为研究生开设自然辩证法课程也是我们坚持马克思主义理论、与各种错误哲学思潮进行斗争的一项重要措施，决不可等闲视之。由此可见，教育部党组关于加强自然辩证法教育的意见十

---

① 本文原载《自然辩证法报》1984年第17期第2版。

分及时，意义重大。

结合近几年自己的教学实践，我觉得自然辩证法的教育是成功的，受到研究生的欢迎。广大研究生渴望了解自然辩证法基本原理，迫切要求对现代新技术革命及其影响做出马克思主义的回答，十分关心他们所学专业中的哲学问题。他们勤奋学习，刻苦钻研，大胆探索，能联系实际。不少同学写下了具有一定质量的自然辩证法论文。我认为，自然辩证法这门课程，在研究生中是扎下根的，也是充满生气与活力的。过去十年的"文革"内乱，使党和国家遭到新中国成立以来最严重的挫折和损失。高等学校出现自然辩证法队伍后继乏人、青黄不接、业务荒疏、理论水平参差不齐的情况。我们深深感到要弥补"文革"十年所造成的损失，恢复和发展自然辩证法教育与研究水平，创造和探索具有中国特色的自然辩证法教育与研究，是时代赋予我们的使命。自然辩证法的教育，只能加强而不能削弱。广大自然辩证法工作者是会以高度的责任感和强烈的事业心来做好这一工作的。

思政工作

02

大学生思想政治工作中的若干信息论问题[①]

在人类社会中，信息交流是维持、发展、强化人际关系和教育的重要手段与途径。自从香农1948年发表奠基性论著《通信的数学理论》起，信息论获得了长足的发展，同时，也赋予人们新的科学方法论的启示。我们认为，从当代新兴科学中借鉴、类比、移植、汲取其丰富的科学营养，认真分析、研究新时期大学生思想政治工作的特点和规律，将是有益的，也是必要的。本着这个目的，我们试图从信息论角度，对新时期大学生信息特点、大学生思想政治工作若干信息机制及方法论启示做初步的、理论上的探讨。

一、青年大学生的信息特征

香农创立的信息论，主要是运用数学理论研究如何描述和量度信息的方法以及传递处理信息的规律和基本原理。信息一般被理解为用来表征事物，并由事物发出的消息、情报、指令、数据、信号中所包含的东西。任何事物都会发出信息，信息是表现事物特征的一种形式。信息也是表达思维、传递思想的中介。它具有消除通信者某种知识的不确定性、改变人们知识状况的功能。显然，信息与思想政治工作有着不解之缘。

人的思想活动是一个极为复杂的信息获取、存贮、加工、传输、反馈的过程。该过程又与当时社会的经济基础、意识形态、物质生活条件、心理活动等密切相关。为了探讨大学生思想政治工作的信息机制，我们认为有必要对青年大学生的信息特征做一粗略的分析。

首先，青年大学生是热爱社会主义祖国，拥护党的领导，拥护和支持改革的。他们中的绝大多数积极向上，勤奋好学，有献身"四化"的强烈愿望。但是，他们由于处于成长过程中，不免存在一些弱点，同时，在这个特定的历史条件下，社会上的各种思想、矛盾及世界上各种思潮都会对青年大学生产生各种影响。我们根据与本校青年学生的接触，认为大学生有以下一些特点。

①纯洁、可爱，不盲从，要求真诚与理解，厌恶虚假与空洞说教，他们往往以简单、

---

① 本文原载《浙江高等农业教育》1986年第1期，刊《科学·经济·社会》1987年第3期。获浙江省高等学校思想政治教育优秀论文二等奖。

直率的方式表达自己的见解与感情。

②有一定的知识，自信心强，但由于对自己与社会的理解过于理想化，缺乏艰苦奋斗的思想准备。

③对新鲜事物敏感，既容易接受也容易抛弃。他们想象力丰富，时代节奏感强，要求认识世界的时空跨度大。

④热情、急切，自我意识强烈，容易偏激，行为具有一定的力度。较多的人缺乏恒心与毅力、冷静与深思。由于缺少社会阅历，判断容易失误。

⑤一部分人轻视实践，轻视工农群众，自视甚高，不易窥察到劳动人民蕴藏的伟大力量与优秀品质，表现出程度不同的志大才疏、眼高手低。

⑥有相当一部分大学生对社会科学与管理有浓厚的兴趣，不少大学生愿意从政。

根据以上分析，青年大学生的信息状态、信息需求、信息选择、信息加工能力及信息变化动向都是值得深入调查探讨的。

我们认为青年大学生的信息特征有以下四点。

（1）信息意识强。

要求信息来源广、信息量大、信息传递迅速。随着现代大众传播工具的发展，对外开放、国际交往的增多，大学生能从多种渠道获取各种信息。当然，这些信息往往真假掺杂、良莠俱备，但总的来说是使学生眼界开阔、思想活跃。

（2）对信息的传播的功能要求多样。

信息传播具有告知功能、教育功能、娱乐功能、影响功能（劝服功能）、环境功能（如舆论、气氛）、价值功能等。这些功能是相互包含、相互联系的。例如，有的告知功能中包含着教育功能；教育功能也离不开告知功能，并必然产生影响功能。当代大学生对信息的选择和要求是多样的，对信息功能的要求和满足程度也是多样的。特别是在现代文化结构多层次的社会里，信息对大学生的影响功能差别较大。

（3）对信息鉴别、选择、加工的能力参差不齐。

青年大学生虽然自我意识与信息意识较强，但对信息的获取、鉴别、加工的能力不平衡。特别是有的学生对于社会意识领域的各种信息，由于缺乏阅历和磨炼、缺少必要的政治理论修养、"唯外是新""唯新是好"，表现出对各种社会思潮的鉴别、选择、批判、加工的能力较弱。

（4）青年大学生离火热的社会生活这个信息源较远。

由于某种程度地脱离社会实践，青年大学生所获取的信息往往不够全面又对其缺乏深刻理解。因此，他们在行动上往往不能正确处理好理想同现实、个人利益同国家利益、书本知识同实际知识之间的关系。事实也证明，大学生面向社会，走向工农，信息结构发生变化，就能有效地弥补接触社会少、实践能力差的缺陷，就能较客观地把握国情和形势，提高对党的方针、政策的认识，加深对工农的理解与感情，恰当地评估自己，并在现实生活中找对位置，自觉地磨炼。

对于青年大学生的信息特征，我们尚缺乏深入的认识和研究。传统的思想政治工作曾对此发挥过重要的作用，其中有许多宝贵的经验，但随着时代的发展，传统的模式已不能完全适应当前青年学生思想政治工作的现状。这对我们来说也是一种挑战。

二、信息与思想政治工作

思想政治工作是学校教育的一个有机的组成部分。思想政治工作是做人的工作，属意识形态范畴，从信息论的角度看，它是一个信息控制与管理的过程。N.维纳从控制论的角度证明，正如熵是组织解体的量度，消息集合所具有的信息则是该集合的组织性的量度。事实上，一个消息所具有的信息本质上可以解释作该消息的负熵，解释作该消息的概率的负对数。信息就是负熵。热力学的熵是系统混乱程度的标志。一个系统要克服内部的熵增，必须从外部获取足够的负熵——信息，从而达到符合目标的有序。

信息也是社会的黏合剂。人的信息交流是人类传播行为的表现。考察社会发展史，可以说，人类信息传播史与人类历史同步产生、并行发展。学校是社会的有机组成部分，若把它视为一个有生命的机体，那么，信息就是它的血液，机构就是它的骨骼、经络，而信息的传播、交流犹如血液在生命机体中不断循环运行，借以维持和发挥机体的生命功能。学校思想政治工作若从信息论的角度认识，就是不断与教育对象进行信息的传播和反馈的过程，通过信息的熵减机制（当然，若输入资产阶级自由化思想、海淫海盗乌七八糟的东西，那只会导致无序，此为引入了正熵流），使受教育者朝着社会主义事业建设者和接班人的培养目标，达到高度的有序化。思想政治工作越出色，这种合目标的有序化程度就越高。按照香农信息论的观点，信息的传输必须具备信源、信道和信宿。围绕这三个方面，我们认为当前一些学校思想政治工作中的信息控制与管理还存在下列薄弱环节。

（1）大学生作为我们的教育对象，既是信宿，也是信源。

总的来说，我们对大学生的信息量了解不足，即缺乏准确、透彻的认识与理解。对学生的历史与现状、家庭亲友、气质、追求、爱好、人际交往、思想动向，由于各种主客观的原因，缺乏中肯的分析与研究。在同学发生行为失误或过失之前，并非无迹象可寻、无端倪可察，而是我们不能及时、全面、准确地获取、加工这些信息，并迅速进行调整、疏导。信息的贮存工作也较为薄弱。我们在微观教育行为上较为盲目和被动。为了及时了解同学的思想脉搏，促进大家都来关心学生的成长，我校曾试行学生思想政治工作联系卡制度。有的教师关心学生的进步，了解学生，工作做得细致深入，因此，针对性较强。

（2）信息不通畅或未构成自我调节的信息流通网络，由此造成信息呆滞、失真或信息传递量过小。

一般说来，目前不少学校学生管理模式为一菱形结构，即上端为学校党政领导，下端为学生辅导员，中间膨大部分为学校各职能部门。这样信息传递有两个明显的缺陷：第一，信息传输（反馈）至关键性环节（指学生辅导员）时，信道过于狭窄，往往学生辅导员力不从心，捉襟见肘；第二，垂直型的菱形结构缺乏横向联系，不易形成思想政治工作齐抓共管的局面。为了克服这些不足，我校各系除配齐专职辅导员外，还分别聘用班主任、学生指导员、学生联络员、学生导师（指高年级，1个专业教师带4～5个大学生）等形式，加强在班级中从事学生思想政治工作的力量，拓宽了信息传递反馈的渠道，收到了一定的效果。至于在机构功能上如何加强横向联系，发挥思想政治工作齐抓共管的威力，则有待于学校体制改革中深入研究。

（3）信息传输或交换中存在障碍因素。

我们分析，信息传输或交换中的障碍因素大体上有这样几种情况：首先，由于长期以来受"左"的影响，理论脱离实际，使得思想政治工作的形象与声誉受到一定影响。其次，内容与形式上的矛盾。好的内容往往没有以恰当的、为大学生喜闻乐见的形式来表现。再次，政治与业务的矛盾。长期以来，两张皮不能合二为一。有效的教育应该是政治与业务水乳交融、浑然一体，体现在教师身上就是教书育人。凡是较为优秀的教师都十分重视学生的思想成长，以自己渊博的知识，精湛的技术，严谨、刻苦的治学态度，高尚的情操，感染、教育学生，使思想教育与业务活动有机结合起来。同样，政工干部懂得专业或担任一些课程的教学，也能获得较好的效果。

（4）反馈系统不力。

N.维纳认为：比较高级的反馈能调节行为的整个策略。不论是政府、大学，还是公司的行政管理人员，都应当参加双向的通信流，而不只是参加从上到下的通信流，否则最高官员就会发现他们的政策是建立在完全误解下层人员掌握的事实的基础上的。没有反馈就没有调节，就不易达到有效的管理。我们思想政治教育中的形式主义、官僚主义、脱离实际、脱离群众、隔靴搔痒、虎头蛇尾等现象不能不说与反馈机能薄弱有关。

（5）信息加工能力薄弱，主要原因还是主观性的。

长期以来，受"左"的束缚与影响，"唯上""唯书"，一些思政教育不能实事求是地、真诚地、有见解地进行分析与表述。统观近年来国内优秀的思想政治工作者，他们进行卓有成效的宣传，赢得了广大青年的信赖与欢迎，一个共同的特点是他们无一例外地具有对现实的真知灼见，有真诚、坦荡、平等待人的胸怀，他们的分析是具体、真切的，内容丰富，见解精辟，富有人情味和启迪性。其次，如果我们自身的知识结构不完善，缺少将社会科学与自然科学熔为一炉、集于一身的素质与能力，我们的信息传播就缺乏科学性、知识性与趣味性，从而削弱了它应有的战斗力与说服力。再次，我们自身还缺乏必要的哲学修养。马克思说："任何真正的哲学都是自己时代精神的精华"，"人民最精致、最珍贵和看不见的精髓都集中在哲学思想里"。[1]缺少它就会制约我们信息加工的深度与广度，从而也削弱了政治教育的效果。当然，以上是从信息论的角度剖析了思想政治工作信息控制与管理上的一些薄弱点。应该肯定，广大思想政治工作者的工作是辛勤的、有效的，为培养有社会主义觉悟的专门人才做出了贡献。我们粗略地分析以上薄弱环节，目的是认识差距，并相信通过改革一定能更好地发挥思想政治工作的职能和能力。

三、几点方法论的启示

我们初步探讨了青年大学生的信息特征，并从大学生思想政治工作的信息机制出发，找出了一些薄弱环节。我们还可以从信息论的方法论角度进一步分析思想政治工作的若干原理和要求。

（1）充分认识信息为有序之源。

N. 维纳说：任何组织所以能保持自身的稳定性，是由于它具有取得、使用、保持和传递信息的方法。社会主义事业建设者和接班人不是自发形成的，必须依赖于引入的强大负熵流——信息流，即紧紧围绕社会主义现代化建设这个中心，围绕和结合经济、科技、教育等方面的改革，对学生进行有效的社会主义、共产主义、爱国主义、集体主义教育，把他们的积极性调动起来，使他们正确理解党的十一届三中全会以来的路线、方针、政策，将他们的思想、行动引导到建设有中国特色社会主义的总目标上来。这是一个高度有序化的过程，需要我们的思想政治工作者艰苦、有效、有创造性地做好信息的获取、存贮、加工、传输、反馈的工作，把思想工作做到青年大学生的心灵深处。随着改革的深入和对外开放的扩大，各种思想将日趋活跃，信息背景也必然更为广阔，而要加强大学生思想政治工作，绝不能采取堵塞、禁锢、隔绝等错误做法，需要认真研究在开放条件下意识形态领域信息的功能与机制，并在实践中大胆探索培养社会主义事业建设者和接班人的办法。

另外，信息是不守恒的，换而言之，我们不应该单纯从事物的物质或能量的角度去说明事物，而必须同时从事物的物质和能量的分析，从事物的结构去说明事物，也就是说还需从信息这个要素来认识事物。实践证明，信息的合理管理与运用将有效地导致系统的有序化，同样的设备、人员、条件，由于信息的控制与管理水平不同，系统的功效也不同。这个原理是思想政治工作者的地位作用和主观能动性发挥的基础。一个学校的物质条件、

---

[1] 《马克思恩格斯全集》第一卷，1958，第121-122页。

师资状况固然十分重要，但并非唯一的决定因素，还需一支精干有力的思想政治工作队伍。这支队伍主要在思想意识领域中合理有效地发挥信息导致有序的功能，充分调动师生员工的积极性，最大限度地减少或消除"内耗"和摩擦，使人尽其才，物尽其用，财尽其力，使学校成为最优化的有序结构，保证党的路线方针政策的贯彻执行，从而保证社会主义合格人才的培养。

（2）系统有效地保持自稳态，是系统存在和发展的前提。

要有效维持系统的自稳态，系统必须是一个自组织结构，具有经过自我调节达到有序的功能。学校也是一个系统，稳定有序才能培养人才。因此，在体制改革、机构调整中应注意发挥学校自组织系统的功能，扩大学校自主权。同时，一个系统对于状态失控的不利突变应有警惕与防范。根据托姆的突变理论分析，人们施加控制因素影响社会状态是有一定局限性的。社会状态并非任何时候都可被控制者所随意控制，只有在控制因素达到事物突变临界点之前，状态才是可控制的。同时，突变理论还证明，事物的量变超过临界点时，区域内的突变将是随机的，突变是难控的。这个原理给我们思想政治工作者以两点方法论的启示：①我们应深入学生的生活，了解他们的思想动向，做细致的工作，积极引导，有效地控制消极因素的积累；②如学生出现一些过激、错误的言行倾向，既要坚持原则，旗帜鲜明，敢于批评，也要坚持疏导的方针，允许学生有一个反复思考和认识的过程，防止人为地激化矛盾、形成突变区域，以保证学校的安定团结。

在现实生活中，不利的突变一旦发生，也应该采取正确的态度。普里高津的耗散结构理论有一个重要观点，即"涨落导致有序"。涨落是指系统中某个变量和行为对平均值发生的偏离，它使系统离开原来的状态或轨道。当系统处于稳定状态时，涨落是一种干扰，它引起了系统运动轨道的混乱，导致了无序。如果系统处于不稳定的临界状态，涨落则可能不仅不衰减，反而会放大成为"巨涨落"，使系统从不稳定状态跃迁到一个新的有序状态，这个原则给我们方法论的启示：若出现不稳定状态，思想政治工作者不必惊慌失措，只要深入群众，冷静分析，措施果断有力，分寸得当，会使涨落导致新的有序。坏事在一定条件下经过努力可以变成好事。另外，值得一提的是，信息传播过程中要适时、适度、适量，防止失真。大轰大嗡式的宣传并不可取。呆滞的信息使"新闻"变"旧闻"，"老生常谈"将降低宣传效果。信息发布过早，人为地渲染，使人们的期望与现实产生偏离，也会造成宣传心理上的失衡或逆反。因此，在思想政治工作、宣传活动中既要克服信息量不足，又要避免信息量在一定时空条件下过大过密；既要防止信息呆滞，又要防止信息发布过早；既要防止平淡呆板，又要防止过分渲染、假大空。

总之，信息科学与信息技术已成为现代科学技术革命的核心，它无疑也将进入思想政治工作领域。

当前大学生的困惑和我们的工作[①]

党的十一届三中全会以来，改革的大潮猛烈地冲击着中国现实的堤岸，华夏巨变。开放与封闭、生机与僵化、文明与愚昧、辩证思维与形而上学在撞击、消长、转化，世界惊异地发现，中国抛弃教条，开始专心致志地建设具有中国特色的社会主义。与此同时，人们的观念也在改革中更新、裂变。今天的大学生是跨世纪的建设人才，正处于青春成长时期，在生理、心理上都属多变阶段，思想的可塑性较大。他们的年龄特征使他们本来就容易自发地产生迷惘和困惑，现在恰好与社会改革中观念的变更相叠合，形成了困惑心态的加剧或振荡，它理所当然地引起了全社会的关注。本文试图就当前大学生困惑的表现、成因及高校思想政治工作的思路做一初步的理论探讨。

一、当前大学生困惑的表现

困惑，按字面解释为迷乱也。应该说，每个时代的青年都有自己的困惑。特别是今天，整个世界处于改革调整潮流之中，各国青年都在上下求索，认真地思考着人生、社会、未来，也都不同程度地存在迷惘和困惑。我们通过在浙江农业大学（现浙江大学）学生中问卷抽测，广泛地与社会各层次的大学生接触、座谈，并在有关部门协助下进行调查研究，把当前大学生的困惑粗略归纳为以下六个方面。

第一，对改革形势的困惑。大学生对改革有强烈的参与意识。他们关心改革，关切中华民族的"球籍"问题，渴望"四化"的实现和民族的振兴。但是，改革进程中出现新的失衡和困难，如物价上涨、通货膨胀、社会分配不公、某些腐败现象和沉渣的泛起等，又使他们对改革形势的好坏，改革的性质、前途、成败、得失的评价产生疑虑。这与他们振兴中华的热切期望形成强烈反差，少数转而迷惘、消沉甚至悲观。

第二，理论上的困惑。首先表现在对于马克思主义的认识上。中国和世界都面临着对社会主义的再认识，抛弃前人囿于历史条件仍然带有空想因素的个别论断，破除对马克思主义的教条式理解和附加到马克思主义名下的错误观点。时代需要马克思主义有新的大发

---

① 本文原载《浙江高等农业教育》1988年第2期，刊《探索》1989年第2期。

展，要求开拓新视野，发展新观念，进入新境界。这与我们长期以来在"左"的影响下对马克思主义的认识发生撞击。不少青年大学生由于缺乏社会经验，政治上不够成熟，往往采取极端化选择：要么继续教条地理解马克思主义，死守个别论断不放；要么轻率地否认马克思主义的现实指导作用，从而陷入思想上的困境；或误认为理论的发展观念的转变是背离、抛弃了马克思主义；或相反，认为马克思主义过时、陈旧了，而应该去照搬资本主义的思想衣钵。其次表现在理论的选择、鉴别、批判上的困惑。对外开放、大门打开，外国哲学、社会科学的广泛传播，使当代中国大学生视野开阔，冲破教条主义的窒息和束缚，接触人类的文化精华。近年来在大学生中历久不衰的"西方文化热""中西方文化比较热""中国传统文化反思热"等，体现出他们对中外文化传统和渊源考察、思索、对照的热衷，其目的在于改变现状。尼采、叔本华、弗洛姆、詹姆士、杜威、罗素、弗洛伊德、荣格、萨特、马斯洛、玻普、拉卡托斯、库恩、马赫、托夫勒、奈斯比特、卡耐基等人的作品令大学生眼花缭乱、目不暇接，往往是饥不择食、囫囵吞枣，表现为理论的选择、鉴别、批判、吸收上的幼稚和困惑。当然，上述均是世人公认有学术价值的文化财富。至于那些散发着腐朽气息的色情淫秽的"舶来货"，悄悄地吞噬青年纯真的良知，侵蚀他们健康的身心。

第三，价值取向上的困惑。一方面，经济体制、政治体制改革的深化，促使青年大学生发展追求自尊、自信、勇敢、开拓、热情等进取性的价值取向。但另一方面，由于社会分配上存在不合理，"经商热"及新的读书无用论的困扰，大学生又产生只顾眼前利益、讲求实惠、厌学、消沉等心态，价值天平产生偏斜。结合浙江农业大学（现浙江大学）的情况，我们认为主要有以下几点。

1. 心理上的自卑。在有钱财的同龄伙伴面前自认矮人一截，有的甚至羞于亮出大学生身份，叹惜上大学含辛茹苦，本是一场憔悴之梦，毕业就业前途迷茫。

2. "文凭热"过后，求实惠之热浪又袭来。不少同学思想出发点和行为归宿上都朝着实利、实惠的世俗又时髦的价值观倾斜，急功近利，眼光短浅，行为导向有点迷乱。

3. 对如何自我评价及社会对大学生的评价产生疑虑，对如何塑造自身的形象产生迷惘。

4. 厌学现象蔓延。浙江农业大学（现浙江大学）1977—1978学年，在校学生不及格率仅为7.14%，1987—1988学年，不及格率猛增到29.33%。同学自己分析产生厌学的原因有四点：社会大气候影响、稚嫩的思想不定型、教学内容无吸引力、教师管教松懈。这种厌学情绪又折射到校园生活中，主要表现为"恋爱热"与"经商热"。在读书无用的氛围中，大学生往往用恋爱来填补和平衡过剩的精力和时间，以及思想上的空虚、厌倦、苦闷。这种不寻常的"恋爱热"有蔓延化、随意化、消遣化、低龄化的趋势。一度泛起的"经商热"，也使少数大学生心神不定，"孔方兄"的诱惑使他们学业荒废，思想混乱。

第四，对理想与信念的困惑。改革大潮席卷神州，华夏大地生机勃勃、蒸蒸日上。但改革毕竟是一个现实的过程，既不是欢快的圆舞曲，也不是慷慨乐施的"圣诞老人"，说到底是为了发展社会生产力而进行权力和利益的再分配。它要粉碎旧的、束缚生产力发展的传统观念和社会惰性心理，从某种意义上讲，改革必然会带来迷茫和痛苦。此外，商品经济的发展既给开拓者提供舞台，又给各种社会沉渣的泛起提供了机会。这种社会现实和观念的剧变，在客观上易使青年人思想产生扭曲或断裂，表现在以下四点。

1. 对理想盲目地反叛，对理论指导逆反，鄙视理想信念教育，概斥之为空洞说教。

2. 对西方思潮盲目崇拜，良莠不分，个别甚至发展到丧失民族自尊心和自信心。

3. 由于较长时间生活在宁静的校园之中，"教室—寝室—食堂"三点一线的轨迹，使他们脱离了社会实际和群众，不了解社会和人际关系，对生活做了理想化甚至浪漫化的构想；一旦出了校门适应力甚差，坎坷和曲折又使他们错误地怪罪于理想教育，甚至亵渎了信念的力量。

4. 不少大学生有"心病"。因得不到及时的咨询、指导和解脱，苦苦地在自作的孤独之茧中备受折磨或以不恰当的方式宣泄。

第五，对道德风尚的困惑。受社会上的实用主义、利己主义、"官僚现象"、党政机关的某些腐败现象的影响，大学生对什么是能人、什么是老实人、什么是开拓创新、什么是遵纪守法、什么是正确的利益观等产生了困惑。加之某段时间一些报刊不负责任的片面宣传，使大学生对社会风气颇为疑虑：当今是物欲横流、世风日下呢，还是廉洁守志、正气上升？

第六，对高校改革和管理的矛盾心理。一方面强烈要求教育改革；一方面又对教育改革持实用主义态度，对可能触动或有损自身利益的改革措施持反对态度。一方面对学风教风考风之不正深恶痛绝；一方面又对整顿校风校纪、严格管理抵触反感。一方面民主意识强烈；一方面又缺乏民主素质。对民主肤浅地理解为个人至上，我行我素，不受任何约束和管理，个别甚至误认为使领导者难堪、下不了台就是行使了民主权利；等等。

大学生由于认识上的困惑，导致思想上的混乱和行动上的盲目。因此，对于大学生的种种困惑，不可等闲视之。为了逐步消除困惑，我们有必要对产生困惑的原因进行分析。

二、困惑的原因

存在决定意识，个人意识又受自身变化的规律及外界教育的影响。因此，我们分析当前大学生思想上的困惑时，不能脱离社会现实、青年大学生自身的特点和教育工作三个要素。

首先，整个世界处于改革和调整的潮流之中。和平和发展为当今世界的两大主题。这同过去无产阶级革命斗争、夺取政权的年代有许多不同。在革命斗争疾风暴雨的岁月，无产阶级为了推翻剥削压迫，首要的任务是夺取政权，建立社会主义制度。现在世界趋于相对缓和的状态，改革和对话成为时代的重要特征。世界范围的改革调整潮流引起的最大变革，将不是社会制度的根本变动，而是生产的商品化、社会化向着深度和广度的空前发展。同革命与战争年代相比，阶级斗争和与此相应的社会意识形态发生了明显变化：奋斗的目标、追求的近期理想、价值取向、功利效果评价都以经济建设为中心。世纪交汇的年月将是一个再认识的年代，一个抉择的年代，一个改革、调整的年代，也是为下个世纪生产力大发展和世界大变动做准备的过渡年代。处在这样社会变动大背景下的青年学生产生困惑在所难免。

其次，我国的改革正在全面深化，也正处于新旧体制转换时期，它表现出改革的不可逆转和实践的探索性两大特点。领导人民走向共同富裕是共产党人的天职。中国共产党人率领全国人民勇敢而艰难地穿越马克思曾预言过的"卡夫丁峡谷"——东方社会有可能跨越过资本主义而进入社会主义。但社会主义初级阶段论又告诉我们，建立在落后生产力基础上的社会主义只能是不成熟的、不完善的社会主义。十年改革，举世瞩目。但总的来说，我们尚未摆脱贫穷和落后。以历史纵向比较，我们有长足的进步；以空间横向比较，我们与发达国家的差距依然严峻。新旧体制交替、新老观念交锋，科学与愚昧、革新与守旧、开放与封闭、竞争与束缚正在进行拉锯式的较量。我们的社会正在两难选择中前进，在各种压力和困境中拓展。改革之复杂、振兴之艰巨、旧传统旧观念之顽固、开拓之艰险都可能出乎青年人的预料和公众的心理承受力。同时，改革是活生生的现实，是一个探索过程。它有成就，同时也不可避免会有缺点和失误，也许还会带来新的困难和麻烦。这都容易引起青年对改革的困惑。

再次，在社会主义初级阶段，由于生产力比较落后，商品经济不发达，社会主义制度的优越性还不能充分显示，因此，资产阶级自由化思想还有一定的市场，封建主义思想、小生产观念还有生长的土壤，"左"的观念还有相当大的领地。它构成了普遍的社会心理障碍。比如"左"倾定势心理、资本主义定势心理、封建定势心理、小生产观念定势心理等观念定势障碍，以及由于不能科学分析纵向比较和横向比较所产生的认识偏差等。加之历史传统的沉积和西方腐朽意识形态的侵袭，构成了复杂的文化环境氛围和心态，直接或间接地影响着大学生。

另外，青年大学生产生困惑有其特殊的生理心理原因。青年时期是人生十分重要的时期，正处于向独立的社会成员（成人）过渡的时期——"断乳期"。特别是近年来低龄大学生偏多，大多未涉社会，直接由高中输入，因此在心理发育上多呈半成熟半幼稚的状态，独立性和依赖性交织，自觉性和幼稚性并存。一方面表现在思维方式上正由经验感性型向理论抽象型急剧转化；同时，思维的独立性和批判性较之于中学段有质的飞跃，在情感上也正由两极明显摇摆逐步过渡到不断丰富深沉、自制能力日趋强化等。但另一方面，青年大学生又稚气未脱，容易产生表面性、片面性及偏激焦躁盲目等失误。总的来说，他们处于青春变动时期，充满生机、朝气蓬勃、求知欲强烈，但又缺乏阅历，涉世不深，少经磨炼，不够成熟。青年时期既是充满希望与激情的"黄金时代"，又是思绪多变、带有迷惘的"困惑岁月"。在此，我们还想强调高等教育与中小学教育的衔接问题。今天的大学生大多是昨天的中学生。大学承接的是中小学教育的延伸和素质的培养。片面追求升学率、超负荷施教，都不利于青少年心理和思想素质的健康成长。我国的独生子女比例剧增，一些家长对子女成才的理解肤浅片面，产生了诸如智能中心主义和家庭教育超常化的"幼稚病"。望子成龙，揠苗助长，反致青少年思想素质下降，因此，影响中小学和家庭教育的各种因素我们也不能忽视。

最后，思想政治工作缺乏深度与力度。我个人认为，大学生的思想政治工作和理想信念教育必须围绕青年人的特点进行，遵循青年生理心理发育规律展开，注意发挥情感的教育功效。把尊重人、理解人、关心人和严格要求统一起来。在微观个体上，顺应青年思想情感特征，寓教育于丰富多彩的活动中，充分尊重信任学生，强化学生主体意识。用朴实的道理说服人、真挚的情感打动人、实际行动帮助人，既有严肃性又有温柔性。在宏观群体上，把握严格的校风校纪管理，努力形成平等、和谐、令行禁止、纪律严明、催人奋发向上的气氛。虽然我们做了许多探索和努力，但此气氛并未蔚然成风。

三、我们的工作

作为大学的思想政治工作者，面对当前大学生的困惑，对可做的工作和所起的作用要有恰当的科学估价和分析：既非无能为力，又非包治一切。我认为有几个认识上的问题需做探讨。

第一，认清"大气候"与"小气候"的关系。一般都认为"大气候"决定"小气候"。整个社会经济文化建设良好，教育兴盛，国家昌明，社会运行发展处于良性循环状态，思想教育往往事半功倍。从这个意义上讲，社会改革的成败对大学生思想起直接的重要影响。但是大小"气候"是相对而言的，例如"读书无用论"蔓延似乎成了当前学校中的"大气候"，但放眼世界与未来，科技与教育成为竞争的焦点，各国都致力于科技教育发展，迎接新技术革命，所以更大的"气候"还是知识就是力量，读书大有用处。其次，大小"气候"的关系也是辩证的，一定条件下"小气候"也可反过来影响"大气候"。良好的"小气候"系统具有自组织功能，具有一定的独立性和抵御不良风气的能力，甚至起到某种示范、宣传、教育、引导的作用。近现代中国优秀的青年知识分子就起过这种先锋和桥梁作用，"抗大"就是一个典例。现在的大学生是跨世纪的人才，从总体上讲应该成为民族的精英，应该成为社会的生力军和先进群体，否则将是我们教育的失败和对历史的失职。我们不能轻率地因"大气候决定论"而放弃自己的努力和责任。

第二，切实有效地对大学生进行入耳入脑的形势教育。反复地宣传党在社会主义初级阶段的基本路线，让大学生了解国情和党的方针政策。通过各种青年人喜闻乐见的形式，将改革的成绩讲够、困难讲透、办法讲明、前途讲清。真诚、坦率、如实地同大学生讨论交谈，把道理讲清楚。在形势教育中，有五个方面的结合方法可参考。

1. 与对话活动相结合，改变形势教育"我讲你听"的呆板、说教的思想教育方法。

2. 与学生关注的思想"热点"结合，可举行讲座或恳谈会，让大学生以自己切身体验和认识，相互启发，得出有意义的结论。

3. 与开展丰富多彩的校园生活相结合。青年学生精力旺盛，活泼好动，抓住这一特点，把形势教育寓于学生日常的各类竞赛、联谊、"沙龙"、辩论等活动之中。

4. 与深化学校教育改革相结合，注意让学生系统地了解学校教学改革、科技研究推广及生活管理等方面的情况，使学生把自己的学习、学校教改与社会的安排作一通观，加深认识，增强自觉性。

5. 把国内与国际的形势教育相结合，使大学生不仅看清国内形势，而且了解国际形势，了解世界科技进步状况，把中国的改革置于世界范围的改革调整系统背景下来认识。

第三，教育大学生以积极的心态投身社会实践、投身改革；虚心地从实践中学习，向人民群众学习，真切深刻地了解理解国情省情市情校情；与中国的改革同心同德，正确地认识改革、支持改革、参与改革、宣传改革。浙江农业大学（现浙江大学）近年来利用寒暑假组织各专业学生4550人次，到各地农村开展社会实践和科技服务。学生感受很深，共撰写调查报告1100多篇，还与27个省份的100多个单位建立了信息联系，编印各种资料7800多份。学生在实践中加深了对改革的认识，同时也在实践的磨炼和与人民群众的共同奋斗中逐渐确立唯物史观，明白知识分子脱离群众和实践将一事无成。青年大学生用实践的底蕴、群众深沉的伟力、科学的社会发展观及方法论、现代的科技知识充实自己的头脑，克服自身的弱点，把困惑、孤独、苦闷、悲观、颓废等逐渐消除。

第四，改进和加强大学生的思想政治工作。青年人具有较大的可塑性，我们要注意运用舆论引导作用。大学校园的主体是学生，但起指导作用的往往是教师。要使教书育人、管理育人、服务育人蔚然成风，党政工团师都应关心青年学生成长。关于适合青年大学生特点的工作方法前已述及，同时对各种思潮要做认真分析，它往往具有群体性、涌动性、盲从性和极端性等特点，对错误的思潮不能听之任之，更不能迁就附和，而要善于诱导，做深入细致的说理工作。敢于批评不良倾向，抵制封建主义、资本主义腐朽思想的影响。对于青年人的失误或失足既要严肃处理，又要给予关怀和温暖。对个别由于不同原因而心态失衡或扭曲的学生，不要歧视冷漠，不要把心态失衡与思想意识混淆。要用爱的阳光雨露滋润个别学生孤独干渴的心田，用温暖和理解抚慰其心灵。

同一切事物一样，困惑也具有两重性：一方面固然可能使人消沉，另一方面也使人深思，催人奋进，走出迷惘，获得新生。康德对太阳系的形成颇为困惑，他以广博的知识和深邃的哲理目光，走出迷惘，提出了很有价值的星云学说。爱因斯坦长期困惑于时空之谜，终提出撼动经典力学传统观念的相对论力学。鲁迅在彷徨中发出了战斗的呐喊，成为新文化运动的伟大旗手。毛泽东在抗日战争艰苦的岁月，在"亡国论"与"速胜论"的一片喧嚣声中写下了马克思主义的军事巨篇《论持久战》，透彻地分析了中国伟大的抗日战争的进程和必胜前途，消除了国人的迷惘，极大地鼓舞了人民抗日的士气。纵观中外历史，可以看到困惑与希望并存、困难和发展同在。我们也要以积极的心态看待当前大学生的困惑。相信解惑求索的历程将会造就富有开拓精神的一代新人。大学生的困惑也对我们高校的教育改革和思想政治工作提出了挑战。我们也同样可以相信，通过不懈的努力和探索，我们将会开创出新时期社会主义大学的办学新路。

大学生社会实践活动的价值、功能和管理①
——农业院校学生社会实践活动探讨

我们长期从事浙江农业大学（现浙江大学）学生思想政治教育和管理工作，十余年一直组织并参与学生的社会实践活动，逐渐积累了大量的感性认识并开展研讨。现结合浙江农业大学实际，就农业院校学生社会实践活动的价值、意义、功能、特点以及进一步完善教育和管理的意见做一初步的分析和探讨。我们认为，虽这是关于农业院校学生社会实践活动初步的理论探讨，但在许多方面与其他高等院校是相似的，甚至是相同的。

一、大学生社会实践活动的价值和意义

当前每年组织的大学生假期社会实践活动起始于二十世纪八十年代初期，经十多年改进和完善，今正以方兴未艾之势蓬勃发展，并日益得到各级领导和社会各界的重视和支持。大学生社会实践活动是培养跨世纪人才的重要教育环节，已逐渐成为人们的共识。价值是标志主体与客体关系的范畴，价值具有主体性、客观性和社会历史性。我们分析认为，大学生社会实践活动顺应了以下的时代客观要求。

（一）社会实践是国家战略发展的需要

今天的大学生，是二十一世纪国家建设的生力军和社会主义事业的接班人。当前，我国正处于历史性的伟大变革之中，从现在到二十一世纪中叶，是中华民族伟大复兴的关键时期。当今世界正发生重大转折，各种政治力量之间的斗争错综复杂，以经济和科技为基础的综合国力的较量日趋激烈。我国既面临难得的发展机遇，又面临严峻的挑战，既有新技术革命和经济发展的挑战，又有国内外敌对势力"和平演变"的挑战。现在在校的大学生是跨世纪的一代，是我国青年中教育层次最高的优秀群体，是党政、科技、文化、教育、经营、管理等各方面人才最宏大的后备力量，是二十一世纪建设社会主义现代化事业的中坚力量。他们的思想道德和科学文化素质如何，直接关系到未来中国的面貌，关系到

① 本文为邹先定主持并执笔的浙江省教育科学"八五"规划重点课题主题报告。原载《浙江高等农业教育》1991年第2期，刊《高等农业教育》1996年第4期。获1991—1995年浙江省教育科学重大研究成果三等奖、1996—1997年度农业部《高等农业教育》优秀论文一等奖。

我国社会主义现代化建设战略目标能否实现，关系到能否坚持党的基本路线一百年不动摇等这样一些事关全局的战略性问题。

我们应该实事求是地看到，当前大学生在思想道德素质方面、在知识技术结构完善方面、在理论联系实际方面、在科技创造能力方面、在意志和心理素质方面、在非智力因素方面等，距离跨世纪要求还不平衡，还需做不懈的努力以加强全面教育，提高学生全面素质的任务十分艰巨，其中社会实践的教育是必修课和基础课。我们还应该清醒地认识到，高校是国内外敌对势力搞资产阶级自由化、进行思想文化渗透、实行"和平演变"的重点目标之一。在高校，只有始终不渝地坚持四项基本原则，才能巩固社会主义阵地。大学生参加社会实践活动，提高思想觉悟和政治鉴别能力，也是坚持四项基本原则、反对资产阶级自由化、防止"和平演变"的战略需要。

（二）社会实践是思想道德素质培养的需要

跨世纪人才的培养包括两个方面：一是"才"的培养，一是"德"的培养。从某种意义上说，"德"的培养更为重要，因为"德"对人才的成长起着"定向"和"奠基"的作用。应该说，党的十三届四中全会以来，高校思想政治工作明显加强，呈现出安定团结的政治局面。各级领导全面贯彻党的教育方针，特别是近年来，掀起学习邓小平同志建设有中国特色社会主义理论的热潮，加强和改进马克思主义理论教育，大力开展爱国主义、社会主义、集体主义教育，教书育人、管理育人、服务育人明显加强，校风、学风明显改善。通过各种行之有效的教育途径和活动，大学生的思想面貌发生了可喜的变化。

但是，我们也必须清醒地认识到，处于经济体制改革、进一步扩大开放的社会中，存在各种复杂的因素和影响力，对大学生的道德素质培养产生一定的冲击。有关研究表明，大学生在道德素质方面存在的问题主要有以下几个方面。

1. 道德理论知识贫乏。

2. 道德评价和道德行为缺乏稳定性。

3. 道德认识模糊。

4. 利己主义思想泛滥。

5. 缺乏道德主动性。

6. 道德理想与实际道德水平、道德认识与道德行为存在相当大的矛盾。[1]

具体地说，在青年大学生群体中，有相当一部分不同程度地存在以下弱点。

1. 自视甚高，自以为是，轻视实践，好发抽象空泛的议论，理论脱离实际。

2. 个人利益至上，轻视劳动群众，偏离正确的价值观，眼高手低，志大才疏，社会适应能力较差。

---

[1] 参见童芍素等：《社会主义初级阶段大学生道德建设问题研究报告》。

3. 道德修养下降，往往对牵涉自己利益的同一事物采取实用主义的双重标准，并面临拜金主义、个人主义和腐朽生活方式侵蚀的挑战。

因此，在看到大学生主流向上、精神面貌正发生可喜变化的同时，也应看到他们积极与消极并存、稳定与躁动同在、希望与失落共有、困惑与成熟伴随的现实状况。这一方面带来思想教育的艰苦性和艰巨性，另一方面又恰好是加强社会实践教育的极好契机。社会实践活动作为思想教育的重要环节，学校应尽可能地提供机会，让大学生投身社会实践洪流，了解社会、了解民众，促成自我教育、自我认识，校正人生价值的坐标。社会实践教育为大学生的学习和今后走向社会打下科学认识世界观、摆正主客观关系的基础，为跨世纪青年一代指引人生奋斗的航向。

（三）社会实践是教育的内在需要

社会实践是全部马克思主义哲学的基础性范畴。它不仅是马克思主义认识论首要和基本的观点，而且具有改造客观世界，以及在改造客观世界的同时改造主观世界的特殊功能。生产劳动是人类社会最基本的社会实践活动。教育活动产生于社会生产劳动之中，是人类特有的社会现象。当今世界科技竞争、经济竞争、人才竞争空前激烈。教育与生产劳动相结合，从本质上讲是社会化大生产的客观要求和必然趋势，是不以人的意志为转移的历史进程，也是社会和教育发展的客观规律。教育与生产劳动相结合，与社会实践相结合，在客观上为人的全面发展创造了必需的社会条件，它对受教育者的劳动观念、集体观念、道德价值观念和社会责任感具有重要而不可替代的影响。

大学生参加社会实践活动是我国光荣的传统。早在民主革命时期，在中国共产党的教育和指引下，有志青年就曾脱下学生装，走向社会、走向工农，用马克思主义真理唤起民众、组织民众，为中国人民的解放事业做出不可磨灭的贡献。在革命根据地创办的江西苏维埃大学、延安大学、东北军政大学和华北联大等，均十分重视学员的社会实践磨炼，在革命斗争的熔炉里锻炼和造就了一代优秀的新型知识分子。如组织学员参加严格的临战训练、定期参加抗日救亡活动、军民生产运动等，把文化知识与实践经验相结合，使他们在斗争中迅速成长。新中国成立后，在党和毛泽东同志的号召下，包括大学生在内的知识青年不断投身到工厂、农村的社会实践中去，走与工农相结合的道路，在实践中受教育，求真知，长才干，在社会主义革命和建设事业中锻炼成长，建功立业。

教育与生产劳动相结合是党一贯的教育方针，也是坚持社会主义教育方向的一项基本措施。应该指出，正如在社会发展历程中教育与生产劳动经历了"融合—分离—结合"的历史过程一样，我们新中国成立后对教育与生产劳动相结合这个教育规律的认识，也经历了一个曲折和反复的过程。改革开放以来掀起的大学生社会实践热潮，是在新时期对党的教育方针认识的深化，对社会实践教育作用的再次肯定与发展。在当今大科学、大经济、大教育等新观念的挑战中，需更深刻地认识社会实践活动的内容和方法，科学、辩证地评价社会实践活动在教育中的地位和作用，并不断改进、完善、发展，使其更符合教育的科学规律。

（四）社会磨炼——人才成长的必然途径

人才成长必须具备的德学才识各要素，无一不在实践磨炼中形成。中国古代著名思想家孟子说："天将降大任于斯人也，必先苦其心志，劳其筋骨，饿其体肤，空乏其身，行拂乱其所为，所以动心忍性，曾益其所不能。"[①]人才成长，必须志向高远，并在实践中经过千锤百炼。实践出真知，实践长才干，实践也是检验认识和才干的试金石。高等学校培养学生无非两件事：其一是学会做人，其二是学会做学问做事。这两件事都源于社会实践的需要，为社会实践所驱动，也为社会实践所检验。一切真知本是从直接经验发源的，实践是人类认识唯一的来源。人才的成长离开实践，将一筹莫展。

科学的认识规律是"实践—认识—实践"，而其中科学抽象的过程是从感性的具体到抽象的规定，再从抽象的规定到思维中的具体。至于这种通过科学抽象获得的理性认识是否正确，还须回到实践中去检验。认识源于实践，实践检验认识，并丰富、发展认识，这是马克思主义认识论告诉我们的常识。我们学校的教育基本上从抽象的规定到思维中的具体这一特定信息域中向学生灌输已成为科学定论的知识。但学生对如何从感性的具体上升为抽象的规定较为陌生，对思维中的具体到实践这个更为重要的能动飞跃过程则更为陌生和缺乏训练。因此，在这样的认知模式和氛围中，容易使学生形成理想化、绝对化和抽象化观察现实的思维定式，对事物的共性、绝对性、纯粹状态印象较为深刻，而对事物的个性、相对性、复杂状态则较为生疏，认识较为肤浅，因而对现实生活中大量纷繁多变、鱼龙混杂、泥沙俱下的社会现象的认知力、判断力、处理转化能力表现得较为稚嫩。事实上，现实生活中充满了个性，个性比共性更丰富更深刻，个性与共性是对立的统一，两者无法割裂。同样，无论是在自然界还是在人类社会均不存在绝对纯粹的状态。绝对与相对、纯粹与非纯粹都是对立的统一，也同样无法割裂。生生不息的世界绝不是几条抽象的定义和原则所能囊括无遗的。这是我们试从教育认知的角度看大学生社会实践的必要性。社会实践活动还为大学生将来走上工作岗位提供了思想、心理、技能上的准备机会，有助于培养他们自力更生、艰苦奋斗的精神和坚强的意志品质，使他们在观念、知识、能力、心理素质方面尽快适应我国社会主义现代化事业发展的形势和趋势的要求。近十几年的事实表明，社会实践活动顺应和满足了大学生渴望在实践中增长才干和阅历的要求，因此深受大学生的欢迎，经久不衰。

---

① 《孟子·告子章句下》，载夏剑钦主编《十三经今注今译》（下），岳麓书社，1994，第2148页。

（五）社会实践是现代农业发展的需要

农业院校是培养现代农业高级科技和管理人才的摇篮。它在学生社会实践活动方面还有其专业性的一些特点。众所周知，当代农业正面临新技术革命的挑战。在分子生物学、生物技术、生态学、现代化学、动植物学、土壤学、气象学、机械工程学、电子技术进步的推动下，农业正酝酿新的飞跃和突破。面对现代农业发展的挑战，农业院校以农村为主的社会实践教育是否还具有价值和必要？回答是肯定的。因为，农业是安定天下的产业，农业处于我国国民经济发展产业的首位。任何农业都是自然的生物再生产与社会的经济再生产的结合，都是由农业生物、外界环境和人类社会劳动所构成的具有物流、能流、经济流和信息流整体功能的有机统一体。愈是高新技术渗透于农业，对农业科技人才的社会性、综合性、实践适应性要求就愈高。联合国粮农组织关于《高等农业教育战略的选择》报告称："高等农业院校的总目标是帮助提高农村人口质量。农业大学和院系应努力实现这一社会责任"[1]，"农业大学应该培养新型科学家，具有试验场研究、农场研究及与农民和推广站工人密切工作的能力"[2]。有的国家就通过合作教育的形式，使学生有机会在不同机构里进行实践，取得工作经验，增强责任心，培养独立工作能力，取得与人交往的经验。[3]世纪之交的中国农业正在发生深刻的变化，实现邓小平同志指出的农业的两个飞跃。党中央指出：农业是经济发展、社会安定、国家自立的基础。农民和农村问题始终是中国革命和建设的根本问题。没有农村的稳定和全面进步，就不可能有整个社会的稳定和全面进步；没有农民的小康，就不可能有全国人民的小康；没有农业的现代化，就不可能有整个国民经济的现代化。为此，农业院校人才培养必须适应农业的发展趋势和变革，必须适应我国由传统农业转化为现代农业的形势和任务要求，进一步加强农业院校与农村社会、农村经济的联系，与大农业生产过程的结合，了解农业农村农民的发展状况和要求，逐步建立起主动适应农村和农业发展需要的教育机制和农业科技网络，在实践中培养高质量的农业科技人才，更好地为农村经济的发展、农业科技的进步和农业现代化事业做出贡献。浙江农业大学具有光荣的革命传统和崇尚实践的科学精神。即使在抗战时期学校西迁的艰难岁月里，浙江大学农学院仍坚持科学研究和技术推广，与农民群众相结合，为民众谋利益。在遵义湄潭，师生克服条件简陋的困难，培育推广马铃薯、番茄、洋葱、花椰菜、西瓜、甜瓜等良种和栽培技术，很受农民的欢迎。当时农学院的学生，由于基础扎实，知识面广，独立工作能力强，适应性广，不浮夸，吃苦耐劳，一丝不苟，因此在社会上享有盛誉。[4]新中国成立后，浙江农业大学更重视教学科研与农业生产密切结合，为新中国培养

---

① 《高等农业教育》，1995年第1期，第60页。

② 同①，第62页。

③ 参见《国外农科研究生教育》，科学出版社，1993，第212页。

④ 参见张磊、陈锡臣：《浙江农大八十年》，浙江科学技术出版社，1991，第149页。

了2万多名高级农业科技人才，深受社会欢迎，有相当一批成为各地区主要领导。1995年，浙江省首次推荐优秀大学毕业生赴乡镇挂职锻炼，浙江农业大学被录用的优秀毕业生占被推荐总数的42%。社会对浙江农业大学毕业生的认可，与学校历来注重联系实践、联系群众的传统有关。

综上所述，农业院校大学生社会实践活动的产生和发展不是偶然的。它受时代的呼唤，大学生成才的内在要求争农业现代化和全面教育规律之驱策，同时也成为社会实践活动的重要内容，并体现在其模式、结构、类型、管理等方面。

二、社会实践活动的模式、功能、特点

大学生社会实践活动属于教育的范畴。所谓社会实践活动，指的是以大学生为主体所进行的有目的的教育活动，一般包括社会调查、生产劳动、科技文化服务、军政训练、勤工助学等活动。应该指出，大学生社会实践活动并非唯一的教育实践环节，其他诸如教学实验、生产实习、毕业设计、农事操作与公益性劳动等活动也属于教育实践环节。本文所探讨的社会实践，主要指的是假期有组织的走向社会的实践教育活动。

（一）模式

当前假期社会实践活动组织形式主要有集中与分散两类。

集中组织指的是在地方党委、政府、团委支持协助下，由学校组织的社会考察小分队或回乡小分队分赴各地进行短期集中活动。这一部分人数较少。以浙江农业大学1995年度数据为例，17个社会考察小分队中，学生267名，占学生的11.8%；23支回乡小分队中，学生183名，占学生的26.7%。参加人员一般以高年级品学兼优的学生为主。活动组织较周密，指导力量较强，分工任务较明确，地方支持，配合有力，是各校社会实践活动的"点"。

分散组织是根据就近就便、讲求实效的原则，学生回家乡进行社会调查和开展科技文化服务的实践形式。这部分活动人多面广，由学校统一指导、统一考核，学生家乡政府大力支持。由于人员分散，回乡小分队组织和活动方式均较灵活。应该指出，回乡社会实践活动组织，具有天时、地利、人和的优势：①凝聚力强；②熟悉乡情；③有较强的活动能量；④费用节省；⑤地利人和，易得到地方领导支持和群众帮助；⑥届届相接，长期坚持。由于同学是回乡调查，为父老乡亲服务，对各种社会现象的观察和思考更加深入细致，体会和感受也更为真切。分散组织为学校假期社会实践的"面"。学校一般采取"以面为主，以点促面，点面结合，共受教育"的模式。

社会实践活动的实施步骤为：①前期准备阶段，制订计划和方案，联系社会实践活动基地或单位，落实人员，指定负责教师，有针对性地组织相关专业师生进行材料、仪器准备，明确任务与分工；②中期实施阶段，认真讨论部署，校院（系）分级动员，分期分批组织实施，各级领导和教师参加并检查指导，加强联系，及时汇报；③后期总结阶段，个人总结，撰写社会调查报告，填写《参加社会实践活动登记表》，考核评比，计入学分，纳入教学管理规范，院系组织交流，学校总结表彰，发现存在问题需进行后续教育的则转入日常的各种教育活动。

（二）分类

农业院校学生社会实践形式近年发展甚快。按目的划分，大致可归为以下三类。

1. 以思想教育为主。如访故址、问前辈、忆传统、瞻仰革命圣地、寻访老少边穷地区[①]、调研国情民情乡情、考察改革开放先进地区和社会主义新农村等。

2. 以服务社会为主。如科技咨询、科技推广、科技扶贫、扫盲与文化服务、志愿者活动、参加抗灾救灾、生产义务劳动等。

3. 以培养能力为主。如短期挂职锻炼、岗位见习、协助地方政府和工青妇团体工作、市场资源调查、徒步或自行车考察、生存锻炼等。

在时间安排上，有的农业院校（如浙江农业大学、西南大学）的做法是：一年级主要是农事操作和军事训练；二年级开展社会调查；三年级开展智力服务，勤工助学；四年级进行毕业实习。

在空间的选择上，既要组织学生到对外开放地区、现代化企业、重点工程，了解"四化"建设和改革开放的成就，激发爱国主义和民族自豪感，又要组织学生到革命老区、贫困地区去学习革命传统，培养艰苦奋斗精神，同时注意发挥专业特长，积极开展社会服务。

当然，我们的划分是粗略的，也是相对的。因为，第一，多几种目的往往是兼容不可分割的，功能也是交叉融合的，很少为只有单一目的与功效的社会实践活动。第二，在社会主义市场经济体制建立过程中，在扩大开放、深化改革和经济持续高速发展的推动下以及随着教育改革的不断深入，社会实践活动形式也将不断丰富和发展。

（三）指导方针

1978年，邓小平同志《在全国教育工作会议上的讲话》中指出："现代经济和技术的迅速发展，要求教育质量和教育效率的迅速提高，要求我们在教育与生产劳动结合的内容上、方法上不断有新的发展。"要做到这一点，各级各类学校对学生参加什么样的劳动、

① 当时指革命老区、民族地区、边疆地区和贫困地区。

怎样下厂下乡、花多少时间、怎样同教学密切结合，都要有恰当的安排。更重要的是，整个教育事业必须同国民经济发展的要求相适应[1]。邓小平同志的讲话，为新时期的社会实践活动指明了方向。自此以后，十几年来，大学生社会实践活动逐渐形成了"受教育，长才干，做贡献"的指导思想和方针。我们认为，这是一个符合实际的正确方针。

1. "受教育"处于首要和核心的地位。大学生社会实践是在社会大课堂开展的一项综合性的教育活动。首先，对于大学生的社会实践活动这一事物的界定，其本质是教育行为和教育过程，属于教育范畴，服从教育目的，并以此有别于其他类型的实践活动。大学生在这样丰富深刻的课堂中接受工农群众的教育，社会的教育，历史、现实及未来发展趋势的教育。开宗明义地说，大学生在社会实践过程中接受教育是作为主要目的的。其次，大学生社会实践活动又是社会参与下的教育，是实践的教育、群众的教育、实际的教育，它与学校课堂教育存在许多不同点，并构成与课堂教育互动互补的功能，从而坚持了社会主义的教育方向和人才培养的目标。在明确"受教育"是首要目的的思想指导下，需进一步弄清为什么要受教育，受谁的教育，受什么内容的教育，怎样受教育，以及教育成果的巩固、深化、扩展等问题。充分发挥两个"课堂"（学校与社会）、两类教员（教师与工农群众）、两种教材（书本与实践）的作用。这三方面的两类结合，是培养又红又专接班人的正确道路和根本途径，是坚持社会主义办学方向的重要内容。对于这种特色较强的社会实践教育，我们尚缺少经验和管理规范，这也正是需要深入理解并加以总结研究的。

2. "长才干""做贡献"与"受教育"不可割裂。"长才干"是指个人素质和能力的提高并逐步走向成熟。这种才干在总的方面讲是指认识世界和改造世界的能力。具体原则有：观察能力、判断能力、预测能力、分析能力、组织能力、表达能力、交际能力、协调能力、矛盾转化能力和解惑释难能力，同时具有良好的体魄，能承受挫折、失败的心理素质，这是以一个人优秀的道德品质、健康的人格为基础和保证的。由于社会实践活动是一种特殊的教育实践活动，因而"长才干"的锻炼和收获较为明显，并成为该活动持续健康开展的动力和魅力之一。"长才干""做贡献"是社会实践活动分别于个人和社会的两种效能，它与"受教育"不可分割、相辅相成、辩证发展，即在"受教育"中"长才干""做贡献"，在"长才干""做贡献"中"受教育"，并深化、升华教育的结果。

3. 正确认识"做贡献"。我们对社会实践活动的"做贡献"效能需要做科学的实事求是的分析和评判。第一，"做贡献"是社会对大学生社会实践活动及学校培养人才价值的评判和认可。第二，作为一种自我投入，只有做贡献才能更好地维持并推动社会实践活动的运行和发展，从而体现大学生社会实践活动与社会之间互动和支持，并形成功能互补、双向受益的良性循环。第三，对于以学为主的学生而言，他们对社会的贡献，主要是在完成学业走上工作岗位以后的阶段，而在学习、实习过程中，不应有过高的期望。同时，学

---

① 《邓小平文选（一九七五——一九八二）》，人民出版社，1983，第104页。

生社会实践活动的贡献还应放在专业教师参与指导和学校科研支持的背景下来认识。通过大学生社会实践这个中介，将加强教学科研力量雄厚的高校与地方经济发展的联系；加强科研和技术推广的力度，从而进一步深入贯彻"教育必须为社会主义建设服务，社会主义建设必须依靠教育"的方针。第四，大多学生在"做贡献"过程中受到深刻的教育和综合性的锻炼，激发了创造性，增长了才干，因此，这就是一个特殊的学习过程。另外，从教学的角度看，"做贡献"的实践过程也进一步推动了学生的学习进取性和学校的教学改革。

（四）特点

1. 时代性。大学生在社会实践活动中强烈感受到在党的基本路线指引下，社会改革开放和科技经济迅猛发展的时代特点。大学生本身具有的新时期的许多特点，以及教育内容和实践活动的不断变革，均要求社会实践活动的组织充分体现新时期党的路线、方针、政策的时代特征，并正确处理与传统的社会实践活动的继承和发展的关系。

2. 开放性。以社会为主的教育，以社会为课堂的广泛的教育，有群众的教育、干部的教育、现实的教育、历史的教育、有形的教育、无形的教育、正面教育、反面教训以及教育的正面效应与接触某些社会消极现象的负面效应，当然正面教育是主流，但也要积极引导学生消除负面效应的消极影响。

3. 全息性。社会实践活动以感性现象为主，具有原始性、粗糙性、综合性等特点。信息量大，表现出现象的浅表性、偶然性、特殊性，既有正面反映社会发展的主流现象，也有映射支流或阴暗面的消极现象，有成绩也有困难。它包括社会、自然、经济、文化、科技、教育、意识形态，社会各阶层、各群体、各类别层面，绚丽多姿，精彩纷呈。

4. 教育性。社会实践活动是学校组织、社会参与、有目的的正面教育活动。1995年暑期社会实践，浙江农业大学共收回实践调查报告和论文2483篇，其中专业性的占49.6%，反映村乡基层建设的占21.9%，反腐倡廉的占24.5%，农民状况调查、大学生自我评估的占4.0%。它以大学生为主体，主要是通过自身参与实践，自己提出问题，自己考察调研，自己做出判断，自己得出结论的教育环节。它与自发的或其他非教育目的的实践活动相区别。

（五）功能

大学生社会实践活动是一个系统工程。它由学校、社会和学生三大要素构成，主要由学校组织、社会参与，通过学校、社会、学生三大要素构成各类组织形式，发挥以下功能和作用。

1. 认知功能。毛泽东同志曾指出："感觉到了的东西，我们不能立刻理解它，只有理解了的东西才更深刻地感觉它。"①社会实践活动通过认知功能向大学生进行生动的国情民情和有中国特色社会主义理论教育，使大学生了解社会、体察民情、了解中国社会发展的曲折历程和中国人民不屈不挠英勇奋斗的光荣历史。获共青团中央表彰的浙江农业大学赴松阳支教扫盲小分队学生说："这儿是革命老区，粟裕将军曾在这里生活、战斗过。当年老区人民倾其所有，为革命做出巨大牺牲，而今老区人民却因为环境因素，依然生活条件相对落后。我们一定要像火一样热情工作，认真、踏实、忘我……"他们更深刻地理解党的路线、方针、政策，树立起坚持党的基本路线和坚持建设有中国特色社会主义理论的信念。

2. 教育功能。首先，知识分子走什么道路，是一个根本的问题、原则的问题。知识分子离开人民群众和社会实践，将一事无成。其次，青年大学生拥有大量的书本知识，这些知识只有同实践结合，同现实的政治、经济、科技、文化融为一体，才能成为完全的知识。再次，青年学生只有在社会实践过程中，在与工农结合的过程中，才能克服知识分子的弱点，锻造工人阶级的思想品质，把自己的前途命运与人民群众的前途命运、祖国的前途命运紧密地连接在一起。只有这样的学生，才真正受工农群众的欢迎，才真正会成为有用之才。这是社会实践活动极其重要的教育目的。同时，社会实践活动也是大学生做合格的社会公民的意识教育，为大学生人生必要的一课。

3. 增强社会适应性。社会实践活动是大学生走上工作岗位前的"演习"。大学生走向社会必须完成以下转变：第一，理想向现实的转变；第二，书本知识向实践能力的转变；第三，学习角色向工作角色的转变；第四，培养对象向使用对象的转变。大学生社会实践活动可使大学生了解未来的工作环境、对象和方式，作为将来步入社会"预热"，提高从业的信心，做好从业的准备。

4. 促成思维模式的变化。诸如由简单到复杂、由绝对化到辩证认识、由单一到综合、由抽象到具体、由理论到现实、由现象到本质、由个体到群体、由机械决定论到辩证的决定论等，这些变化是对长期在学校形成的思维定式的逆向运动，对树立科学的方法论思想是十分必要的锻炼。

5. 艰苦磨炼的成才功能。寒暑假期严寒酷暑，正是磨炼意志毅力的极佳时机。它使大学生体验到学校较少接触的生活清苦、工作辛苦、创业艰苦、基层工作的劳苦、挫折失败的痛苦。"历尽磨难而不衰，千锤百炼更坚强"，社会实践增强大学生的时代使命感和社会责任感。

6. 加深对农业农村农民的认识和感情，在广阔农村大地多汲取丰富的营养。二十世纪九十年代初，浙江农业大学30多名师生在龙游县农村锻炼，发现当地农民使用免耕技术

---

① 《毛泽东选集》第一卷，人民出版社，1991，第286页。

已有20多年历史，而教科书中都把免耕作为一项新技术。他们不停留于这个发现上，而是帮助农户系统地总结出一套适合当地的科学免耕方法，并在全县推广，不仅传播了科技知识，而且丰富充实了教学内容，增长了见识，增进了同农民的感情。

7.社会功能。参加社会实践活动的大学生是社会主义建设事业的生力军，是社会主义两个文明建设的"宣传队"和"播种机"。浙江农业大学1995年暑期社会实践活动为基层解答生产技术难题450个，指导72人脱盲、125人取证考核合格，走访农户700多家，培训农技骨干1300余人，举办讲座28次，听众约3.2万人次，接待农民群众1万余人次，发出扫盲和技术资料1.7万余份，刊出墙报124期。每年的社会实践活动，大学生活跃在社会各层面，集受教育、长才干、做贡献于一体，犹如科技和文明的使者，帮助人民群众脱贫致富。

8.推动教育改革。首先，学生从社会带回大量的信息，促使高等农业院校面向社会、面向现代化、面向未来。其次，推动学制和课程改革以适应社会和农村经济的发展。再次，进一步提出如何加强和改进思想政治教育的课题，进一步加强和改进德育工作，为培养"四有"新人而努力。

三、社会实践活动的发展趋势和建议

大学生社会实践活动经过改革开放以来十几年的摸索和总结完善，将逐步走向规范和成熟，逐步形成具有中国特色的大学实践教育环节。

（一）发展趋势预测

1.学校与社会联系日益密切，社会成为高校重要的办学资源。大学生的社会实践活动通过其自身的社会功能，将加强学校与社会多层面的合作，从而使学校充满生机和活力。

2.发展模式事业化。党政加强对社会实践的领导，形成一个社会化的网络，与地方经济发展互惠互利、双向受益。浙江农业大学近年来通过学生社会实践与地方签订多项合作协议。如1995年暑期就与绍兴市农经委、绍兴市绿色集团公司、台州市椒江区政府、台州市和上虞市农经委等签订五项意向，地方投入合作开发资金2000多万元。

3.实践空间基地化，并与基地之外广阔的实践地域结合起来。

4.组织形式多样化、层次化，更注重以科技文化服务为载体。

5.实施操作科学化、制度化、规范化，纳入教学管理轨道。

6.实践时间外延化，短期与长期结合，假期与平时结合，集中与分散结合。浙江农业大学学生会的"为农信箱"、园艺系的"鸣翠科技咨询小组"、农学系的"兴农小组"等长年坚持为农村和农民服务。

7. 与勤工助学相结合。1996年暑期，浙江农业大学有104位同学参加勤工助学活动，收入72000元，较好地解决了特困生和贫困生的经济困难问题。

（二）几点建议

1. 逐步制度化，如完善考核制度、奖励制度、管理体制等。高等学校要把大学生社会实践活动纳入教学计划，使之成为教学工作的有机组成部分，明确学校主管领导与主管部门，统一步骤和程序，要求全部学生参加社会实践活动。社会实践活动应列为必修课程和教学环节，并辅之以指导性选修课。统一印制《参加社会实践活动登记表》，由教务部门、学生管理部门和院系共同管理，做到人员、时间、地点、实施方式、考核办法等各环节的落实，逐步摸索建立农业院校学生社会实践活动评估体系。

2. 加强指导与管理。坚持教育为主的原则。社会实践活动应与"两课"（马克思主义理论课和思想政治教育课，下同）的教育改革相结合，与形势政策教育相衔接，并尽可能纳入"两课"教学的轨道。如学生的社会调查可作为形势政策课的考核内容之一，有针对性地加强中国特色社会主义理论的教育和有步骤地实现我国现代化的路线、方针、政策的教育。

我们经过实践探索认为，农业院校本科学生至少需参加3项社会实践活动，时间不少于25天；专科学生至少需参加2项社会实践活动，时间不少于16天；集中组织的时间每次以一周左右为宜，一般不超过10天。前期的准备工作、中期的实施操作、后期的总结深化工作，都要按序到位，并加强分类指导。

集中组织的社会实践活动要选派思想作风好、工作责任心强、有专业知识和实际经验的教师任指导教师；最好是领导、专业教师、班主任（学生导师）相结合，研究生、本（专）科生相结合，不同专业的教师和学生相结合，以此优化组合。

对积极参加社会实践活动并取得优异成绩者，应予以表彰，并作为评定奖学金和"三好"学生的依据之一。

3. 加强社会调查指导。我们正处于世纪之交的年代，就思想政治教育而言，结合国情深化对邓小平同志中国特色社会主义理论的学习，理论教师应主动指导学生在社会实践活动中对下列社会现象进行观察分析。

a. 低通货膨胀率下的经济持续高速增长；

b. 农业问题；

c. 国有大中型企业的改革问题；

d. 区域经济的协调问题；

e. 经济增长方式的转变问题；

f. 社会的两个文明建设问题。

农业院校的教师，还应该指导学生有选择性地观察和分析下列农村现象。

a. 农民的现状、心态和要求；

b. 当地粮食生产状况；

c. 农村产业结构状况；

d. 乡镇企业发展状况；

e. 小城镇建设与第三产业状况；

f. 中国的可持续农业状况（资源、环境、污染等）；

g. 农村基层党组织建设和干部状况；

h. 农村的先进人物和事迹；

i. 农业科技推广状况；

j. 社会主义新农村建设状况。

4. 加强科技文化传播的力度。有针对性地开展科技文化服务工作，释放大学生的科技潜能和专业技能特长，对地方经济发展和两个文明建设做出贡献。

5. 全社会关心学生的成长。地方党委和政府都要充分认识开展大学生社会实践活动的重要意义，在培养"四有"新人、造就合格建设者和可靠接班人的重大责任和义务中，要把社会实践活动列入议事日程，切实加强领导。学校与有关部门协商，确定一批校外社会实践基地，重点是建立一批容量大、能适应多学科多专业发展需要、比较稳定的农村基地，并可与爱国主义教育基地相结合。社会实践活动基地的选择应考虑：①有利于政治思想教育；②有利于工作开展的连续性；③有利于实践活动与教学科研结合；④有利于学校与地方结合；⑤有利于科教兴农与实践活动结合；⑥有利于学校的组织和管理。各地方要有领导同志分管这项工作，地方接收学生实践的单位要大力支持，当地共青团组织要积极协助，形成学校、地方党政、企事业单位构成的网络。

新闻舆论与有关部门要大力宣传和支持，以形成良好的舆论环境和氛围。

6. 警惕与防止的误区如下。

a. 形式化倾向。防止重形式、轻内容，重过程、轻实效，重宣传效应、轻实际教育效果。

b. 冲淡教育主题。防止不注重教育的氛围和效果，视社会实践活动为一般社会活动或经济行为。

c. 只重视中期的实施，轻视前期的准备和后期的总结、交流、提高。特别是后期教育和深化认识的力度更强，效果更佳。

d. 不善于让学生把在社会实践中获取的感性认识及时上升到理性认识，升华为认识的飞跃，进而内化为觉悟。

e. 对正确分析认识社会的阴暗面或消极现象指导不够，对消除负面效应教育不力。要克服社会实践教育的自发论，防止误以为实践活动会自然而然地起到积极的教育作用。

f. 接待单位给学生提供的生活条件过优，无形中冲淡教育的氛围，应该要有意识地创造培养学生艰苦奋斗、与普通群众同甘共苦的环境。

7. 加强对社会实践活动的理论研究，借鉴国外培养学生实践能力的成功经验。有条件的可编写指导性教材，科学地强化社会实践活动各阶段的教育与管理。

通过以上初步探讨，我们认为农业院校学生社会实践活动在教育面向现代化、面向世界、面向未来的跨世纪的合格的社会主义事业建设者和可靠接班人的事业中，其地位日显重要，其功能不断发展。大学生的社会实践活动将生动而有效地把学生成长与我国的现代化、经济建设联结在一起，使他们始终同社会和人民保持血肉的有机联系，在理论与实践的结合上塑造和培养现代中国大学生，并逐渐成为具有中国特色的社会主义大学教育的重要环节。

筑起抵御"和平演变"的钢铁长城①

当前，国际形势风云变幻，国际共产主义运动暂时处于低潮，坚持社会主义的中国成为帝国主义攻击的主要目标和推行和平演变的战略重点。江泽民同志在今年（1991年）"七一"重要讲话中指出："意识形态领域是和平演变和反和平演变斗争的重要领域。资产阶级自由化同四项基本原则的对立和斗争，实质是要不要坚持共产党领导、坚持社会主义道路的政治斗争，但这种政治斗争大量地经常地表现为意识形态领域的思想理论斗争。"②和平演变和资产阶级自由化思潮，对我国的独立和自主，对我们建设和改革开放，构成现实的威胁。高校是培养社会主义合格建设者和可靠接班人的重要园地，也是国内外敌对势力同我们争夺与反争夺、渗透与反渗透、和平演变与反和平演变斗争的主要场所和前哨阵地。在严峻考验面前，我们一定要筑起抵御和平演变的钢铁长城，坚持不懈地加强和深化社会主义思想教育。

历史唯物主义原理告诉我们，经济基础决定上层建筑，上层建筑对经济基础又有巨大反作用。在上层建筑中，最根本的是政权，然后是为经济和政治服务的意识形态。和平演变的程序都是先从意识形态开始：首先取消马克思主义的指导地位，然后改变政权的性质，即取消共产党的领导，让资产阶级上台，再改变经济基础，变公有制为私有制，最后全面复辟资本主义，造成社会主义国家政权易手、国家易帜、江山易色、人民遭殃的灾难和严酷现实。"攻心""夺权""私有化"是和平演变的三部曲。变天先变人，变人先变心，通过攻心夺人，进而改变党和国家的性质，是敌对势力对我们进行和平演变的基本规律。因此，我们反和平演变战略的基本思路，应当是固国先固人，固人先固心，重视意识形态领域的斗争，广泛深入地开展反和平演变的思想教育。下面我们从四个方面分析当前深入进行的社会主义思想教育的重要性和特点。

第一，紧迫性。国际敌对势力加紧推行和平演变战略，是在新的历史条件下向社会主义进攻的主要形式。当前国际形势动荡多变，错综复杂，国际上社会主义事业发展遇到严重挫折，它增添了青年学生的思想迷雾，给进一步解决深层次思想问题增加了难度，也对思想政治教育提出了新的要求。浙江农业大学（现浙江大学）经过对1989年春夏之交的政

① 本文原载《浙江高等农业教育》1991年第2期。
② 《江泽民文选》第一卷，人民出版社，2006，第160页。

治风波的反思和集中教育，初步批判清除了资产阶级自由化的流毒和影响，通过各种方式和渠道的马列主义，毛泽东思想，党的路线、方针、政策的教育，使青年学生的思想觉悟有了一定提高，思想政治工作有了新的转机。但是，我们应该清醒地看到，资产阶级的社会政治学说、价值观念和生活方式对大学生仍有较大影响，资产阶级自由化还在采取各种隐蔽的方式和手段同我们进行较量，民主社会主义思潮的冲击和影响也不容忽视，学生思想政治状态的根本好转尚需我们做出不懈的共同努力。

第二，战略性。培养和造就千百万无产阶级革命事业的接班人，是把我们的革命事业千秋万代传下去、不致中途夭折的大事。帝国主义把和平演变的重点放在争夺我国的第三代、第四代身上，也必然把高校学生作为他们争夺的主要对象。今后十年，是我国经济和社会发展的关键时期，也是新老干部交替的关键时期，社会主义事业在中国的前景很大程度上取决于青年一代成长的状况。现在的大学生是跨世纪的人才，是我国社会主义事业的接班人。从人才成长的规律看，一方面，大学生在校期间，正是世界观、人生观、价值观形成的关键时期。把他们培养成具有坚定正确政治方向的"四有"合格人才，是党和人民的殷切期望及历史赋予的光荣使命。另一方面，高校的稳定与整个社会的稳定关系极大。通过社会主义思想教育进一步巩固和发展高校安定团结的政治局面，对挫败敌对势力图谋有重要意义。

第三，艰巨性。当今的和平演变与反和平演变的斗争，是在西方资本主义处于相对稳定、世界社会主义处于低潮的情形下进行的。因而，反和平演变必将是持久的、积极的防御战略。它是全方位的斗争和较量。敌对势力在经济、政治、军事、思想、文化、教育等领域和平演变的手法、内容、侧重点各异，他们同时采用种种公开的、隐蔽的、合法的、非法的手段，诱压兼施，凶残狡猾。要彻底铲除和平演变的土壤，清除其思想基础和政治基础，绝非一朝一夕。这就决定了反和平演变斗争的长期性、复杂性和艰巨性。

第四，尖锐性。帝国主义亡我之心不死。他们对社会主义的侵略、干涉、渗透、颠覆、和平演变从来都是立场顽固、手段狡猾、直言不讳、一以贯之的。在高校确实存在着培养社会主义事业的接班人还是掘墓人的尖锐问题。教育的阶级性不容抹杀。不同社会制度下，办学目的和方向是不同的。社会主义大学同资本主义大学的本质区别，不在于它们所传授的科学文化知识有多少不同，而在于它们所坚持的意识形态是两种根本对立的思想体系，在于向学生传授哪个阶级的世界观、人生观和价值观，在于培养学生坚持什么政治方向、为哪个阶级和哪种社会制度服务。社会主义大学的本质标志在于以共产主义思想体系教育学生，使他们在政治上拥护社会主义制度和共产党的领导，打好马克思主义世界观的基础，树立为人民服务的人生观和正确的价值观，成为社会主义事业的建设者和接班人。如果我们对此缺乏充分的认识，在国内外敌对势力的进攻面前自我解除武装，就会打败仗，和平演变就会变成现实，几千万革命先烈流血牺牲换来的江山就会丧失，中国就会发生历史的大倒退。

从我校对青年学生进行社会主义教育的实践看，当前开展反和平演变教育应特别注意加强坚定社会主义信念、增强反和平演变信心的教育。

第一，把和平演变的实质和危害性讲深讲透。通过教育和学习，认清和平演变与反和平演变是社会主义和资本主义两种思想体系、两种社会制度斗争的主要形式。划清马克思主义与反马克思主义、社会主义与资本主义、科学社会主义与民主社会主义的界限，认清和平演变是我们面临的现实威胁，从而使青年学生充分认识和平演变严重性和紧迫性，增强历史使命感和责任感。正确分析西方敌对势力推行和平演变的策略和手段，明确反和平演变的极端重要性和必要性，提高自觉性。

第二，一定要讲清社会主义代替资本主义是历史发展的必然的道理。第二次世界大战后，资本主义发展中虽出现一些新的现象，但它最终灭亡的命运是不可改变的。一定要理直气壮地讲深讲够讲透社会主义制度的优越性和新中国的巨大辉煌成就，要善于同资本主义做科学的比较，长志气、增信心，坚定社会主义信念。一定要正确认识社会主义事业发展是前进性和曲折性的统一，充分认识我国抵御和平演变的优势和有利条件。

第三，以江泽民同志"七一"重要讲话为武器，统一思想，提高认识。正确理解并贯彻反对和平演变的方针、原则和措施。江泽民同志"七一"讲话，既是我们建设有中国特色社会主义的纲领性文献，又是我们反和平演变的强大思想武器，精辟地论述了具有中国特色社会主义经济、政治、文化的基本要求和特征，划清了科学社会主义同民主社会主义及其他假社会主义的界线，具有强烈的现实针对性和深远的意义。深刻理解"七一"讲话中提出的九个"必须"、十一个"不能"和"不允许"。我们吸取国际共产主义运动的经验教训：在反和平演变斗争中，要坚持党的领导，决不能搞多党制；要坚持人民民主专政，决不能搞西方的议会政治；要坚持党对军队的绝对领导，决不能搞军队的"非党化""非政治化"；要坚持公有制的主体地位，决不能搞私有制；要坚持马克思主义的指导地位，决不能搞指导思想的多元化。我们要以"七一"讲话为武器，深入开展对资产阶级自由化和民主社会主义思潮的批判。

第四，必须充分发挥马列主义、毛泽东思想理论的威力。新的历史实践表明，社会主义国家的演变都是从理论演变开始的，都是从否定马克思主义、否定共产党的领导和斗争历史、宣扬民主社会主义思潮入手的。理论上的堕落导致思想上的混乱，思想上的混乱势必瓦解、销蚀革命队伍的凝聚力和战斗力。学校的实践还表明，青年学生对于资产阶级社会政治学说本质的分辨和批判能力的提高，青年学生科学世界观、正确人生观、价值观、坚定的社会主义信念和共产主义远大理想的培养与树立，只有建立在科学理论的基础上，通过全面和系统的马克思主义科学世界观和方法论的教育才可能实现。

第五，社会主义思想教育还要与实践教育相结合。青年学生通过有组织的假期社会实践活动、学雷锋社会服务活动、走访革命老前辈和英雄模范人物、参观调查厂矿农村部队、勤工俭学及军训等形式，广泛接触工农兵社会各层面，在广阔天地锻炼成长。他们长见识、明道理、懂世事、变感情，逐步正确认识人生的价值，逐步坚定社会主义信念，同时在实践中进一步理解学习运用马克思主义的立场、观点、方法，并以此观察和分析问题，把在社会实践中获取的感性认识上升到理性认识高度，通过"实践—认识—再实践"的反复循环，理论联系实际，对马列主义、毛泽东思想由知之甚少到知之较多，由知之较浅到知之较深，对社会主义和国情民情的理解也逐渐深刻，在实践中逐渐走向成熟。这正是在马列主义、毛泽东思想指引下，走与工农相结合的知识分子健康成长的道路。社会实践教育本身就是一种生动深刻全面的社会主义教育。我们应充分发挥高校和社会两个课堂、书本和实践两种教材、教员和工农两类老师的作用并使之有机结合。社会主义思想教育还应与学校教学、科研、管理相结合，推动教书育人、管理育人、服务育人及学校各项工作，促进青年学生德智体全面发展。

总之，反和平演变的斗争和教育是一场"持久战"。在高校，我们要把园地意识与阵地意识、培养意识与争夺意识、防御意识与进攻意识有机地结合起来，以高度的责任感与使命感，把学校建设成为宣传和捍卫马列主义、毛泽东思想的坚强阵地，成为坚持四项基本原则、反对资产阶级自由化、反对和平演变、维护安定团结政治局面的坚强堡垒，成为培养社会主义建设者和接班人的重要园地。

高等农业教育要面向现代化，面向世界，面向未来①
——邓小平教育思想学习札记

党的十五大是在我国改革开放和社会主义现代化建设事业承前启后、继往开来的重要时期召开的一次历史性会议。江泽民同志在党的十五大所作的主报告高瞻远瞩、气势恢宏、总揽全局、振奋人心，是我党带领全国各族人民迈向新世纪的政治宣言和行动纲领。十五大最大的贡献，是把邓小平理论确立为全党的指导思想，并庄严地宣布：高举邓小平理论伟大旗帜，把建设有中国特色社会主义事业全面推向二十一世纪。作为入党三十余年的教师，欣逢此盛世盛会，面对世纪风云、百年沧桑，抚今追昔，感慨万千，深深体会到十五大高举邓小平理论伟大旗帜意义十分重大，是开创中国二十一世纪更加壮丽更加辉煌历程的里程碑。

江泽民同志在十五大报告中提出："培养同现代化要求相适应的数以亿计高素质的劳动者和数以千万计的专门人才，发挥我国巨大人力资源的优势，关系二十一世纪社会主义事业的全局。"②他同时对学校提出："认真贯彻党的教育方针，重视受教育者素质的提高，培养德智体全面发展的社会主义事业的建设者和接班人"③的要求。高等农业院校肩负培养面向二十一世纪的农业专门人才的重任。本人结合浙江农业大学（现浙江大学）实际与自己的工作：写下关于高等农业教育必须坚持"三个面向"的学习札记，作为学习邓小平教育思想的初步体会，并就教于同志们。

邓小平同志1983年为景山学校做了"教育要面向现代化，面向世界，面向未来"的重要题词④。题词共16字，言简意赅，意义深远。它站在战略的高度，指明了教育的发展方向。1993年编入《邓小平文选》第三卷时，该题词单独列篇，是该卷最短的著作之一，也足见其地位之重要。

（一）世界农业的发展趋势

农业是人类最基本的生产活动之一，是历史上最早出现的一个产业。一部农业发展

---

① 本文原载《高校思想政治工作》1994年第3期。
② 《江泽民文选》第二卷，人民出版社，2006，第34页。
③ 同②。
④ 《邓小平文选》第三卷，人民出版社，1993，第34页。

史，就是人类为了生存而去利用自然、改造自然，同时也改造人类自身的文明发展史。现实是历史发展的结果，也是未来发展的基础，而其中内在发展趋势犹如奔腾的骏马，顺着它的奔驰方向来驾驭较为容易。我们分析世界农业发展有以下五个趋势。

（1）农业科技化

农业体现着社会和自然的相互关系，人处理自身与自然、社会相互关系的水平，是随着科技的进步而提高的。现代农业和传统农业不同，它是建立在全面应用现代科学技术基础上的高效率农业。当前，农业正面临着生物技术、信息技术、新能源技术、新材料技术、空间技术、海洋开发技术等新技术革命的挑战。先进农业正在由"资源依存型"向"科技依存型"转化，资源小国日本的农业和以色列在沙漠上建起的农业就是典例。现代农业科技迅速地向宏观和微观两个领域全面拓展，农业正酝酿着新的起点和转折，生物技术将占主导地位。20世纪的工业化农业主要是以非生命科学及其产生的技术为基础，生物科学及其技术尚未起到决定性作用。有人预测，二十一世纪是生物学世纪，生物技术革命可能"引爆"不同于工业化农业的新的农业革命，使农业面貌发生根本变化。

（2）农业整体化和综合化

现代农业是一个经济、生态、技术的有机综合体，它要求对农业生产的发展进行整体研究、综合开发。主要表现在：①农业冲破封闭走向开放，树立面向大流通大市场的农业观念；②多因子多学科综合作用，即农业与生命科学相结合，农业与环境、资源、生态科学相结合，农业与营养、食品科学相结合，农业与工程技术科学相结合，农业与经济科学相结合等；③农业的生态系统、技术系统、经济系统协调发展；④农业的产前、产中、产后结合综合开发，如农工贸相结合以及农业科研、教育、推广与农业生产的结合等。

（3）农业商品化和国际化

发达国家农业都是高度商品化和专业化的，全部农产品几乎都进入市场流通，世界农业正朝着国际化方向发展。各国都要参与世界经济循环，自我封闭、与世隔绝是没有出路的。农业国际化趋势对各国农业，特别是发展中国家的农业既是挑战又是机遇。各国只有调整农村经济结构，才能适应国际市场形势；只有发展优质高效农业，才能保证农业贸易立足于国际市场上的"公平竞争"；只有放开价格，积极理顺价格关系，才能使农产品贸易价格逐渐适应国际市场的价格机制。农业的商品化、国际化趋势是强大的动力，将把各国的农业推向世界大市场。

（4）农产品多方位、多层次、高品位发展

农业总是朝着社会发展，人类进步，人们多方位、多层次、高品位需求的方向发展。随着人们日趋注重精神生活的丰裕、温馨和欢愉，农业不仅满足人们追求物质生活的需要，"无公害""无污染""反季节""食物安全性""绿色食品"的概念以及工艺型、风光型、保健型农产品应运而生，向农业生产提出挑战并展现诱人的前景。

（5）农业生态化

农业生态效益是农业生产长远、间接却带有根本性的有效效应。农业生态关系到能源、粮食、人口、资源保护及环境保护等紧迫问题。持续农业，当代世界农业的主导思潮，与农业生态直接相关，主张在保证人类持续获得丰富物质产品的同时给人类提供良好优美的生活和建设环境，以及自然资源的保护和永续利用。

（二）高等农业教育必须坚持"三个面向"

邓小平同志指出，实现四个现代化，科学技术是关键，基础在教育。高等农业教育担负着培养高级农业专门人才、发展农业技术和促进农业现代化建设的重大任务。高等农业教育必须"面向现代化，面向世界，面向未来"。世界农业科技发展趋势和世纪之交我国农业的现代化对农业院校的教学与科研提出四点值得思考的问题。

第一，科技是第一生产力，农业发展必须始终依靠科技进步，把重点转移到依靠科技进步和提高劳动者素质的轨道上来，这是发展高产、优质、高效农业的必由之路，也是我国农业现代化的根本之路。农业科技发展的历史是各基础理论科学不断向农业科技渗透的历史，也是农业科技不断形成自己的基础理论学科的历史。因此，必须加强农业基础科学的研究和应用开发。

第二，新科技革命标志着生产力质变时期的到来，预示着农业发展阶段的转折时期将要来临。因此，新科技革命既是严峻的挑战，又是宝贵的机遇。处于世纪之交的我国农业应紧紧抓住这个机遇。当前要以生物技术为重点，发展高新技术，抓好技术储备，并尽快形成产业，迎接二十一世纪新技术革命对农业的挑战。

第三，相比较而言，我国农业科技与发达国家的差距要小一些。从农业发展史看，中国在传统农业阶段曾达到世界最先进的水平，创造了一套有古代中国特色的经营思想和技术体系。中国的农业在明代达到高峰，到鸦片战争前后开始落后，到二十世纪三十至五十年代，与西方发达国家比较，则出现了较大差距且愈演愈烈。新中国成立以后，党和政府十分重视农业和农业科技，特别是十一届三中全会以来，我国农业获得巨大发展，农业科学在某些领域已达世界先进水平。我国与发达国家相比，农业生产水平差距正在缩小，当然其中的长短高低并不平衡，但总体上我们对此应充满信心。

第四，迎接新技术革命挑战，在农业上缩小与发达国家的差距，应采取"拿来主义"态度，大胆吸收和借鉴世界各国包括资本主义国家先进的农业科学技术，以及一切反映农业现代社会化生产、商品经济一般规律的先进经营方式与管理方法，但没有必要，不可能也不应该重走西方发达国家为发展农业而付出沉重代价的老路和弯路。应该根据我国国情制定农业发展战略与农业科技战略、农业教育战略，创建有中国特色的农业现代化和农业科技、教育的对策。

需要本身和满足需要的手段是同时产生的，农业院校贯彻"三个面向"的方针，我认为主要应做好以下四个方面的工作。

第一，根据农业发展趋势和农业现代化建设需要，调整学科结构和专业设置。根据"教育必须为社会主义建设服务，社会主义建设必须依靠教育"的原则，加强农业院校与社会的联系，随着农村产业结构的调整，特别是社会主义市场经济体制的建立，逐步建立与社会主义市场经济，特别是农村经济建设需要和现代农业科技发展总趋势相适应的办学新格局。有条件的农业院校应走以农为主，农、工、理、经、文、管相结合，多科发展，高水平的综合性农业大学的路子，并与世界一流农业院校接轨。

第二，加强对学生进行"三个面向"的教育。农业院校要遵循党的十五大精神，以邓小平理论为指导，坚持党的基本路线，培养德智体全面发展的建设者和接班人。

首先，加强邓小平理论的学习和教育，培养"四有"新人，全面贯彻党的教育方针，面向现代化、面向世界、面向未来。

其次，加强学生的社会实践活动和农业形势教育，让学生了解中国的国情和农业农村农民，了解世界农业和科技发展趋势，热爱农业，为农业现代化做贡献。同时积极开展关于世界农业、农业科技发展趋势和农业现代化的比较研究，加强对农业发展战略和农业政策的研究。

第三，面向经济建设主战场开展科研活动。在把重要科技力量投入经济建设主战场的同时，继续加强农业基础性研究，积极拓宽和深化高新技术研究与开发，促进学科发展，实行教学、科研、推广三结合，加速科技成果转化，主动适应社会主义市场经济和现代化建设需要。据不完全统计，我国72所农林院校近十年科技成果推广创造的经济效益达数千亿元，并收到了良好的社会效益。浙江农业大学早籼品种"浙辐"系列、"浙农1号"畜禽全价饲料等14个主要科技推广项目1993年获年经济效益几十亿元。

第四，农业教育要面向世界，加强国际学术交流和科技合作。以浙江农业大学为例，该校近年来积极开展国际学术交流，扩大科技合作，现已与日本、德国、澳大利亚、比利时等国农业科研机构广泛合作，并与美国、德国、日本、英国、加拿大、泰国等国的许多著名的大学和研究机构建立校际协作关系。积极开拓国际合作渠道，引进国际科技合作项目，使国际交流更好地为高校的科研、教学服务，为人才培养和学科建设服务。实践表明，国际项目的建立，直接引进国外的资金和先进的技术设备，弥补了这方面的短缺与不足，为科学研究、人才培养提供了经济动力和先进的技术手段。学校通过合作项目请外国专家来校指导科研并开展应用研究，引进了国外先进的技术与方法。通过项目派出人员参加国际技术交流，接受技术培训，学习国外先进技术和经验，缩短了赶超世界先进农业科技水平的进程。它对提高学术水平和人才培养质量产生了积极作用。

十余年来，我在担任理论课教学的同时，负责学生管理和教育工作，深感其责任重大。今天，浙江农业大学在校7000余名莘莘学子，是跨世纪的高级农业科技人才，将成为国家二十一世纪社会主义事业的建设者和接班人。浙江农业大学具有光荣的革命传统，同学们无比热爱世纪伟人邓小平和他的理论。当1993年《邓小平文选》第三卷首发时，全校学生竞相购阅，做到人手一册，表现了极大的政治热情。十五大把邓小平理论作为党的指导思想，是我国人民政治生活中具有重要现实意义和深远历史意义的大事。我作为一名入党多年的高校教师，一定要自觉担负起培养跨世纪合格人才的崇高职责，忠诚于党的教育事业。浙江农业大学已被国家列为二十一世纪重点建设的一百所大学之一。面对现代化、面向世界、面向未来的时代呼唤，对大学生全面素质的培养和塑造提出了更高的要求，也迫切要求学生的培养和管理具更高水平。人需要精神支柱，需要旗帜的指引和鼓舞，它就是当代中国的马克思主义、邓小平理论。我们要高举邓小平理论的伟大旗帜，始终不渝地坚持"求是、奋进"的校训，教育学生热爱科学、崇尚真理、献身农业、服务人民，努力营造以科学的理论武装人、以正确的舆论引导人、以高尚的精神塑造人、以优秀的作品鼓舞人的校园育人环境和氛围。对我自己来说，要更自觉地学习邓小平理论，紧紧团结在以江泽民同志为核心的党中央周围，同心同德，不屈不挠，艰苦奋斗，身体力行，踏实工作，不尚空谈，积极投身于建设有中国特色社会主义伟大事业，并做出自己应有的努力和贡献。

理论课教学的粗浅体会①

我出身于一个教师家庭。祖父和父母都是中小学教师，他们桃李满天下，备受学生尊敬。我从小耳濡目染，尽管教师的工作艰辛、生活清苦，但我仍认为教师是阳光下最为高尚的职业。因此，我进浙江农业大学工作时，就要求从事教学工作，立志当一名教师。组织上安排我担任马列理论课教师。二十五年来，我给本科生、专科生、硕士生、博士生、各类干部和科技人员开设"自然辩证法""马克思主义哲学""科学哲学""中国社会主义建设""科学方法论""农业科技概论""世纪之交的中国农业""农业发展战略""形势与政策"等相关的课程和讲座，受到学生的欢迎和好评，也更坚定了自己把教育工作作为毕生事业的决心。

我认为教与学是一对矛盾，教是矛盾的主要方面，教师处于主导的地位，教学能否成功，起决定作用的是教师的全面素质。结合自己的教学实践，我认为要从以下四个方面努力。

第一，不断强化敬业精神

大学的政治理论教师必须信仰马克思主义，热爱共产党和社会主义。马克思主义博大精深，是人类智慧的结晶、科学真理的总结，又是一个开放和不断发展的理论体系。今天，面对国家培养跨世纪的建设人才需求，系统、准确、有效地对他们进行马克思主义、毛泽东思想和邓小平建设有中国特色社会主义理论的教育，武装他们的头脑，使他们成为社会主义事业合格的建设者和可靠接班人，这是具有重要战略意义的伟大工程，也是党和人民交给我们的光荣任务。为此，我们必须要有坚定的信念和全身心投入的奉献精神，要有扎实的理论功底和合理的知识结构，要理论联系实际，有较敏锐的政治辨别能力和分析能力，对社会现实有较为深刻的理解。同时，平日还要严格要求自己言行一致、表里如一、实事求是、正直正派、为人师表。

教师应从这个崇高职责的需要出发，不断保持和强化自我修养和学习的张力；在教学

---

① 本文原载《教海扬帆》，浙江农业大学，1995。

中力求做到深刻而不玄奥、准确而不枯燥、通俗而不浅薄、生动而不庸俗；指导学生学会运用辩证唯物主义和历史唯物主义，分析改革开放和现代化建设中的政治、经济、文化、道德现象，从而给学生以马克思主义、毛泽东思想和邓小平建设有中国特色社会主义理论的生动教育，使学生逐步确立为建设有中国特色社会主义而奋斗的政治方向。

第二，认真教学

我视进课堂犹如上战场，为压倒一切的大事。记得1983年冬，我敬爱的外祖母不幸病逝，当时本人正在干部管理学院县长班授课，毅然打消请假念头仍坚持上课。每次上课，我都高度重视，做好充分准备，如临深渊，如履薄冰，未敢有丝毫松懈麻痹或敷衍塞责。教师应时时塑造和珍惜自己良好的教学形象。我认为，授课成功的关键在于内容。教师首先必须明确教学指导思想和目的要求，做到备课内容正确、准确、丰富、生动并有深度。同时要了解学生的知识状况，准确构建和把握"信息落差"，能有效地消除学生认识上的不确定性或模糊性，从不知到知，从模糊到清晰，从知之较浅到知之较深，从知之较窄到知之较宽，并激发起学生对马克思主义的求知欲，创造再学习再探索的良好学习氛围，让学生在科学的殿堂拾级而上，在理论与实际的结合中认识、检验、探求真理。其次，备课要一丝不苟。即使是老课也要重新准备，不断充实新的理论研究成果，反映新的观点，补充新的资料，调整为更新颖典型的案例，重新审视揣摩新的表述角度和顺序。上课前一天夜里，我还要言简意赅地拟出讲课要求和线索，或就寝后在脑中再"过"一遍。这是我多年来的习惯，目的在于熟练驾驭教学内容。每次授课都要有自认为较有把握能引发学生学习兴趣和热忱的典型例子。为此，我除了仔细研读原著和查阅工具书外，还分门别类做了五十余册剪报资料，写下三十几本读书笔记，摘抄大量卡片，并翻译外文资料。讲授"自然辩证法"必须结合农业，我虚心向专家教授请教，不断调整自己的知识结构。古人说："人一能之，己百之；人十能之，己千之。果能此道矣，虽愚必明，虽柔必强。"我常以此勉励自己，坚信"勤能补拙"，舍得在备课上花时间下功夫，反复琢磨，仔细推敲，力求讲出新意，富有创见。

第三，加强社会实践，开展科研活动

社会实践和调查，对于理论教师是必不可少的基本功。我青年时代曾当过兵，也体验过工人、农民的生活，这一经历对我的理论教学颇有裨益。1992年，组织上安排我在龙游挂职锻炼，任分管农业农村的县委副书记。在一年多的时间里，我广交农民和基层干部朋友，走遍了龙游的山山水水和穷乡僻壤，走村串户，深入调查研究。我较深刻地理解邓小平同志建设有中国特色社会主义理论和党在农村的路线、方针、政策；较深刻地理解改革开放的中国农业农村和农民；积累了大量资料，为讲授建设有中国特色社会主义理论创造了良好条件。我根据自己在农业大学开设自然辩证法课程的特点，确定以农业哲学和农业发展战略为研究方向，积极开展宏观农业、农业信息、农业技术学、农业人才和农业发展战略的研究，主编参编参著《世纪之交的中国农业和农村》《形势与政策》《农业的微观和宏观》《农业哲学基础》《科学研究的原理和方法》《灰色系统新方法》《自然辩证法简明教程》（农业院校用）、《哲学的探索与进展》等著作和教材，在各类刊物上发表《农业现代化与"绿三角"中的四股流》《关于农业信息若干理论问题的探讨》等五十余篇论文，几次获社会科学优秀成果奖和优秀论文奖。这些都有效地提高了自己的教学水平。

第四，熟悉学生，注意教学方法

贝塔朗菲认为，合格的教育总是并且总将是在揭示人类潜能的意义上进行。我认为教师应想方设法调动学生学习积极性，使他们的学生变被动为主动。为此，必须了解学生，熟悉他们的思想状况和心态。多年来，我一直坚持同学生交朋友，参加他们的活动，深入学生课堂、宿舍、食堂活动，坚持参加学生出操，与新生一起军训、行军拉练，于"润物细无声"中做学生的良师益友，尽到教师传道授业解惑之职分。这缩短了师生之间的距离，增进彼此的了解和信任。教师对学生要既严格又爱护，既严肃又亲切，在学生面前一定要坦诚相见，表里如一，抱着"知之为知之，不知为不知，是知也"的求实负责态度。这是教师自信与力量的表现，也是教师人格魅力的体现。

在教学方法上，我注意到两点。一是课堂内外的结合。课堂教学，功夫在课外。我还有一个习惯，每堂课后必反思和重温教案，及时补充和修正，并记下上课时学生的反应和问题。我把此视为提高教学效果的重要环节。二是多方结合。把讲课与讨论、演讲相结合，与电化教学相结合；在内容上适时恰当地与重大国内外时事相结合，同党中央的决策和号召相结合，同新科技革命及影响相结合，同农业农村农民实际相结合，同改革开放大潮中的热门话题相结合，同学生思想上的困惑问题相结合，以增强理论教育的针对性和效果。

我的教学受到同学的肯定和赞扬。他们当面或写信，讲了许多真诚、热情的话，令我十分感动。但我深知自己还远未达到党和人民的期望，我还要加倍努力，把书教好。我喜欢宋代哲学家朱熹先生《观书有感》一诗："半亩方塘一鉴开，天光云影共徘徊。问渠那得清如许？为有源头活水来。"

读书，教书，这是我久存在心底的愿望。边读边教，边教边读，认真读书，为政治理论教育事业终生耕耘并贡献自己微薄的力量，是我的夙愿。

略论农业教育必须重视和加强社会科学[①]

　　人们曾预言二十一世纪为交叉学科的时代。交叉学科的出现是现代科学的主要特征之一，无疑，它对农业高等教育将产生深远的影响。所谓交叉学科，主要是指自然科学和社会科学之间的交叉，同时也是指自然科学内部各学科或社会科学内部各学科之间的交叉。对农业教育而言，文理渗透交叉或文理农相互渗透交叉更为突出。按照马克思主义经典理论，农业是生物的自然再生产与社会的经济再生产的交织。目前，国内几种关于农业的理论模型，诸如"十字农业""飞鸟型农村经济""农业的三元结构""农村大系统模式""绿三角理论模型"等，实际上都从不同角度将马克思关于农业本质的精辟论断具体化。笔者认为，以农业为研究对象的农业科学本身就是一个自然科学与社会科学均占重要地位并相互渗透或交叉的学科。整体科学的研究表明，科学的突破口往往发生在社会需要和科学内在逻辑发展的交叉点上。估计未来农业科学的发展，交叉学科将占突出的地位，并展示出其旺盛的生命力。根据农业的本质及交叉学科蓬勃兴起的潮流，笔者认为，把农业科学简单地归划为自然科学的应用学科，是值得商榷的。实践表明，它在客观上容易使人产生一个错觉：似乎加强农业科学研究主要应该在自然科学上拓展。实际这是农业科学传统的"理化型"模式或"理化—生物型"模式。无疑，物理、化学、生物等自然科学的基础科学无论过去、现在或将来对农业科学都是攸关重要、绝不可少的，但如果仅仅着眼于此还是不够的，还不能全面地反映农业科学研究对象的本质特征，或者说是比较不完整的。这种传统的模式势必在农业的宏观整体研究中遭遇到质的制约与障碍。它还必须要数学、系统论、控制论、信息论等横断学科以及各门社会科学的渗透、交叉或综合。其实，从辩证唯物主义的观点分析，农业生产中，物质运动的基本形式均具备，既有机械的、物理的、化学的、生物的基本运动形式，也有社会的基本运动形式，而且后者更能深刻地体现农业生产的本质特征。有鉴于此，笔者认为在农业教育中仅强调自然科学而忽视社会科学，势必造成一条腿长一条腿短的"跛足"形态，这是不利的。

　　另外，从农业工作者素质的培养和合理知识结构的建成看，在农业教育中也应该加强社会科学。纵观农业科技发展史，历史上杰出的农业科学家几乎都有较好的语言基础和文

---

① 本文为原浙江农业大学（现浙江大学）研究生会之约稿，刊《研究生绿苑》1985年第2期。作者时任校社会科学部主持工作副主任。

化修养。我国古代的农书，不少出自不朽的典籍或本身就是脍炙人口的名篇。中外杰出的农业科学家献身于事业的崇高精神，渊博的学识，良好的分析能力、创造能力，熟练准确地运用语言表达复杂思维的能力，在相当程度上也得益于语言文字及社会科学的修养。事实表明，科学从本质上讲是一种社会现象。无论是自然科学或是社会科学，也都离不开对物质世界的认识。自然科学与社会科学无论在理论思想或研究方法上均处于不断地相互渗透和汇合之中。自然科学与社会科学之间的鸿沟正逐渐被填补。因此，国外某些学者提出"自然科学"可称作"自然的社会科学"，同理，"社会科学"则谓之"社会的自然科学"，不无一定道理。

最后，从农业发展的未来学分析，今后农业的综合性课题将日益占据重要地位。它既属于自然科学，也属于社会科学。在各门学科突飞猛进和多学科综合作用的未来时代里，农业科学的发展如果仅仅依靠自然科学显然是很不够的。依笔者之陋见，农村社会学、农村人口学、农村人才学、社会农学、农民心理学、农村技术美学、园林美学、农业管理学、农村环境科学、农业生态经济学、农业灾害学、农业新闻学、农业行政学、农业教育学、农业科学社会史学、农业科学动力学、农事学、农业系统工程、农业信息经济学、农业经济控制论、农业信息学、农业未来学等社会科学的分支学科或社会科学与自然科学的边缘学科、交叉学科已经产生或将合乎逻辑地出现。面对农业学科发展的潮流，并对其做出较为客观的预测和研究，无论对于制定农业科学发展规划或勾勒农业院校的远景，都具有一定的参考价值。事实上，世界高等农业院校的建制，确也朝着大规模和综合化发展，各国纷纷建立起多科性和综合性的农业大学或院校。也有许多国家的农学院直接设置在综合性大学里。值得一提的是，一些第三世界国家的农业院校也注意到这一发展趋势，譬如印度的班加罗尔农业科学大学就设有人文科学学院。笔者认为，在农业教育中，社会科学的重要性将日益被人们理解。自然科学与社会科学之间宽阔的鸿沟将日趋缩小，并最终形成列宁曾预言过的自然科学奔向社会科学的强大的潮流。

为农村经济的振兴培养合格的人才[①]
——学习社会主义初级阶段理论札记

党的十三大提出的社会主义初级阶段理论，是中国共产党人把马克思主义真理同中国实践相结合的伟大创造，也是在社会主义建设实践中认识上的伟大飞跃。如果把党领导的中国革命的实践分为新民主主义阶段和社会主义建设阶段的话，那么，新民主主义论可以说是有中国特色社会主义理论的绪论，而社会主义初级阶段论则是有中国特色社会主义理论的第一章。新民主主义论的提出和形成，标志着我党领导社会主义事业在理论上开始走向成熟。初级阶段论是全党集体智慧的结晶。它既是对我国社会主义建设正反两方面实践经验的科学总结，又是一个扎根现实大地、催人奋进的理论。

正确认识我国社会现在所处的历史阶段，是对中国国情认识的基本出发点，是建设有中国特色社会主义的首要问题，也是我们制定和执行正确的路线和政策的根本依据。社会主义初级阶段理论指导着我国各项事业的改革和建设，农业院校的办学指导思想和教育改革也不例外。我认为，社会主义初级阶段的一个重要特征是生产力低、商品经济落后而带来的不成熟性和不平衡性，我国的经济、科技、文化、教育等各个方面都有不成熟的地方。社会主义初级阶段的主要矛盾是人民日益增长的物质文化需要同落后的社会生产之间的矛盾。为了解决这个主要矛盾，唯一的出路就是发展生产力。农业作为国民经济的基础和重点产业，关系到国家改革和建设的全局。

我国当前的农业处于怎样的状况呢？十一届三中全会以来，我国农村的改革和经济发展取得了举世公认的成功。但正如十三大报告所指出的，十亿多人口，八亿在农村，基本上还是用手工工具搞饭吃，占人口近四分之一的文盲、半文盲大部分在农村。广大的农村科技水平普遍都不高，在老少边穷地区更为落后。虽然近年来乡镇企业异军突起，有八千万农民转入或部分转入非农产业，然而自然经济、半自然经济依然占有相当大的比重。全国还有一些贫困地区，温饱问题尚未完全解决。我国的农业劳动生产率甚低。一个农业劳动生产力生产的粮食可供养人口，美国大约是70人、法国是36人、德国和日本是18人，而我国大约是两三个人。大幅度地提高农村劳动生产率，势必成为社会主义初级阶段相当长时期内的主要战略任务之一。而其中关键性的要素是科技与人才。

---

① 本文原载《浙江高等农业教育》1987年第2期。

党的十三大报告中指出：现代科学技术和现代化管理是提高经济效益的决定性因素，是使我国经济走向新的成长阶段的主要支柱。党的十一届三中全会以来，农村经济发展的实践告诉我们，进一步奠定我国农业长期稳定发展的牢固基础，促进农村商品经济持续稳步发展，主要靠两条：一靠政策，深化改革，增强农村经济发展的内在活力；二靠科技，增加投入，改善农村发展的物质技术条件，不断增强后劲。正如十三大报告指出的，离开科技进步和科学管理，不可能在有限耕地上生产出足够的粮食和其他农产品，不可能在人口不断增加的情况下保持目前的温饱水平，更谈不上向小康以至更高水平的前进。事实提醒我们，在封闭的自然经济系统中，无须技术、智能投入的仅以体力与自然界进行交换的传统农业行为，只能耗损自然资源、破坏生态平衡，刺激人口增长，使人眼光短浅、缺乏进取精神。同时，由于缺乏科技要素的注入，它又加固了农村自然经济或半自然经济"内循环"的闭塞格局，势必强化物质生产的自给性、商品流通的封闭和生活消费的简陋性，使经济应变能力更趋脆弱。因此，科技的进步和运用，将在根本上决定我国农村商品经济，以致影响整个现代化建设的进程。能否在广大农村依靠科技发展商品经济，是关系到中国农村社会主义现代化进程的重大问题。在此进程中，尽快地把封闭的、落后的自然经济转到商品经济的轨道，帮助、引导农民摆脱古老的自然经济观念的束缚，尽快地改变落后的自给自足的生产方式，建立以科技为支柱的商品经济，是社会主义初级阶段中国农村走上经济振兴之路的必然逻辑。

党的十三大报告指出：从根本上说，科技的发展，经济的振兴，乃至整个社会的进步，都取决于劳动者素质的提高和大量合格人才的培养。作为科技和人才高度密集的高等农业院校，在农业科技的发展上肩负着双重任务。一方面，它通过人才的培养和自己的科技力量，努力追赶世界先进农业科技水平，逐步缩短差距；另一方面，它又通过人才的培养和自己的推广力量，努力把科技的星火播撒到广大农村，发展以科技为支柱的农村商品经济。高等农业院校应该源源不断地向广大农村输送科技的"播火者"、向贫困和落后挑战的生力军。他们以振兴农村经济为己任，勇于开拓创新，以自己扎实的专业知识和管理技能，在实践中逐步形成科技与经济密切结合的机制，为农村脱贫致富建功立业。社会主义的初级阶段理论指出：是否有利于发展生产力，应当成为我们考虑一切问题的出发点和检验一切工作的根本标准。农业大学能否为农村经济振兴培养合格人才，能否为消除广大农村的贫困和落后面貌做出贡献，是衡量一个学校办学指导思想的重要方面。农业大学也将在农村经济振兴的巨变中取得应有的社会地位和评价。为此，我们必须进一步端正办学指导思想，坚决贯彻教育必须为社会主义现代化建设服务的方针。

在农村发展以科技为支柱的商品经济，对人才的素质要求势必要发生观念性的变革：具有扎实的专业知识和管理技能、开拓精神和创造性；掌握科学的人才观，爱才惜才用才；适应商品经济的价值观念，懂得资源、资金、信息、市场，具有经济头脑等。从近年来毕业生反馈的信息看，我们部分学生程度不同地存在着思想上的不适应、知识结构上的不适应和经营管理能力上的不适用。1987年全国大学毕业生分配向高校提示了这样的信息：社会上已经更注重人的素质，在竞争意识日炽的今天，仅靠一张文凭已没有多少吸引力了。人才质量的竞争对高校来说既是严峻的考验和挑战，又是一个让社会评价、选择，以求得自身发展的机会。鉴于此，我们在端正办学指导思想的同时，要花大力气改进和加强思想政治工作，把我们的大学生培养成学农爱农为农，献身于农业的有理想、有道德、有文化、有纪律的合格人才，努力克服小生产者的狭隘眼界和保守习气，有力地抵制封建主义和资本主义腐朽思想的侵袭，努力加强有利于现代化建设和改革开放的宣传教育，形成有利于学生良好素质形成的氛围。同时，还应该从为社会主义现代化建设服务的宗旨出发，对农业大学的目标培养、专业和课程的设置、实践性环节的加强、教学与后勤的管理、学校与社会的联系、校内教育与校外教育（包括家庭教育）关系、教学—科研—推广等关系和环节进行调整与改革。此堪称一项巨大的系统工程。必须扎扎实实地做好调查研究工作。比如对我国我省农村发展战略和农业人才培养发展战略的研究，发展"外向型经济"的人才素质研究，世界各国高等农业教育现状和发展趋势的研究，国内农业院校教育改革现状与动向的研究，世界农业科技现状与发展趋势的研究，学校不同层次的学生和教职工现状、特点的研究，用人单位对毕业生的反映之调查和研究，等等。只有认真扎实地做好调查研究工作，才能有针对性地深化改革，使学校人才的培养适应农村经济发展的需要。

如果说在农村发展以科技为支柱的商品经济中，科技提供了经济发展的手段，而观念则是启迪激励人们自觉创造和运用科技手段的内驱力，那么指导这种观念的正确理论就是党的十三大提出的社会主义初级阶段论。为了做好本职工作并形成一个为农村经济振兴输送合格农业人才的合力，我们必须原原本本、逐字逐句认真地学习领会社会主义初级阶段理论和党的基本路线的精神实质，并指导教育改革的实践。

有感于无效用灯①

　　笔者有早晨跑步的习惯，几次偶然经过平房教室区，发现不少教室无效用灯，故逐一做了记载，现附于后，目的在于呼吁节约用电。

　　众所周知，材料、能源、信息被公认为现代文明的三大支柱。能源问题历来被世界有识之士关注，为各国政府所重视。我中华之崛起、20世纪末宏伟目标的实现，能源实为关键因素之一。从目前状况看，我国能源绝非宽裕。记得有一位能源专家曾举过一例：为了让我国观众能在电视屏幕前亲睹女排健儿拼搏夺魁之实况，有的城市不得不实行部分工厂停工让电，能源之紧张由此可见一斑。为了中华的振兴，节约用电，人人有责！

　　古人云：物力维艰。中华民族自古以来就以刻苦耐劳著称于世。现今时代，珍视社会劳动，爱惜国家财产仍不失为每一正直公民起码的品格与责任。作为培养国家专门人才的高等学府，更应以爱惜国家财产为荣，以浪费社会财富为耻，并使之蔚然成风。由此可见，电能的浪费以及其他一切的浪费，不仅与社会主义的物质文明建设有关，而且与精神文明建设有关。我们要提高节电的自觉性，并切切实实地从我做起，从点滴做起！

附：平房教室区用灯状况的随机调查

日期	时间	教室	无效用灯状况
4月3日	6：30	平2教室	1支日光灯（无人）
		平3教室	1支日光灯（无人）
4月6日	6：10	平3教室	4支日光灯（无人）
		平9教室	4支日光灯（无人）
4月8日	6：10	平3教室	1支日光灯（无人）
		平5教室	4支日光灯（无人）

---

① 本文原载《浙江农业大学报》1985年5月31日第3版。

风雨无阻二十年①

　　我原先并不喜欢体育活动，但为了强身健体，我一日不断、风雨无阻地坚持了整整二十年的晨练，使我获益匪浅。今特撰文自励，并与朋友们交流。

　　二十年前晨练之缘由是希望变多病为强身。1978年，我出差在外，因过度疲劳，途中患急性肾炎，高烧40℃，回杭后迁延成慢性肾炎，尿液化验结果极差，打针、吊瓶、理疗均未奏效。无奈之时，见当时的浙江省农科院院长金孟加先生、体育老前辈杨山农先生、物理教师唐加寅先生在操场慢跑，顿悟自己也许还有体育锻炼一条路可试。于是，我拖着虚弱的病体，气喘吁吁地开始了锻炼。一个月后再去医院化验，惊喜地发现全部指标正常。自此之后，本人暗下决心，咬住青山不松口，坚持晨练一日不辍；二十年来，酷暑严寒从未间断，风雨无阻如同一日。归纳起来，体会有三，仅供参考。

　　首先，要重视早晨。俗话讲"一日之计在于晨"，我不管就寝多迟，次日清晨肯定黎明即起，跟随大自然的节律，开始一天的劳作，每天勤奋，决无懈怠。每天早上压倒一切的事情就是晨练。古语云"闻鸡起舞"，很有哲理，它动感强、节奏快、生机勃勃、催人奋进。我想这也是古人珍惜人生的一种积极态度。实践中我深深体会到，一个保质保量的晨际锻炼，不仅能维护自身"生物钟"的节拍，遵循健康生活之规律，也给了我一整天充沛旺盛的精力，使我在时间的投入产生上效益甚高。

　　其次，视晨练为享受。我庆幸自己生活在花木掩映、绿草如茵、池水荡漾、一片葱郁的校园环境中。晨练二十载，阅尽华家池春夏秋冬迷人景色。草木花鸟、生生不息，和谐的自然生态和各种自然信息陶冶滋养我的身心，使喜欢挑灯夜读的我在清晨获得极大补偿。长期以来，我深感自然美是一种崇高的美、永恒的美、大众的美。越是生活现代化、节奏快，人就越应该有意走近自然、投身自然、融入自然、拥抱自然。另外，清晨锻炼的人文景观亦别有一番情趣。每星期一、三、五，学生集体早操，我也每次都参加，从不间断（出差除外）。看着青年大学生一张张风华正茂的笑脸，看到他们像初升的太阳一样朝气蓬勃，我仿佛置身于青春的海洋，获取极大的美感享受，忘却自身"老之将至"。

---

① 本文原载《浙江农业大学报》1998年9月11日第3版。作者一直坚持每日晨练的习惯，至2022年已风雨无阻晨练44年。尽管作者已79岁之龄，仍每日四时起床，先早自修读书一小时，再晨练一小时，此为早晨的必修功课。

最后一点体会是要战胜自我。晨练不断，关键在于风雨无阻。记得戴高乐将军的一则逸闻：将军与侄儿临出门散步之际，突然下起瓢泼大雨，其侄儿面有难色、迟疑不决，戴高乐二话不说、坚毅地走入雨中。凡事下定决心、斩钉截铁，大都可以坚持或办成的，但需要不断地战胜畏难和懒惰，且要从点滴入手，从眼前做起。二十年风雨无阻的晨练还使我醒悟到：风霜雪雨恶劣天气，也是一种宝贵的资源。殊不知，雪后放晴之清晨、蓝天红日银装世界，再加上空气格外清新，真是美不胜收，多年难遇。据说，雨中的维生素、负氧离子特多，空气又洁净，雨中行，去百病，奏奇效，还别有一番朦胧雨景的风味。

风雨无阻二十年，热爱生命，强身健魄。随着体育锻炼，我的肝肾和心脏的疾患在不知不觉中消失了。1996年暑假，我可一口气绕400米跑道慢跑26圈；1997年暑假，慢跑28圈。我是试图用实践证明人的体力并不机械地随年龄增长而急剧衰退。我想这只是事在人为，关键在于自强不息。

忆五次见到敬爱的周总理①

　　伟人周恩来是我最为崇敬的党和国家领导人之一。记得二十世纪五十年代后期至六十年代初，我在杭州第四中学求学时，作为一名普通的中学生，曾有幸五次亲眼仰望周总理非凡的风采。一次是周总理在杭州人民大会堂作报告，我是与同学外出游玩时偶尔得知的。当时只见人民大会堂周围人涌如潮，人头攒动，人们欣喜相告总理来了，有人攀上法国梧桐树争睹总理风采。我借助于同学托举，真切地看见周总理在人民大会堂门厅前台阶的平台上发表重要讲话。周总理气宇轩昂、神采奕奕，声音洪亮、铿锵有力，他精彩的演讲不时被热烈的掌声所打断。周总理的音容笑貌给当时初中生的我留下极深刻的印象，使我永世铭记不忘。其余四次看见周总理，均为总理陪同外国元首访问杭州之际。两次是杭州倾城出动欢迎外宾。其中一次是总理陪同苏联最高苏维埃主席团主席伏罗希洛夫元帅，另一次是总理陪同印度尼西亚共和国总统苏加诺博士。当时，总理同贵宾乘敞篷汽车，笑容满面地向夹道欢迎的群众频频招手。为此，在上美术课时，我把总理乘敞篷汽车向群众招手的场面画了一幅印象画，获老师好评，更重要的是，它真实地表达了我对总理真挚的热爱和崇敬。另外两次见到周总理，是在我作为学生代表去机场欢送外宾的时候。一次是总理送别朝鲜首相金日成元帅，另一次是总理送别加纳总统恩格鲁玛博士。欢送加纳总统的仪式在一个晴朗的夏日举行，敬爱的周总理身着浅色中山装，风度翩翩地陪同加纳贵宾向群众亲切招手致意，还细心地将人们不慎掉地的一面加纳小国旗捡起，再交给欢送群众。待目送加纳贵宾的飞机起飞后，总理还特地再绕场一周，向大家鼓掌招手。我们当时心情激动，跳跃着高呼"毛主席万岁！""总理，您好！"周总理慈祥和蔼，频频向青年学生招手致意，表达老一辈无产阶级革命家的殷切期望。

　　五次幸福地见到周总理距今已四十多年，但当时的情景依然历历在目。今天纪念伟大的周总理百年诞辰，结合学习他波澜壮阔的革命生涯和艰苦卓绝的伟大实践，有三点体会。第一，自豪感。在众多的不同肤色的各国元首中，我深深地为我们最感亲切、和蔼、潇洒、伟大的总理而感到骄傲。总理特有的崇高人格和魅力，体现了新中国欣欣向荣、自立于民族之林的形象和风度。第二，崇敬感。滴滴水珠映太阳。总理日理万机，昼夜操

---

① 本文原载《浙江农业大学报》1998年3月10日第4版。

劳，集内政外交的决策者、指挥者、实践家于一体的雄才大略和细致、周密、务实的工作风范令人敬佩不已。他非凡的智慧、品格和毅力充分体现了中华民族传统美德和工人阶级优秀品质。第三，亲近感。在二十世纪五六十年代短短的几年中，一个极普通的中学生就五次见到国家总理，由此可见周总理深入群众、深入实际的伟大风范。总理同群众息息相关，心心相印，格外亲近。他始终同劳动人民在一起，"横眉冷对千夫指，俯首甘为孺子牛"，"鞠躬尽瘁，死而后已"，是总理全心全意为人民服务的写照。忆总理音容宛在，风范永存。

敬爱的周总理，您就像一座雄伟的丰碑永远矗立在我心中!

托起明天的太阳^①

今年是伟大的五四运动七十六周年，谨向我校广大青年学生和共青团员致以节日的问候和最真诚的祝愿！

我国人民正在以江泽民同志为核心的党中央领导下，进行伟大而艰巨的改革开放和社会主义现代化建设。当今世界各种政治力量的斗争错综复杂，以经济和科技为基础的综合国力较量日趋激烈，全球格局发生重大变化。我们既面临难得的发展机遇，又面临严峻的挑战。青年大学生是跨世纪的建设人才，他们的培养和塑造直接关系到我国将以什么样的面貌跨入二十一世纪，直接关系到我国的现代化战略目标能否实现，直接关系到党的基本路线能否坚持一百年不动摇这样一些根本性的问题，一句话，直接关系到国家的未来。

中华民族素有奋发图强的优秀传统。古人说"天行健，君子以自强不息；地势坤，君子以厚德载物"，勉励人们要像日月星辰永恒运转那样，应该有一种刚健有为、奋勉进取的精神，要像天地包孕万物，有一种兼容并蓄、广收博采的精神，它凝练着中华优秀传统文化的意蕴和精华。我国是一个人口众多而人均资源相对贫乏、历史文化悠久而经济教育不够发达、幅员辽阔而发展又极不平衡的社会主义大国。一个经济落后的国家要赶上发达先进国家，逐步缩短距离，就必须付出比别人大得多的劳动和代价，必须比别人更刻苦、更努力、更需要弘扬民族的敬业献身和艰苦奋斗的精神。在建设有中国特色社会主义理论指引下，中国将在社会主义制度下再创辉煌。社会主义也定将在中国大地上更加辉煌。有幸跨入高等学府深造的青年朋友请务必意识到这一点。

浙江农业大学（现浙江大学）是培养高级农业科技人才的摇篮，我们对在校的四千六百名莘莘学子寄予厚望，并在德智体全面发展上严格要求。

首先，要以邓小平同志建设有中国特色社会主义理论武装每个学生的头脑，使他们始终把坚定正确的政治方向摆在首位，又红又专，成为"四有"合格人才，成为社会主义事业可靠的建设者和接班人。

其次，要培养学生热爱农业、献身农业。世纪之交是我国农业现代化的关键时期，世界农业科技发展趋势和我国农业现代化的艰巨任务，对未来的农业科技人员提出更高的要

---

① 本文原载《浙江农业大学报》1995年5月10日第1版。

求。他们应立志为中国的农业农村农民忠实服务，投身社会实践，走与工农相结合的道路，在观念、知识、能力、品质意识以至心理素质上适应农业现代化形势发展的需要。

当前，在新旧体制转换、经济蓬勃发展的情况下，莘莘学子必须坚定正确的世界观、人生观和价值观，自觉抵制拜金主义、享乐主义和极端个人主义侵蚀；向"九十年代焦裕禄"——孔繁森同志学习，以高度的爱国主义精神和历史使命感，把自己的聪明才智融汇到改革开放的时代大潮中去；志存高远，脚踏实地，做人民公仆，于平凡中创造不平凡。

同时，广大同学要发扬浙农严谨治学、好学上进的学风，遵守校规校纪，对自己要高标准严要求；堂堂正正做人处事，实实在在学习生活，说到做到，表里如一，言行一致，摒弃消极心态和落后习气；旗帜鲜明地维护正气，理直气壮地抵制歪风邪气，为浙农校园精神文明建设和争创"211"做出自己的贡献。

浙农的师生历来有爱国、敬业、务实、献身的优良传统。青年同学们，让我们发扬光大这种爱国敬业务实献身的精神，砥砺进取，顽强拼搏，托起明天的太阳，迎接人类更加灿烂的二十一世纪！

著史育人

03

《浙江大学农业与生物技术学院院史（1910—2006）》后记①

浙大农学院自源于1910年创办的浙江农业教员养成所算起，已有近百年的历史了。百年沧桑、百年巨变，将近百年农学院演变和发展的历史整理记录下来，是一件有意义的工作。2004年6月，时任浙大农业与生物技术学院院长的朱军提出了编写农学院院史的想法。经过一段时间的酝酿，农学院领导研究决定，组织力量进行院史编写，并报学校批准。11月11日，农学院成立院史编写领导小组，由院长朱军和院党委书记楼成礼担任组长和副组长。农学院领导班子成员任领导小组成员。学院委托邹先定具体负责该项工作，并任院史写作组组长。尽管我个人有诸多困难，但出于对母校的感情和责任，还是毅然答应了。一旦接手铺开工作后才发现此项工作的艰巨性，真正感到肩上的分量有多重。只能齐心协力、兢兢业业、全力以赴，努力完成好此项任务。12月3日，农学院党政领导召开第一次院史编写会议，具体部署编写工作。邹先定、林良夫、王晓燕、汪自强、李三玉、郑重、徐梅生、谢学民、陈卫良、马绍利、张碧莲等为编写组成员。邹先定任主编，林良夫、王晓燕任副主编。2005年上半年每月召开一次编写组会议，交流讨论院史编写工作。后因工作关系编写组成员略有变动。

2004年11月邹先定拟出农学院史写作提纲，并获院史编写领导小组讨论通过。农学院史编写的指导思想是：在邓小平理论、"三个代表"重要思想和科学发展观指导下，坚持实事求是，以时为经，以事为纬，围绕教学、科研、人才培养，运用大量真实可靠的史料，客观、准确地记载和反映农学院的历史渊源、总体面貌和变迁过程。农学院史由四个部分组成：第一部分发展历程及概况；第二部分，系、所、场概述，由各单位供稿；第三部分，人物简介和访谈录；第四部分，附录。主编副主编亦作了大体上的分工。第一、二部分由邹先定负责，第三部分由林良夫、邹先定负责；第四部分由王晓燕、邹先定负责。院史电子版的整合制作由林良夫负责。各章的执笔者和有关文字、图表整理者见文末括弧内的署名。全书除第二部分第一章由林良夫协助作文字修改外，均由邹先定统稿。经广泛征求意见修改，其中第一部分又经院史编写领导小组正副组长审阅并修改，最后由邹先定润色定稿。

---

① 本文原载《浙江大学农业与生物技术学院院史（1910—2006）》，浙江大学出版社，2007，第319—320页。

农学院院史的编写始终在院史编写领导小组的指导下进行，并得到全院师生员工特别是曾在农学院工作过的老领导、老教师的关心和支持。朱军、楼成礼、张国平等学院领导多次审阅书稿并作文字的修改。陈子元、陈锡臣、唐觉、葛起新、游修龄、季道藩、刘祖生、胡萃、俞惠时、陈义产、熊农山等老领导、老教师不辞辛劳，在提供史料、提出修改意见以至亲笔改稿、拟稿等方面给予具体指导和帮助。这反映了老先生们对农学院历史的热爱和珍视，以及农学院历史在他们心目中的崇高地位。他们的真诚和热忱令人感动，从中也让我们受到了教育。

院史编写过程中，参考和吸收了有关著作中的成果，特别是陈锡臣教授主编的《浙江农业大学校史（1910—1984）》（可惜当时未曾正式出版），以及《浙江农业大学校志》和《浙江大学简史（第一、二卷）》中的宝贵资料。由于院史跨越的时间长、变迁复杂、资料难全，尽管编写人员做出努力，反复修改，四易其稿，但由于时间紧迫，主要是受本人水平能力的限制，在史实的全面和系统、叙述的详略、材料的取舍、判断的轻重等方面，难免存在不当和不周之处。敬请各位校友和广大读者批评指正和补充，争取有机会再版时予以修改和完善。

浙江大学党委书记张曦同志在百忙之中为本院史作序，对院史编写给予指导和鼓励。中科院院士、原浙江农业大学校长陈子元教授为院史题写了书名。

浙江大学出版社精心负责本书的出版工作，责任编辑李桂云女士为本书的出版倾注了大量的精力。浙大农学院机关各科室、浙大图书馆农业分馆以及农学院曹望成、倪洪尧、尹立钢在成书过程中给予支持和帮助。在此，对于关心、支持和参与本书编撰的各单位和各界人士，一并表示衷心的感谢！

《浙江大学农业与生物技术学院院史（1910—2010）》后记[①]

2010年初，在即将迎来浙江大学农学院创建一百周年之际，农业与生物技术学院研究决定组织力量再版《浙江大学农业与生物技术学院院史》，将院史记述的时间下限延伸至2010年。据此，第二版院史在原有的基础上增加补充了许多珍贵的历史资料，围绕人才培养、教学、科研和社会服务，力图较客观、全面、准确地记载和反映农学院的历史渊源、总体面貌和变迁过程，从而成为一本名副其实的百年院史，并以此纪念浙江大学农学院的百年华诞。

2010年1月21日农学院党委书记兼副院长楼成礼和院党委副书记赵建明主持召开百年院史的第一次编写会议，标志着该项工作正式启动。农学院委托邹先定担任主编，林良夫、宋文坚担任副主编。马绍利、朱长青、欧旭飞、汪自强、陈卫良、郑重、须海荣、钱琼秋（以姓氏笔画为序）为编写人员。第二版的院史仍由四个部分组成：第一部分，发展历程及概况；第二部分，系、所、场概述，由各单位供稿；第三部分，人物简介、访谈录、回忆录；第四部分，附录。主编、副主编亦作了大体的分工。第一、二部分由邹先定负责，第三部分由林良夫、邹先定负责，第四部分由宋文坚、林良夫负责。各章的执笔者和有关文字、图表整理者见文末括弧内的署名。全书由邹先定统一修改、润色，经农学院院史编写领导小组审阅后付梓。

农学院百年院史得到浙江大学领导以及有关部门的重视和鼓励。第二版院史的编写始终在院史编写领导小组的指导下进行，得到学院各系、所、场和机关各科室的大力支持，在全体编写人员的共同努力下，终于如期完成任务。

农学院百年院史成书过程中得到许多先生的帮助和支持。中科院院士、原浙江农业大学校长陈子元教授拨冗作序，令人感动不已。陈子元院士，季道藩、钱泽澍、胡萃、俞惠时等教授、专家对书稿修改予以具体帮助。浙江大学图书馆农业分馆王丽丽同志热情、细致地帮助搜集、整理有关史料，农学院党政办公室谢好同志协助具体事务。浙江大学出版社一如既往地精心负责院史的再版工作，责任编辑李桂云女士为此付出心血和辛勤劳动。在此，一并表示深切的谢意！

[①] 本文原载《浙江大学农业与生物技术学院院史（1910—2010）》，浙江大学出版社，2010，第405页。

院史编写的过程是被感动和受教育的过程，我能两次参加母校院史的编写工作，提供微薄之力，是一生中的荣幸。由于本人水平所限，书中难免有错漏和不当不周之处，敬请读者批评指正。

《我心中的华家池：探寻浙江大学农科史与校园"乡愁"》（第一卷）前言[①]

2014年4月15日，在浙江大学创建华家池校区80周年之际，浙江大学校史研究会农耕文化研究分会与浙江大学离退休工作处华家池校区办公室共同发起"我心中的华家池"征文活动，得到华家池校区广大离退休老同志的热情支持和响应。是年10月16日，征文评奖揭晓并举行颁奖仪式。在这次征文活动基础上，编者搜集了自1998年四校合并组建新浙江大学以来华家池校区的老同志发表在《浙江大学报》《环球老来乐（浙大专刊）》以及有关纪念文集中回忆文章和口述历史，并上溯四校合并前出版物有关华家池具有代表性的忆述文章，总计70余篇，汇编结集，定名为《我心中的华家池：探寻浙江大学农科史与校园"乡愁"》（简称《我心中的华家池》）。这是献给浙江大学创建120周年的礼物，也是对浙江大学在华家池办学83周年的纪念。此项工作，自始至终得到浙江大学档案馆和离退休工作处的指导、支持和帮助。

《我心中的华家池》是一本方志类回忆文章和口述历史的汇编，是一直或曾经在华家池学习、工作、生活的离退休老同志（包括已故老同志），亲历、亲为、亲见、亲闻（简称"四亲"）的文字积淀。"四亲"具有第一手资料的属性，故弥足珍贵。老同志亲身经历或目睹华家池的沧桑历史，阅历丰富，感情深厚。据编者统计，现健在的作者（包括口述者）年龄从古稀到期颐（如陈锡臣老先生、唐觉老先生等）不等，大多数为耄耋之年。忆述文字的跨度从20世纪30年代至21世纪第2个10年中段，足有80余年。历经抗日战争、解放战争、新中国成立、社会主义革命和建设、改革开放等不同历史时期。忆述文章既有作者的亲历亲闻，也有关于华家池历史文物与人文景观的考证、梳理和研究。老同志以饱蘸感情的笔墨，写下自己心中的故事和感受，他们中多数长期处在农业教育和科研的一线，经常与大自然打交道，扎根于农业生产实践的土壤，字里行间自然而然地散发出根茎枝叶和泥土的芳香。又因为忆述的是亲身经历的故事，故文字生动、翔实、细腻、真切、富有感染力。编者将70余篇文章按"华家池颂""先生之风""流金岁月"三个部分加以编辑。这些文章基本上覆盖了华家池80余年的历史，从而具有轮廓上的完整性和系统性。

华家池校区是目前浙江大学各校区中唯一的在20世纪30年代创建的老校区，也是浙江

[①] 本文原载《我心中的华家池：探寻浙江大学农科史与校园"乡愁"》第一卷，浙江大学出版社，2016，第1—2页。

大学抗战西迁仅存的出发和复员东归地。从浙江大学植物园到于子三塑像碑，从神农三馆到阡陌之舞小径，华家池这片土地流淌着浙江大学文化的乳汁，受到农耕文化的熏陶，令人神往和眷恋。至今虽有部分土地被置换，但校区的核心部分仍然完整。在浙江大学近120年的发展中，华家池校区的办学历程参与并见证了浙江大学风雨砥砺、艰难辉煌历史的创造，同时也积淀了我国和浙江省高等农业教育发展的重要史实。在华家池校区80余年波澜壮阔的办学历程中，留下了许多难忘的人和事：或昭示历史进程，令人振奋；或可歌可泣，使人感动；或业绩辉煌，让人感佩。它辉映浙江大学求是精神和传统，展现浙江大学深厚的文化积淀。这就是具有浙江大学历史悠久的农科之特点，散发农耕文化泥土芳香的华家池历史文化。她是浙江大学校园文化的一枝独秀。

习近平同志指出："一个民族、一个国家，必须知道自己是谁，是从哪里来的"，"一个民族、一个国家的核心价值观必须同这个民族、这个国家的历史文化相契合"。[①]老同志在《我心中的华家池》中的回忆文章和口述历史，可以补充、丰富、深化关于浙江大学历史，特别是农科发展史的认识和研究。这本汇编可以为浙江大学农科发展史研究提供第一手资料和历史背景参考。在某种意义上讲，离退休老同志所忆所述的资料，对于校院发展史和文脉的传承，具有补救或抢救的价值和意义。同时，编者认为这本汇编乃离退休老同志呕心沥血之作，它必将成为浙江大学莘莘学子，特别是农科学生培育和践行社会主义核心价值观的生动教材。这一点已经为浙江大学农学院的教育实践所证实。近年来，浙江大学农学院以院史为载体，对新入学的研究生进行校院史教育，深受学生欢迎并取得预期效果。

编写《我心中的华家池》是一种探索和尝试，编者缺乏经验，敬请离退休老同志、各位专家和广大读者批评指正，不吝赐教。

邹先定

2015年8月15日于华家池

---

① 习近平：《青年要自觉践行社会主义核心价值观》，《习近平谈治国理政》第一卷，外文出版社，2014，第171页。

《我心中的华家池：探寻浙江大学农科史与校园"乡愁"》（第一卷）后记[①]

这是一本主要由离退休老同志撰写的关于华家池的忆述文章（包括对老同志采访）汇编。把老同志关于华家池校区的历史记忆汇编成集，在某种意义上，也可视为华家池校区的史话资料，属浙江大学校园记忆范畴。现将成书和编辑过程做一简要介绍。

我在参加浙江大学农学院百年院史的编写过程中，萌生一个想法，请广大离退休老同志撰写或口述百年农科的史料，作为院史另一视角的延伸和细化。人是文化的主体和灵魂，期望在个人忆述的微观层面、细节上，补充、丰富、完善，从而更生动、更真切、更细腻地加深对整个浙江大学历史（包括农科发展史）宏伟大厦的认识。这个想法，很快得到浙江大学档案馆马景娣馆长，浙江大学离退休工作处领导王庆文、朱征、王剑忠等同志的支持。并在他们的指导和帮助下开展忆述文章的征、收集和汇编工作。这项有意义的工作得到浙江大学领导的支持和重视，浙江大学副校长罗卫东教授特地为本书撰写序言。还得到原浙江农业大学校长、中国科学院资深院士陈子元教授，浙江大学原副校长、原浙江农业大学校长程家安教授，原浙江农业大学校长夏英武教授的鼓励和支持，他们在本书中均有回忆文章，起到了表率作用。陈子元院士欣然为本书题写了书名。这些都充分体现了学校和有关方面对离退休老同志"铭记历史，开创未来"的敬重和肯定。这是本书得以顺利面世的重要原因。

2015年11月，浙江大学农耕文化研究会、浙江大学离退休工作处华家池校区办公室在结束"我心中的华家池"征文活动后，成立《我心中的华家池》文集编委会，并确定了主编、副主编。自2014年11月25日至2015年10月9日共召开四次编务会议。认真研究编辑文集的指导思想和具体步骤及体例。挖掘和传承华家池校区的历史文化资源，发扬光大浙江大学求是精神和优良传统是本书的宗旨。它体现了尊重历史、实事求是、弘扬正气、培育社会主义核心价值观、面向未来的指向。

编者对入选的征文稿进行文字编辑，格式略做改动。做较大改动的均与作者沟通。已发表的忆述文章一般不做改动。个别因场景、语境变化，为便于读者理解而做改动，均予以说明。所有原文的参考文献和附录文字、照片等均从略。凡发现的错别字均予以改正。

---

① 本文原载《我心中的华家池：探寻浙江大学农科史与校园"乡愁"》第一卷，浙江大学出版社，2016，第355—356页。

作者简介和文章来源均在文末括号内标明。

编委会成员为文集出版付出辛勤劳动。浙江大学农耕文化研究会奚文斌、吴玉卫、陶岳荣三位教授在总体上起到顾问作用。在编辑稿件过程中吴玉卫、陶岳荣先生认真负责，一丝不苟，做了大量工作。张碧莲、季玮担任文字校阅，季玮先后四次整合全书的电子文本并认真校改。"华家池掠影"照片由金中仁搜集和提供。王剑忠负责"我心中的华家池"征文活动和文集成书的组织协调工作。金中仁负责联系出版业务。全书由邹先定、王剑忠、金中仁统编，最后由邹先定定稿。

浙江大学出版社精心负责本书的出版工作。责任编辑宋旭华先生为本书倾注了大量心血和精力。在成书过程中，始终得到华家池校区离退休老同志的支持、配合和帮助，也得到有关方面和人士的支持帮助，在此一并表示深切的感谢！衷心祝愿老同志们健康、快乐、幸福、长寿！

由于本人水平有限，书中错漏和不当不周之处，敬请读者批评指正。

邹先定

2015年10月16日于华家池

《我心中的华家池：探寻浙江大学农科史与校园"乡愁"》（第二卷）后记

2016年6月，《我心中的华家池》（第一卷）出版面世，献给2017年浙江大学成立120周年。时隔三年，《我心中的华家池》（第二卷）即将付梓，献给浙江大学农科创建110周年。三年前，《我心中的华家池》（第一卷）问世，两次印刷，印量近万册，悉数赠予在校学生、校友和社会各界。《浙江大学报》《杭州日报》等传媒以及《从求是书院到新浙大——记述和回忆》《知性·华家池》等出版书籍均引用或转载《我心中的华家池》（第一卷）的文章资料，产生了一定的社会影响。同样，该书也引起海内外浙大校友的热烈反响和好评，希望看到其后的新卷能继续问世。

历史久远、景色秀丽的华家池面积不大，却是中国近现代农业的发祥地之一，也是中国和浙江省高级农业人才培养的摇篮。浙江大学农科在此有近八十年筚路蓝缕、艰难创业的发展历程。华家池遂成为与浙大农科历史融合为一体，无法割舍的标志，是几代浙大农科师生心目中的圣地。目前，浙江大学是跻身全球农业科学研究前五十的国内四家学术机构之一，浙大农科为国家和高校"双一流"建设做出了自己的努力和贡献。也必将在中华民族伟大复兴的征程中，特别是在高等农业教育和农业科学研究领域，肩负任重而道远的使命担当。

我们在探寻浙江大学农科发展史和浙大华家池历史文化的过程中，发现华家池所蕴藏的农科发展史和历史文化，是一座深矿、富矿和宝矿，其人、其事、其史之文字记载，在浙江大学学科发展和历史文化长卷中具有特殊的、不可替代的史料价值、思想教育价值和学术价值。这也是二十余年来，浙大华家池校区离退休老同志，勤力同心，接续努力，忆述、编纂方志类史料文集的初衷和动因。

《我心中的华家池》（第二卷）全书编写的宗旨、指导思想和工作步骤以及分工，除编委会成员个别调整外，均同第一卷。在内容安排上增设了"星光灿烂华家池"编，其余各编也同第一卷。第二卷选登70余篇文章（不包括"星光灿烂华家池"之诗文），一半以上为首次发表，为浙大农科史库增添了可贵的忆述资料。

编者对入选的文稿进行文字编辑、格式变换，有的文章与作者多次沟通、修改、校订。转载的文章照刊，仅少数几处，为了便于读者理解，编者以加注方式介绍有关背景，凡发现的错别字，一并予以订正。除个别文章外，原文的参考文献和附录文字、照片等均从略。作者简介和文章来源均在文末括号内标明。海内外校友踊跃投寄征文稿件，终因本书篇幅所限，不能一一刊登，敬希见谅。

编委会成员为本书出版做了大量工作。王剑忠负责征文和组织协调工作，金中仁负责联系出版业务以及"华家池掠影"照片搜集提供，张碧莲校对书稿。全书由邹先定负责统稿、定稿。在成书过程中，陶岳荣、吴玉卫、项啸虎、刘丽芬、闵航等提出许多宝贵的修改意见，付出了辛勤劳动。编委会于2017年11月10日、2018年7月18日、2019年10月23日召开了三次编务会议，集体研究编写事项。书稿由林风女士打印。

《我心中的华家池》（第二卷）得到浙江大学出版社一如既往的重视和支持，《我心中的华家池》（第一卷）的责编宋旭华先生和本书责任编辑吕倩岚女士，为本书倾注了大量心血和精力，保证了本书的质量。本书得到浙江大学档案馆马景娣馆长的鼎力支持，得到浙江大学离退休工作处领导的关心支持，也始终得到浙江大学华家池校区离退休老同志以及全校各方人士的关心、支持和帮助。在此，编委会向作者、投稿者和所有关心、支持、帮助本书的人们，致以诚挚的谢意！

由于本人水平的限制，书中仍会有错漏和不当不周之处，敬请读者批评指正，以期不断改进、完善。

邹先定

2019年12月18日于华家池

著史育人：学习编写宣讲浙大农学院院史十八载[①]

早几年，浙江大学档案馆馆长马景娣研究员约我给《浙江大学校史研究》写一篇关于主编浙江大学农业与生物技术学院（简称农学院）院史的文章，我当时答应了，但迟迟未能成文，一直拖欠着。今下决心把自己学习编写宣讲浙大农学院院史的情况和体会做一回顾和梳理，同时遂还文债，可卸去内心歉疚。

从我光荣退休的翌年——2004年接受浙大农学院的委托，着手主编《浙江大学农业与生物技术学院院史》伊始，已整整18个春秋。

18年来，我从零开始，研学浙江大学农科历史，继而主编农学院院史、农科忆述史料，并面向学生宣讲浙大精神和农科历史。我主要做了四个方面的工作：第一，两度主编出版《浙江大学农业与生物技术学院院史》；第二，主编出版《我心中的华家池》（共两卷）；第三，学习和探索陈子元院士的学术轨迹；第四，怀着对母校的崇敬之心，向学生宣讲浙大精神和农科辉煌历史光荣传统。不言而喻，这些工作都是在领导的指导支持下进行的，是集体劳动的结果。

一、主编《浙江大学农业与生物技术学院院史》

我是一名哲学和自然辩证法理论教师，长期讲授自然辩证法、科学哲学和现代农业课程，但对浙大农学院的历史毫无积累，这是我编写院史的第一个难点。当农学院院长朱军教授（后担任浙江大学副校长）同我商量编写农学院院史一事时，我一脸茫然，不知从何入手。但出于对母校的感情和责任，我毅然答应了。我分析自己潜在的优势：第一，我自1961年入学，在华家池待了43年；第二，我自1985年进入原浙江农业大学党委班子，后又担任校党委副书记，对该时段学校的情况比较了解；第三，我同华家池广大教职工保持良好的关系，可得到他们的支持和帮助，特别是可随时向一批德高望重、谙熟浙大农科历史的老先生、老专家请教，获得指点。第四，也是最关键的一点，我虚心好学，坚信"勤能补拙"。

编写院史的另一个难点是，我当时未见浙江大学学院史的范式。朱军院长给我作参考

---

① 本文原载《浙江大学校史研究》2022年第1期，第125-132页。

的样本是《北京师范大学数学系系史》。关于原浙江农业大学历史的著作主要有陈锡臣先生主编的《浙江农业大学校史(1910—1984)》(可惜未正式出版)及《浙江农业大学校志》(下限为1990年)。1998年,原浙江大学、杭州大学、浙江农业大学、浙江医科大学合并,组建成新的浙江大学。农学院院史应为浙江大学的农学院院史,应置于并融入浙江大学的坐标之中。我在接手院史编写任务,铺开工作后,才发现此项工作的艰巨性,深感肩上的分量有多重。

1. 认真研读史料文本

我的办法唯有勤奋学习,在学中干,在干中学。我首先从认真研读大量的文本资料做起,仔细摘录,理清院史脉络。我的文本研读从《浙江农业大学校史》到《浙江大学简史(第一、二卷)》,从浙江省立甲种农业学校校刊《浙农杂志》到浙江农业大学最后10年的年鉴,从浙江大学老校友联合集刊《求是通讯》到国立浙江大学校友会印行的《国立浙江大学》(上、下册),从《竺可桢传》《竺可桢日记》到《吴耕民言论选集》《陈子元传》,从《浙江省农业志》到《浙江省科学技术志》,从《中国大百科全书·农业卷》到《中国农业百科全书》,从《中国科技专家传略》到《20世纪中国知名科学家学术成就概览》,等等。总之,我力求能搜尽搜,能读尽读,博采众长并相互对照、印证补充,使之相得益彰。为了研究浙大农科史料,我积累了《院史编写札记》《我心中的华家池笔记》《农耕文化札记》《院史编写日志》等手抄笔记9本,达60余万字,还摘录了大量的农科史卡片。另外,我还收藏了大量剪报资料,将几个牛皮纸袋塞得鼓鼓囊囊的。在此基础上,我潜心梳理史料,分门别类、条分缕析,并加注、评析。对于每个历史事件,参照不同史料文本,尽可能做到对其来龙去脉了然于心,尽量夯实编写院史的史料基础。《浙江大学农业与生物技术学院院史》第一部分《发展历程及概况》的第一章至第三章,起讫时段为1910—1998年,由我执笔撰写。我就是抱着这样一种敬畏历史和科学严谨的态度编写院史的。

2. 实地寻踪考察

在编写农学院院史的过程中,我先后到贵州遵义、湄潭、永兴等地实地寻踪考察,仔细察看抗战时期浙江大学和农学院办学的旧址及周围环境;赴龙泉市实地考察抗战时期浙大龙泉分校的旧址;赴杭州临安西天目山禅源寺、杭州建德梅城竺可桢故居、宁波慈溪吴耕民故居等历史旧址,并在当地与有关人员进行座谈、交流。我再对照文本史料的表述,加深对史实环境和背景的认识,将文本史料的研读与寻踪考察的践行结合起来。

3. 名师指点

在院史编写过程中,我得到农科教职工,特别是老领导、老教师的支持和帮助。陈子元、陈锡臣、唐觉、游修龄、葛起新、季道藩、钱泽澍、刘祖生、胡萃、俞惠时、熊农山、陈义产等老领导、老教师不辞辛劳,提供资料,提出修改意见,甚至亲笔改稿、拟写文稿等。

陈子元院士曾担任浙江农业大学校长、副校长10年之久。在获悉我将主编农学院院史后，他亲自绘制浙大农科近百年沿革的流程图表，并当面解读，予以指导。

原浙江农业大学副校长、顾问陈锡臣教授，曾主编《浙江农业大学校史》。2004年时，他已是九秩高龄，为支持院史编写，他特意挑选出自己珍藏的浙大农科史料，冒着酷暑绕行半个华家池，到东大楼将它们交给我。

原浙江农业大学教务处处长俞惠时先生，仔细阅读院史文稿，提出许多中肯的修改意见，并在院史文稿打印本上做十余处的文字改动。钱泽澍教授特用彩色贴纸标示文字改动的页码。这些都充分体现了农科老先生的责任心和一丝不苟、严谨治学的态度。他们的风范，鞭策我努力将农学院院史编写成一部信史。

著名农史学家游修龄教授，曾担任《浙江农业大学校史》顾问。他在仔细阅读院史送审稿后，对主编的工作给予充分肯定和鼓励，同时也指出其中不足。游修龄先生特地打印了一页文字的修改意见，我特敬录于下：

> 《农业与生物技术学院简史》（当时送审稿之标题——抄注）编写非常出色，结构严密，脉络分明，材料丰富，叙述清晰，详略轻重分配合理。最难写的是第一章，早期的材料稀少，但牵涉面很广，写得也很不错。只是前言部分，文字最少，却最难处理，本人看过以后，感到有需要改动的地方，现不揣冒昧，提出草稿如下，仅供参考，其余次要意见也附于后。

> 游修龄
> 2005.12.16

整段文字并不长，但从字里行间可以看出游修龄先生关爱后学、严谨谦逊的大家风范。

游修龄先生所亲拟的章前无题引言，我一字不动地恭录在第一章"追溯渊源"之前，正式作为引言[1]。

从2004年6月在农学院酝酿编写院史开始，四易其稿，至2007年5月《浙江大学农业与生物技术学院院史（1910—2006）》问世，成为浙江大学正式出版的第一部学院史[2]，再到2010年12月《浙江大学农业与生物技术学院院史（1910—2010）》面世，前后共7年时间。我个人经历慈母离世的打击，并挑起照顾双目失明的老父亲生活起居的担子，只能利用夜间时间学研写作。每当我产生畏难情绪时，面对泛黄史料所记载的浙大历史风云，特别是抗战西迁中竺可桢校长留下的《国立浙江大学宜山学舍记》《国立浙江大学黔省校舍记》

---

① 《浙江大学农业与生物技术学院院史（1910—2006）》，浙江大学出版社，2007，第3页。

② 《浙江大学报》2011年5月13日第5版。

两篇不朽碑文，深为其所表达的浙大气魄、气概和浙大精神所感染、感动，决心克服困难，竭尽全力完成院史编纂之任务。

今回想起来，我所做的力所能及的工作主要体现在三个方面。

第一，根据1999年成立的农学院的实际情况，我提出设置四大部分的构想：第一部分为发展历程及概况；第二部分为系、所、场概述；第三部分为人物简介和访谈录（附有忆述文章和文献目录），第四部分为附录。我将主要精力放在第一部分，特别是前三章（1910—1998）的编纂上。

第二，在时间跨度上，农学院院史所记载的时间，若以《浙江农业大学校志》下限1990年算，至2010年，延续了20年的时间；若以《浙江农业大学校史》的下限1984年计，至2010年，则延续了26年浙大农科历史的文脉。

第三，在内容上，正如陈子元院士所指出的那样，"增加补充了许多珍贵的历史资料，围绕人才培养、教学、科研和社会服务，力图较客观、全面、准确地记载和反映农学院的历史渊源、总体面貌、变迁过程"[1]。

例如，在浙大农科史中，第一次载入浙江公立农业专门学校学生邹子侃烈士的事迹。在农学院院史第二章《浙江大学农学院学生爱国运动》这一节中记载陈敬森、邹子侃英勇斗争、壮烈牺牲的史实。在农学院百年院史中特设立"革命先烈"专栏，详载陈敬森、邹子侃、于子三等农科革命烈士的生平；增补了著名教育家蔡元培在浙江省立甲种农业学校的演说辞；增补了1945年抗日战争胜利后台湾光复时，蔡邦华、卢守耕教授分别参与台湾大学、台湾糖业试验所的接收和建设的史料；增补了在抗美援朝战争中蚤类专家柳支英教授、助教李平淑参加反细菌战的史料；等等。在此不一一列举。农学院院史在内容上填补了浙大农科历史中的若干空白。

2007、2010年先后出版的两部农学院院史，受到肯定的评价。

著名农业遗传育种学家季道藩教授在先后三遍阅看了农学院院史的送审稿后，写下如下意见："初稿编写的内容丰富，记述翔实，文字流畅，完整地陈述了学院的建立、发展和成就的历史过程，我阅读后获益良多。"

著名茶学家刘祖生教授阅后认为，院史"分期合理，材料翔实，重点突出，文句流畅，思想性、史料性、可读性皆强"。

当时担任农学院常务副院长，后任浙江大学农生环学部主任的张国平教授指出："院史主线突出，层次分明，以'实'求真，结语催人奋进。"

2007年3月，时任浙江大学党委书记的张曦同志在《浙江大学农业与生物技术学院院史（1910—2006）》的序言中指出："农业与生物技术学院率先对近百年浙大农业学科发展

---

[1] 《浙江大学农业与生物技术学院院史（1910—2010）》，浙江大学出版社，2010，陈子元序（2010版）。

进行梳理和总结，既体现出了他们传承历史的自觉与责任，又折射出他们面向未来的信心和勇气。"①

2010年10月，陈子元院士在《浙江大学农业与生物技术学院院史（1910—2010）》的序言中强调："院史编写是校园文化建设的重要方面，也是一项具有历史价值、学术价值和现实意义的工作。"②

台湾著名诗人余光中于2011年访问浙江大学，这也是他的夫人范我存女士的寻根之旅，时任农学院副院长曹家树教授向他们赠送了浙大农学院百年院史，并特地将有关范我存女士父亲范赓先生的记载加以标识。余光中先生写道："更高兴的，是浙大事先已搜集到有关我岳父的资料，也在那场合一并相赠，我存（余光中夫人——抄注）的寻根之旅遂不虚此行了。根据那些信史，我岳父短暂的一生乃有了这样的轮廓。"③

2011年，卢守耕先生的后人造访华家池，浙大农耕文化研究会秘书长金中仁接待并特介绍《浙江大学报》所刊《卢守耕先生对海峡两岸农业的贡献》（该文后入编《我心中的华家池》第一卷），增强了卢守耕先生后代与浙江大学的情感联系。

上述两事，无形中检验了浙大农科史研究的状况，也在实践中从一个侧面折射出浙大农学院院史和农科史研究的价值与意义。

二、主编《我心中的华家池》

我在主编农学院院史的过程中，时常会闪过请广大离退休老同志撰写或口述农科历史的念头，作为农学院院史另一视角的延伸和细化。这个想法很快得到浙江大学档案馆和离退休工作处的支持。我们由此开始征文、收集和编写工作，并在浙江大学建校120周年前夕，正式出版《我心中的华家池》第一卷，作为校庆的献礼书。应该说，《我心中的华家池》是浙大农学院院史的姐妹篇，是浙大农科历史的集体记忆。

浙大华家池校园迄今已有近90年的悠久历史，是浙大各校区中唯一由浙大自己辟草莱、拓荒地，创建于20世纪30年代，现今仍在从事教育的老校区，也是浙大仅存的抗战时期西迁出发和复原东归的校园。它流淌着浙大历史文化的乳汁，沐浴在农耕教育的氛围之中。我理解的所谓"乡愁"，既是农耕文明江河湖海的踏歌俚曲，也是阡陌山林的田野牧歌，表达着人们内心最为柔软的情愫和眷恋。浙大华家池校园既是我国著名学府的校园，也承载着师生绵延不绝的校园乡情乡愁。为此，我特为书名加上一副标题："探寻浙江大学农科史与校园'乡愁'"。《我心中的华家池》第一卷计72篇忆述文章。第二卷出版

① 《浙江大学农业与生物技术学院院史（1910—2006）》，浙江大学出版社，2007，张曦序。
② 《浙江大学农业与生物技术学院院史（1910—2010）》，浙江大学出版社，2010，陈子元序。
③ 《散文精读：余光中》，浙江人民出版社，2018，第136页。

于2020年，献给浙江大学农科创建110周年，计103篇文章（包括"星光灿烂华家池"的诗文）。两卷共计175篇文章。《我心中的华家池》设有"星光灿烂华家池""华家池颂""先生之风""流金岁月"等栏目，意在微观层面上、细节上对浙大农科史进行补充、丰富、完善，从而更生动、更真切、更细腻地加深读者对浙大农科历史大厦的认识。

《我心中的华家池》有三个特点：第一，它是一本方志类回忆文章和口述历史的汇编。它既有关于华家池地名的考证、前世今生的叙述，又有关于各幢建筑的历史介绍；既有华家池农耕文化的探微，又有校园景观的礼赞；更多的是生动忆述百十年来浙大农科的辉煌历程和感人事迹。第二，这是民间自发、得到学校肯定和支持的工作，有扎根于群众的生命力。它是华家池离退休老同志的集体记忆，是曾经或一直在华家池学习工作生活的老同志亲历、亲为、亲见、亲闻的真实忆述、文字积淀。作者中不少已是耄耋之龄、甚至百岁高龄的老人，他们的回忆格外珍贵。在某种意义上讲，这也是历史文化的抢救工作。它真实地记录了华家池历经的风云激荡的时代变迁，彰显了浙大农科儿女求是、创新、勤朴的特质和理想追求，展现了浙大农科人一个多世纪以来献身农业、服务人民、勇攀农业科技高峰的风采。它试图揭示浙大农科横跨两个世纪始终名列全国农林高校前列、努力跻身世界一流农科的基因密码，也试图寻根百十年来支撑浙大农科人筚路蓝缕、走向辉煌的力量源泉和道德文化滋养。第三，它是一个动态发展、自然延伸的开放体系。在已出版两卷的基础上，我们还在准备第三卷的编写及出版，营造汇集浙大农科奋斗者的亲历故事和思想情怀的系列丛书，使浙大精神和农科传统青蓝相继，世代相传，发扬光大。

《我心中的华家池》第一卷已印刷两次，印数近万册，全部赠予学生、校友和社会各界人士。一本关于华家池校园历史的回忆文集，能引起海内外浙大校友，特别是浙大农科校友的热烈反响和好评，是我未曾料及的。我想它也是思政教育、培养浙大莘莘学子的社会主义核心价值观的生动教材。

三、学习和研究陈子元院士学术资料及成长轨迹

陈子元院士是我61年前进大学时遇到的第一位老师和领导。陈子元院士是我国核农学的先驱和奠基人之一，原浙江农业大学校长，曾担任国际原子能机构（IAEA）的科学顾问，既是一位杰出的科学家，又是一位卓越的农业教育家和德高望重的社会活动家。他担任校长、副校长的10年，是浙江农业大学发展最好的时期之一。学习研究浙江大学农科历史，无法绕开陈子元院士。我自己学习研究陈子元院士学术资料，主要做了以下工作。

第一，为作家谢鲁渤撰写《陈子元传》提供第一手资料[1]。2004年10月，谢鲁渤著的

---

① 参见谢鲁渤：《陈子元传》，宁波出版社，2004，第24-26页、第148-150页、第167页、第251页、第265-271页。

《陈子元传》由宁波出版社出版，为"院士之路"系列传记文学丛书第二辑的第一本。这是关于陈子元院士的第一本正式出版的传记。我也以此为契机，开始较系统地学习陈子元院士的学术著作和相关报道。

第二，2012年积极参与"老科学家学术成长资料采集工程"陈子元学术成长资料采集小组的一些工作。作为采集小组成员，我参加2012年5月在北京举办的培训班，并取得资质证书。没想到的是，与会期间，我突发左眼视网膜病变，急需医治。为了不影响采集工程的进展，我毅然提出不再承担这项工作。但我仍抱着积极负责的精神，支持配合采集工作。在陈子元学术成长资料采集小组的努力下，《让核技术接地气——陈子元传》于2014年10月正式出版。这是关于陈子元院士的第二部传记著作，完整、翔实、准确、全面地展现了陈子元院士的学术成就和轨迹，全书34万字，凝练厚重。我为这部关于陈子元院士的学术传记正式出版感到由衷的高兴。浙大党委宣传部韩天高同志在该书后记中指出："项目前期承接以及后期实施过程中，邹先定教授参与和指导了一些重要环节工作，并从总体上发挥了'顾问'的作用。"①

第三，我主动向《光明日报》《农民日报》推荐陈子元院士的事迹和成就，积极配合《光明日报》知名记者叶辉同志采访陈子元院士及浙大原子核农业科学研究所的教授们。2014年3月28日，《光明日报·大家》以整版篇幅刊载了叶辉同志的长篇通讯《中国核农学的开创者——陈子元的四个"第一"》②，引起社会的关注和反响。《农民日报》也在显著版面刊登关于陈子元院士的长篇通讯。

在此同时，我一直未中断对陈子元院士学术资料和农业教育思想的研究。我结合自己与陈子元院士一甲子岁月的师生关系及在同一领导班子的实践经历，梳理出自己的学习体会。第一，陈子元院士的特质是党员科学家，且是新中国无留洋经历的本土科学家。第二，陈子元院士从1963年开始农药残留研究，这应置于1962年蕾切尔·卡逊《寂静的春天》出版、即人类将进入可持续发展的时代背景下来考量。第三，陈子元院士作为农业教育家，早在1983年就提炼出"上天落地"的办学理念和目标，并凝练出自己在实践中摸索出来的创新路线。陈子元院士重视农科大学生的人文社会科学教育和艺术教育。在他担任校长期间，浙江农业大学在全国高等农业院校中率先成立艺术教研室③。第四，陈子元院士的学术足迹真实体现了一位党员科学家为实现强国梦而奋斗的历程，也反映出他作为一名共产党员的理想信念和高尚的品德修养。我先后发表了《一生的目标，永不懈怠的奋进》

① 李曙白、韩天高、徐步进：《让核技术接地气——陈子元传》，中国科学技术出版社，上海交通大学出版社，2014，第348页。

② 陈子元的四个"第一"是指：①创建我国农业院校第一个同位素实验室；②制定中国第一部农药安全使用标准；③国际原子能机构科学顾问委员会的第一位中国科学家；④中国核农学界的第一位院士。

③ 邹先定：《核农学家强国梦的璀璨轨迹——中国科学院资深院士、核农学家学术足迹探析》，《浙江大学校史研究》2014年第12期（创刊号）。

《核农学家强国梦的璀璨轨迹——中国科学院资深院士、核农学家陈子元学术足迹探析》《陈子元院士学术探索和教育实践的价值与启示》等文章[①]。我在这些文章中指出："陈子元先生以自己渊博的知识教育学生，以美好的德行引导学生，以完善的人格影响学生，润物无声，潜移默化。""陈子元先生70年执教从研的奋斗足迹和辉煌成就，是党的培养、时代的召唤和自身奋斗的结果，也是向青年学生进行中国梦教育，培育和践行社会主义核心价值观，生动而有说服力的教材。"[②]

四、崇敬历史　激情宣讲

从2005年始，我以农学院院史为教材，结合形势，为浙大农科学生作专题宣讲报告，受到学生的热烈欢迎。多年来，它也成为农学院研究生的入学第一课。院史的出版也为青年教师提供了历史参考。在2015年抗战胜利70周年、2017年浙大120周年校庆及于子三烈士殉难70周年、2018年改革开放40周年、2019年新中国成立70周年、2020年抗美援朝中国人民志愿军出国作战70周年、2021年中国共产党成立100周年等重大历史节点的大型座谈活动或主题教育报告会上，我都结合引用浙江大学和农科生动鲜活的历史资料，延续红色血脉，传承中国共产党人精神谱系中的浙大篇章，讲好革命建设改革中的浙大故事、浙大农科的故事。据不完全统计，18年来，我所作的关于浙大农科历史的宣讲报告有31场次，受众超过12000人次（含线上和外省高校）。

我关于浙大农科历史的宣讲稿，如《继承和发扬求是勤朴的优良传统——纪念浙江大学农学院创建100周年》《华家池的魅力和价值》《卢守耕先生对海峡两岸农业的贡献》《浙江大学原子核农业科学研究所：原子核科学技术和农业在这里结合》等20多篇文章，分别发表在《浙江大学报》《浙江大学校史研究》《浙大校友》《中国国家地理》等报刊上，有的宣讲稿还收录在《愿继续耕耘在这土地上——邹先定退休后演讲录和文稿选编》（简称《愿继续耕耘在这土地上》）文集中。这本文集真实地记录了我在该时段关于浙大农科宣讲的方方面面。

如果说，在农学院百年院史中，史论结合较集中地体现在《百年院史　光耀千秋》这篇收官之作中，那么，在浙大农科史的宣讲中，其主要特点是，通过史论结合，把浙大农科史融入中共党史、抗日战争史、新中国史、改革开放史的宏大背景中，并充分体现学史明理、学史增信、学史崇德、学史力行的精神。

学生感言："一场近80分钟的报告让我全程沉浸其中，听着老师娓娓道来浙大农科的

---

① 邹先定：《愿继续耕耘在这土地上——邹先定退休后演讲录和文稿选编》，浙江大学出版社，2020，第46-52页、第177-182页、第183-185页。

② 邹先定：《陈子元院士学术探索和教育实践的价值与启示》，《环球老来乐》（浙大专刊）2014年12月。

光辉历史，看到老师脸上洋溢出来的自豪和眼睛里的光，这份真挚的情感让人感动和骄傲。""浙大精神在今天已经超越了时间，超越了现实，成为一种信念，成为一种意志，成为一种理想，成为一种信仰。""在校庆之际，我们最应该搞清楚的是我们应该庆祝什么、继承什么、铭记什么、发扬什么，老师给了无数浙大学子一个明晰的答案。"关于浙大农科历史和精神的演讲，也让广大农科学生更深切地理解浙大农科的特质、农科的成就贡献、农科的魅力、农科的价值、农科的使命和担当。

我作为一名非史学专业的教师，在退休后，从零开始，边学边干，在学中干，干中学，与几位副主编和编委会同仁齐心协力，依靠广大作者，先后出版了四部有关浙大农科历史的著作，共计200多万字[1]，并产生一定的社会影响[2]。这是我未曾想到的。浙大农科百十余年的历史是一座富矿、深矿。我虽在退休后学习编写浙大农科历史十八载，但对这座宝矿的了解，仍知之不多、知之不全、知之不深，今后应更勤奋虚心严谨地学习和研究浙大农科史。18年，仅仅是我学习浙大农科史的开端。

十八载学研浙大农科史的过程，也是我被感动和受教育的过程。浙大精神和农科的优良传统，是我人生新征程的出发点和根据地，是战胜困难和挑战的集结号，也是风雨人生中遮风挡雨的心灵栖息地，更是勠力同心为崇高事业不倦奋斗的进行曲。我坚信，在新时代，浙大农科将建一流学科，育一流人才，出一流成果，在浙江大学争创世界一流大学前列的进程中再创新的辉煌。

（2022年8月1日于华家池）

---

[1] 《浙江大学农业与生物技术学院院史（1910—2006）》字数59.3万字，《浙江大学农业与生物技术学院院史（1910—2010）》字数69.8万字，《我心中的华家池》（第一卷）字数40.8万字，《我心中的华家池》（第二卷）字数47.5万字，总计字数为217.4万字。

[2] 参见《许璇纪念文集附年谱》《知性·华家池》《浙大六记·初心不忘厚植苍翠》《农林记忆》（浙江农林大学）等出版物。

宣讲育人

04

铭记历史　坚定前行再出发①

◎2020年4月2日　浙江大学玉泉校区演播厅

同学们、同志们：

上午好！

清明，天清气明，既是农业生产的重要节气，也是中华民族祭祀缅怀先人、慎终追远的传统节日。今天，我们四所涉农高校师生，别开生面地举行"思慕农科先贤，勇担时代使命"的网上纪念活动，它既是对历史的思忆铭记，也是勇担使命、坚定前行的再出发。

刚才，我认真聆听了浙大党委副书记邹小撑教授的讲话，以及四位主讲人充满激情的演讲，这些讲话使我深受教育。我愿借此机会，同大家一起分享自己的感想。

首先是感动，为主讲人声情并茂介绍的事迹所感动。黄鹂老师阐述了于子三烈士及其精神价值。于子三烈士为民族独立、人民解放而英勇奋斗、百折不挠、光荣献身的爱国精神被誉为"学生魂"。历时140天的于子三运动是党领导下在全国范围内的学生爱国运动，有力地配合了人民解放战争，加速国民党反动政权的彻底崩溃，谱写了学生运动史上光辉的一页，为中国共产党历史所记载。②于子三烈士是浙江大学的骄傲，也是浙大农学院的光荣。

张雨婷老师的演讲让我们再一次景仰并感受"布衣院士"卢永根教授赤忱的爱国情怀。卢永根院士是华南农业大学原校长，早年追随党，投身革命斗争，作为一名党员、科学家、教育家，他在农业科学的教育事业中做出杰出贡献，他爱党爱国爱人民，以身许农，鞠躬尽瘁。他把一切献给党和人民的赤子之心，令我对这位"感动中国"的"时代楷模"肃然起敬。

武宇清老师介绍了河北农业大学李保国教授光辉的人生历程。李保国教授坚定不移地践行河北农大的"太行山道路"，把科技论文写在革命老区，写在祖国的大地上，写进脱贫致富奔小康农民的心坎里。他的事迹以电视剧的艺术形式在央视热播，引起强烈反响。在新中国成立70周年之际，习近平同志签署国家主席令，其中授予李保国"人民楷模"的国家荣誉称号。斯人已逝，但其业绩、精神永存。李保国教授不愧是新时期共产党人的楷

---

① 本文系作者在2020年4月2日，浙江大学、华南农业大学、河北农业大学、华中农业大学四所涉农高校清明云上特别纪念活动的视频演讲。

② 参见《中国共产党历史》第一卷下册，中共党史出版社，2011，第773页。

模、知识分子的优秀代表、太行山上的新愚公。

陈志强老师为我们全景式地展现了2020年抗击新冠肺炎疫情武汉保卫战中，华中农业大学师生日夜奋战的群体形象和青春风采。在武汉这场没有硝烟的疫情防控阻击战、歼灭战和保卫战中，我们看到鲜红的党旗在一线高高飘扬。一个个鲜活感人的故事、团结战斗的磅礴力量，让思想受到洗礼并启发我们深入思考，进一步理解中国共产党为什么"能"，中国特色社会主义为什么"好"，武汉人民、湖北人民、全国人民为什么能顶天立地，逆行迎战，排除万难，具有"藐视人世遭逢的任何巨大困难，把它们放在'不在话下'的位置"[①]的英雄气概。沧海横流，方显出英雄本色。我们更深刻地感悟到中国共产党的伟大、光荣、正确！更深刻地理解中华民族不愧是一个伟大的民族，中国人民不愧是伟大的人民，中国人民解放军不愧是伟大的军队！军民团结如一人，试看天下谁能敌！中国特色社会主义新时代是一个英雄辈出的伟大时代！

四位主讲人演说的时间跨度，从20世纪40年代到21世纪的今天，长达70多年，生动而深刻地反映了在党的领导下，中国人民从站起来到富起来、强起来的历史进程中，农科先烈先贤和当代群体的奋斗足迹。他们渴望光明，追求真理，一心向往党，一生追随党，听党的话，跟党走，始终与民族命运共浮沉，和时代脉搏同起伏，为民族独立、人民解放、国家富强、人民幸福、农业农村振兴，为实现中华民族伟大复兴的中国梦做出贡献，甚至献出宝贵的生命。这是一笔丰厚的精神财富。我深受感动，深受教育。

其次，我又倍感亲切、真实。伟大出自平凡。也许是涉农高校有许多共同之处，加上密切的交流合作，相互比较了解，一些人和事也比较熟悉。早在20世纪，河北农大的"太行山道路"就已全国闻名，记得20世纪90年代，河北农大副校长率团访问浙江农业大学，传经送宝详细介绍"太行山道路"，当时我参加接待，十分钦佩。李保国教授就是践行"太行山道路"的杰出模范，他获得的国家荣誉也是对河北农大"太行山道路"的肯定和褒奖。卢永根院士曾在1996年12月担任浙江农业大学"211工程"部门预审专家组副组长，莅临浙江农业大学。他和蔼真诚的态度、精湛渊博的学识以及科学严谨的作风给浙江农业大学（现浙江大学）师生留下深刻的印象。我也多次造访华中农业大学，1979年与会期间，我突发高烧，是华中农大领导和老师把我送进医院，悉心照顾，使我得以康复。1995年，我去华中农大讲课，耳闻目睹狮子山下学生习读外语的琅琅书声，勤奋、刻苦、朴实，它能源源不断地培养出像徐本禹这样优秀的学生，我就不难理解了。更让我感到亲切的是著名园艺学家、"脐橙之父"章文才教授是浙大农学院的校友，曾担任园艺泰斗吴耕民先生的助教。他1935年在浙大农学院编著的《实用柑橘栽培学》为我国第一部柑橘栽培专著。[②]在屈原的故乡秭归，有两尊塑像：一尊是伟大的爱国诗人屈原的塑像，另一尊就是带领橘

---

① 《毛泽东传（1949—1976）》，中央文献出版社，2003，第285页。

② 《浙江大学农业与生物技术学院院史（1910—2010）》，浙江大学出版社，2010，第13页。

农致富的章文才教授的塑像。我虽然退休已17年，但仍时刻关注母院的发展。浙大农学院师生们继承发扬于子三精神，如今于子三学生宣讲团、于子三班、于子三艺术团就如烂漫的山花，竞相迸发。浙大农学院涌现了以全国优秀教师、优秀科技特派员汪自强教授为代表的教师群体，在扶贫开发、实施乡村振兴战略中做出成绩，不少教师受到国家和联合国开发计划署的表彰。①如今浙大农学院以先烈先贤为榜样，以求是创新奋进的昂扬姿态，为建设世界一流农学院而努力。

同学们，习近平总书记指出："伟大出自平凡，平凡造就伟大。只要有坚定的理想信念、不懈的奋斗精神，脚踏实地把每件平凡的事做好，一切平凡的人都可以获得不平凡的人生，一切平凡的工作都可以得到不平凡的成就。"②农科先烈先贤的成长历程，印证了这个道理。

同学们，习近平总书记在纪念五四运动一百周年的讲话中指出："新时代中国青年处在中华民族发展得最好的时期，既面临着难得的建功立业的人生际遇，也面临着天将降大任于斯人的时代使命。"③2019年9月5日，习近平总书记给全国涉农高校的书记校长和专家代表回信，寄语涉农高校广大师生，以立德树人为根本，以强农兴农为己任，并指出："新时代，农村是充满希望的田野，是干事创业的广阔舞台，我国高等农林教育大有可为。"④这是对包括我们四所涉农高校在内的全国130万农林师生提出的殷切期望。今天，我们举行清明特别纪念活动，就是学习先烈先贤，从他们爱国情怀和时代精神中汲取力量，见贤思齐，以先烈先贤为榜样，勇担时代使命，在鲜红的党旗指引下，砥砺奋进，做出贡献！这是我的第三点感想。

谢谢大家！

---

① 《浙江大学农业与生物技术学院院史（1910—2010）》，浙江大学出版社，2010，第110页。
② 习近平：《在国家功勋和国家荣誉称号颁奖仪式上的讲话》，《光明日报》2019年9月30日第2版。
③ 习近平：《在纪念五四运动100周年大会上的讲话》，《光明日报》2019年5月1日第2版。
④ 习近平：《以立德树人为根本 以强农兴农为己任》，《光明日报》2019年9月7日第1版。

浙大精神的时代光芒

◎2020年5月22日　浙江大学求是学院丹青演播厅

浙大求是学院、农业与生物技术学院、动物科学学院的同学们：

下午好！

今天，我宣讲的题目是《浙大精神的时代光芒》。

2020年是中国人民伟大的抗日战争暨世界反法西斯战争胜利75周年、浙江大学抗战西迁抵达遵义80周年、竺可桢校长诞辰130周年。因此，在庆祝浙江大学创建123周年之际，回顾历经艰苦卓绝的磨炼、升华、凝练而成的浙大精神，是有意义也是必要的。我主要汇报两个方面的个人体会：第一，浙大精神的形成和发展；第二，浙大精神的时代光芒。不当之处请批评指正。

一、浙大精神的形成和发展

浙大精神从123年前求是书院冠名"求是"起航，经百廿余年发展，不断地与时俱进，形成今天大家熟知的表述："求是创新"为校训，"海纳百川，启真厚德，开物前民，树我邦国"为浙大精神，"勤学、修德、明辨、笃实"为浙大共同价值观。

（一）形成过程

清光绪二十三年（1897年），杭州知府林启（字迪臣）创立求是书院。书院冠名"求是"，出于《汉书·河间献王刘德传》中"修学好古，实事求是"一语，意在"务求实学，存是去非"，培养"切于时用"之人才。林启的办学主张"居今日而图治，以培养人才为第一义；居今日而育才，以讲求实学为第一义"。123年前创立的求是书院是中国人自己创办的最早的四所新式学堂之一，其余三所为天津中西学堂（现天津大学，1895年）、南洋公学（现上海交通大学，1896年）、京师大学堂（现北京大学，1898年），按时序，浙江大学名列第三。[1]后人缅怀林启的兴学之功，在他墓上留有一名联："树谷一年，树木十年，树人百年，两浙无两；处士千古，少府千古，太守千古，孤山不孤。"[2]求是书院的创办在

---

① 《浙江大学在遵义》，浙江大学出版社，1990，第10页。

② 《从一八九七走来》，中国大百科全书出版社，2017，第8页。

中国近代教育史上占有重要的地位，也是浙江近代高等教育之发端。

历史曲折地延伸发展，求是书院沿革为求是大学堂、浙江大学堂、浙江高等学堂、浙江高等学校等。1927年国立第三中山大学（浙江大学前身）成立，1928年改称国立浙江大学。

1937年卢沟桥事变，全面抗战爆发。之前一年（1936年），竺可桢出任浙江大学校长。1937年11月11日在日寇步步逼近威胁杭州之时，浙大师生分三批迁徙至距杭州120千米的建德，在竺可桢校长的带领下开始了艰苦卓绝的文军长征，"初徙建德，再迁泰和，三徙宜山，而留贵州最久"[①]。"丁丑之秋，倭大入寇，北自冀察，南抵南粤，十余省之地，三年之间，莫不被其毒。唯吾将士暴露于野者气益勇，民庶流离于道者志益坚。其学校师生义不污贼，则走西南数千里外，边徼之地，讲诵不辍。上下兢兢，以必胜自矢矣。"[②]上述两段文字均出自竺可桢先生，前者为他人拟稿，经竺可桢亲阅审定后署名，后者为竺可桢亲撰，文字精练，将教育抗战、文化抗战，以及浙大师生壮怀激烈、不屈不挠、抗战必胜的爱国情怀和昂扬斗志表达得淋漓尽致，字里行间跳跃着炽热的爱国情、民族魂，以及浙大师生在国家危亡之际的所忧所虑、所想所为。透过有限的文字，我们看到崇高的思想、高尚的情操和伟大的灵魂，这就是浙大精神。它以文字所表达又不囿于字面之含义；它来自现实又超越现实，升华为一种认识、改造世界的精神财富和价值引领，成为鼓舞为崇高事业奋斗的力量源泉。

1937年12月24日，杭州沦陷，当日浙大再次被迫西迁，由此开始边走边习教、西行再西行的悲壮历程。"噫，此岂非公私义利之辨，夷夏内外之防，载在圣贤之籍，讲于师儒之口，而入于人人之心者，涵煦深厚，一遇事变，遂大作于外欤？"浙大在西迁中浴火重生，凤凰涅槃，在广西宜山已发展壮大至"五院之师生千有余人"，"应变以常，处困以亨，荡丑虏之积秽，扬大汉之天声，用缵邦命于无穷，其唯吾校诸君子是望乎。"[③]

在宜山，1938年11月19日校务会议上，竺可桢校长亲定"求是"校训，并决定请国学大师马一浮先生作《浙江大学校歌》词。马一浮先生作的校歌词为文言文，引用较多古典，比较拗口，竺校长曾考虑改写，但其含义深邃，能全面准确地表达浙大的求是精神。原请丰子恺先生谱曲，丰子恺先生觉文理艰深、佶屈聱牙而未谱。最后请著名作曲家、国立中央音乐学院应尚能教授谱曲。[④]自此之后，浙大师生将朗朗上口的《浙江大学校歌》铭记于心，传唱80多年，历经几代，唱出全球60多万浙大儿女的精神追求。

浙大校歌词全文不到150字，分为3章。首章阐明国立浙江大学之精神；次章也是主

---

① 《浙江大学农业与生物技术学院院史（1910—2010）》，浙江大学出版社，2010，第24页。

② 同①，第22-23页。

③ 同①，第23页。

④ 参见《浙江大学简史（第一、二卷）》，浙江大学出版社，1996，第69页。

章，阐述国立浙江大学精神，诠释"求是"两字之真谛；末章表达浙江大学当时的地位及其使命。我曾多次在《浙大精神永放光芒》的演讲中介绍过我个人理解的歌词含义，今天不再重复了。我认为校歌词是浙大精神的重要文本之一，今天凝练的浙大精神汲取了其思想精华并借鉴了其表达方式。我还认为竺可桢校长的《宜山学舍记》和《遵义校舍记》两篇文献，不仅真实概述了浙大西迁历史，浸润"求是"精神，也是我们理解"浙大精神"的重要历史文献。在求是校训确立之前后，竺可桢校长曾有三次重要演讲，集中阐释"求是精神"，对于我们今天深入理解"浙大精神"大有裨益。

第一次是1938年11月11日，宜山。

竺校长作《王阳明先生与大学生的典型》之演讲，竺可桢先生十分推崇王阳明，他在演讲中指出：浙大三迁而入广西，正是蹑着先生遗踪①而来。这不是偶然的事，我们不应随便略过，而应景慕前贤，接受他那艰危中立身报国的伟大精神。②在这篇演讲中，竺可桢从做学问、内省力行的功夫、艰苦卓绝的精神、精忠报国的精神等四个方面，论述王阳明精神。他特意提到王阳明的名篇《瘗旅文》，以古代先贤王阳明为典范，旨在从中吸取营养，经过实践的锻炼，造就国难中大学生应具有的高尚品质和意志毅力。他指出："大学教育的目标，绝不仅是造就多少专家和工程师、医生之类，而在于养成公忠坚毅、能担大任、主持风会、转移国运的领导人才。"③

第二次是《求是精神与牺牲精神》，1939年2月4日，宜山。

竺可桢在这次对一年级新生作的演讲中说："浙大从求是书院时代起到现在，可以说已经有了四十三年的历史，到如今'求是'已定为我们的校训。……所谓求是，不仅限为埋头读书或是在实验室做实验。求是的路径，《中庸》说得最好，就是'博学之，审问之，慎思之，明辨之，笃行之'。"④这是一段十分精辟的论述，当时正是日寇步步紧逼、国无宁日之危亡的关键时刻。次日日寇以浙大为目标，18架敌机在标营狂轰滥炸。时隔75年后，习近平总书记在北大师生座谈会上也同样指出："要笃实，扎扎实实干事，踏踏实实做人。……《礼记》中说：'博学之，审问之，慎思之，明辨之，笃行之。'"⑤它强调自觉践行社会主义核心价值观。今天，时代完全不同了，但追求真理的道理是一样的，读后令人倍感亲切。在1939年2月4日宜山演讲中，竺可桢指出："国家给你们的使命，就是希望你们每个人学成以后将来能为社会服务，作各界的领袖分子，使我国家能建设起来，成为

---

① 指王阳明贬谪流放之踪迹。

② 国立浙江大学校友会：《国立浙江大学（上）》，1985，第138页。

③ 同②，第145页。

④ 《浙江大学简史（第一、二卷）》，浙江大学出版社，1996，第68页。

⑤ 《习近平谈治国理政》，外文出版社，2014，第173–174页。

世界第一等强国，日本或旁的国家再也不敢侵略我们。"①他还引证德国哲学家费希特的话勉励学生，号召浙大师生："诸位，现在我们若要拯救我们的中国，也唯有靠我们自己的力量，培养我们的力量来拯救我们的祖国，这才是诸位到浙大来的共同使命。"②他指出："求是"就是实事求是，就是探求真理，"求是"精神就是奋斗精神、牺牲精神、革命精神、科学精神。在当时的条件下，竺可桢不可能获知后来1941年5月19日毛主席在《改造我们的学习》这篇著作中关于实事求是的精辟论述。毛主席指出："'实事'就是客观存在着的一切事物，'是'就是客观事物的内部联系，即规律性，'求'就是我们去研究。"③作为一名科学家、教育家和一校之长，亲定求是校训，力倡求是精神，是极难能可贵的。

第三次是《科学之方法与精神》之专论，1941年5月9日，遵义。

这是竺可桢在浙大训导处和自然科学遵义分社合办的科学近况系列讲演中首场《近代科学的精神》报告，后在《思想与时代》创刊号发表时改名为《科学之方法与精神》。竺可桢指出："据吾人的理解，科学家应取的态度应该是：①不盲从，不附和，以理智为依归。如遇横逆之境遇，则不屈不挠，不畏强暴，只问是非，不计利害。②虚怀若谷，不武断，不蛮横。③实事求是，不作无病呻吟，严谨整饬，毫不苟且。"④竺可桢先生还有其他关于"求是"精神的阐述，譬如1936年竺可桢对新生发表的关于"到浙大来干什么？"的著名演讲。我把它称为"竺可桢之问"，八十余年来已成为浙大学子永恒的人生坐标。但"求是精神"最为集中的阐述还是在上面所介绍的三篇文献中。求是精神贯穿于竺可桢教育实践的全过程，限于篇幅在此就不展开了。

1979年4月23日，钱三强同志兼任浙江大学校长时发表就职演说《创新是我们的责任》，提出"要继承和发扬'求是'精神，培养和鼓励'创新'精神"⑤。

1988—1995年，路甬祥院士担任浙江大学校长。1992年，路甬祥指出："创新（即创造）精神，严格地说，它已完全在求是精神中⑥……但人们往往把求是理解为求实，侧重于对现有知识的理解和运用，对现状的客观分析和把握，而不特别强调创造与创新。创新，正是历史上许多杰出科学家和杰出人士的共同特点。"⑦他强调浙大必须十分重视创新精神。

"求是创新"为新时期浙江大学校训，是对"求是"的继承与发展，赋予浙大校训更加清晰、丰富的内涵与时代特色。

---

① 《浙江大学报》2013年11月15日第4版。

② 《国立浙江大学（上）》，1985，第151页。

③ 《毛泽东选集》第三卷，人民出版社，1991，第801页。

④ 同①。

⑤ 同①。

⑥ 如《浙江大学校歌》词中"无日已是，无日遂真""靡革匪因，靡故匪新""何以新之，开物前民"等句均有鲜明的创造创新之义。

⑦ 《浙江大学报》2013年11月15日第4版。

2017年在浙江大学120周年校庆之际，形成了浙大精神的完整架构："求是创新"为校训；"海纳江河，启真厚德，开物前民，树我邦国"为浙大精神，"勤学、修德，明辨、笃实"为浙大共同价值观。

浙大精神同新时代爱国主义为核心的民族精神、以改革创新为核心的时代精神高度契合，同社会主义核心价值观完全一致。"求是创新"之浙大校训和精神，是浙大的旗帜，百廿余年浙大发展壮大的精神支柱和价值追求。

（二）竺可桢的风范和贡献

竺可桢校长亲定"求是"校训，亲自撰文或演讲阐发求是精神，更是处处以身作则，率先垂范，是践行求是精神的典范。

竺可桢是浙大抗战西迁自始至终的主要决策者、领导者和践行者，整个西迁途中，他殚精竭虑，夙夜在公。在泰和，竺可桢痛失相濡以沫18年的爱妻和钟爱的次子，但他强忍精神上的沉重创痛，力疾从公，坚持工作。从1937年冬浙大被迫西迁至1946年秋复员东归，前后9年，竺可桢以科学缜密的智慧、惊人的意志和毅力，克服一个又一个难以想象的困难，带领浙大师生抗战救国，独树一帜，创东方战时大学之辉煌。当时浙大声名鹊起，名列亚洲第三，饮誉海内外，书写了世界反法西斯战争东方战线上一所独立的综合性大学浓墨重彩的成功办学之篇章。下面我们仅举两例来仰视竺可桢校长的求是风范。

（1）严格要求学生，立德树人，为国培育英才。在1938年从江西泰和迁徙广西宜山的过程中，19名浙大学生负责水路押运图书和仪器，因遭遇敌扰，慌乱失措，弃船而散。事后在11月14日宜山举行的一次集会上，竺可桢严厉批评这些学生："事先已知三水紧急而贸然前往，是为不智；临危急各自鸟兽散，是为不勇；眼见同学落水而不视其至安全地点而各自分跑，无恻隐之心，是为不仁……你们得常自省问，若是再逢这种机会，是否见危授命，能不逃避而身当其冲？"竺可桢言行一致，没有私心，一心为公，碰到困难都尽力克服。这番语重心长的批评，在他看来，这是事关重大原则问题，不能就事论事，所以严厉批评，学生心服口服。[①]

（2）1941年在遵义举行的一次毕业典礼上，全体毕业生为表达对竺可桢校长的敬意，送给他贴有每个毕业生照片的相册和一支手杖。竺可桢即席以前人咏手杖联，赋予新的含义作为答谢词，以明心志。这副对联是："危而不持，颠而不扶，则将焉用彼相矣；用之则行，舍之则藏，唯我与尔有是乎。"意为：国有危难，你不能相扶持，那么要你何用？需要我的时候，就挺身而出，功成则退，并不计较利禄，我与你手杖是一样的！这生动形象地体现了竺可桢先生的风范和操守。[②]

① 参见《浙江大学历史（第一、二卷）》，浙江大学出版社，1996，第56-57页。
② 同①，第153页。

少年竺可桢11岁时用"苦、甜"两字造句。句子为："丧权辱国是苦，国家富强是甜。"竺可桢曾留学美国，先学农科，为的是农业立国，后来选与农业密切相关的气象学。他不仅是气象学、地理学的一代宗师，也是一位关心农业发展的著名科学家，著有《物候学》《关于我国气候若干特点与粮食生产关系》等论著。在浙大抗战西迁时期，他呕心沥血研究，于1944年发表《二十八宿起源之时代与地点》。1972年，竺可桢以82岁高龄发表长期潜心研究气候变化之文《中国近五千年来气候变迁之初步研究》，深受国内外学术界推崇，当时被美国、苏联、日本各国书刊竞相引用，并被译为英语、德语、法语、日语、阿拉伯语和世界语等语种。

1962年，竺可桢以72岁的高龄参加中国共产党，实现他一生之夙愿，从科学家成长为一名共产主义战士。路甬祥院士高度评价竺可桢，指出：竺可桢校长是我国近代科学家、教育家的一面旗帜，气象学界、地理学界的一代宗师，献身共产主义事业的一名忠诚战士。他一生奋斗，一生求实，一生为国、为人民服务，堪称"品格和学问的伟人"。[①]

二、浙大精神的时代光芒

浙大从123年前走来，横跨三个世纪，从大学路蒲场巷求是书院走到紫金港及浙大其他校区，从一个规模较小的地方学校走到今天中国的一流大学、饮誉世界的著名高校，百廿余年来培养了200多名院士、1名诺贝尔奖获得者、5名功勋科学家、4名国家最高科技奖获得者、8位肖像上纪念邮票的科学家，14位荣获国际小行星命名的科学家，一批荣获"人民科学家""人民教育家""八一勋章""全军挂像英模""最美奋斗者"等崇高荣誉获得者，以及难以计数的各条战线的英雄模范，人才辈出，群星璀璨，标志着百廿余年来浙江大学的贡献和水平，遍布海内外的六十余万浙大校友凝聚成民族伟大复兴的蓬勃力量。

浙江大学具有宝贵的红色基因和光荣的革命传统。《共产党宣言》的首译者陈望道曾就读于浙江大学（原之江大学）。被誉为中共中央"第一支笔"的胡乔木1933—1935年就读于浙大外国语文学系。习近平总书记2019年新年贺词中提到的全军挂像英模林俊德、中国核科学奠基人和开拓者之一的王淦昌、荣获首批"八一勋章"的"核司令"程开甲，以及在新中国成立70周年之际获"人民科学家"国家荣誉的叶培建、吴文俊都是浙大校友。

在民族复兴的伟大斗争中，浙大牺牲了14位革命先烈。其中，在校时牺牲的有费巩、陈敬森、邹子侃、于子三、何友谅5位革命烈士，于子三、陈敬森、邹子侃为农科学生。为革命斗争光荣牺牲的还有林白水、林文和、林尹明（求是书院学生）、许寿裳、马宗汉、

---

① 路甬祥：《学习竺校长的爱国精神、科学态度和崇高的信念》，载《竺可桢诞辰百周年纪念文集》，浙江大学出版社，1990，第3页。

邵飘萍、陈仪，郁达夫、韦廷光9位校友。[1]

同学们，他们是浙大的光荣和骄傲！他们以自己的生命和革命斗争实践诠释了浙大精神，是浙大后学的榜样！

（一）穿越不同历史时期的浙大精神

首先，我们可以从不同的时间轴线上看浙大的历史方位和业绩。

初创时期，前已介绍浙大为我国四所最早由中国人自办的新式学堂之一，按时序，浙大位列第三。[2]

时隔47年，抗战时期，1944年英国李约瑟教授在考察了中国许多大学后，说浙江大学是中国最好的四所大学之一，[3]又说中国的西南联大和浙江大学可以和西方的牛津、剑桥、哈佛大学媲美。[4]

再过70年，2014年5月4日，习近平总书记在北大师生座谈会上指出：扎根中国大地办学，建设世界一流大学，"会有第一个北大、清华、浙大、复旦、南大等中国著名学府"[5]。同时也传递出党和国家对浙大的殷切期望。

百廿余年来，在浙大精神指引下，浙江大学始终在中国高校第一方阵的前列，自觉承接着历史使命和时代责任。

我们再来看看浙大西迁"求是"校训确立以来各个时期涌现的杰出校友。

1. 抗战时期

王淦昌，中国核科学的奠基人和开拓者之一，参加两弹研制，"两弹一星"功勋科学家。2003年国际小行星命名为"王淦昌星"，入选中国现代科学家纪念邮票。浙大抗战西迁时，他担任物理系教授、系主任。王淦昌早在湄潭就提出关于探测中微子的建议；在苏联杜布纳原子能科学研究所发现反西格马负超子；在我国原子弹和氢弹研制与实验中做出重要贡献；从事惯性约束核聚变研究。他在湄潭简陋的实验条件下，从事宇宙射线新实验方法、γ射线的化学效应、磷光体的实验等多项研究。[6]

程开甲，理论物理学家。1941年毕业于抗战西迁时期的浙大物理系并留校任教。"两弹一星"功勋科学家，2017年荣获首批"八一勋章"，被誉为"核司令"。

还有投身于一二·九运动，同反动派针锋相对、做不屈不挠斗争的施平（施尔宜）和

---

[1] 杨达寿：《星星颂》，中国诗联书画出版社，2017，第297页。

[2] 《浙江大学在遵义》，浙江大学出版社，1990，第10页。

[3] 《竺可桢传》，科学出版社，1990，第84页。

[4] 《竺可桢日记（Ⅱ）》，人民出版社，1984，第807页。

[5] 《习近平谈治国理政》，外文出版社，2014，第174页。

[6] 范岱年，元方：《当代中国杰出的物理学家王淦昌》，《自然辩证法通讯》1987年第1期。

滕维藻等学生。施平在新中国成立后担任北京农业大学（现中国农业大学）、华东师范大学党委书记，上海市人大常委会副主任等职，是共和国的老一辈教育家。滕维藻后成为新中国著名经济学家、教育家，曾担任南开大学校长。

2. 解放战争时期

于子三烈士。周总理指出：于子三运动是继抗暴和五月运动之后又一次学生爱国运动。这三次规模空前的学运，在国内形成第二条战线，有力地配合了人民解放战争，加速了国民党反动政权的彻底崩溃。于子三烈士短暂的一生，是一个爱国青年在党的培养下成为革命战士的一生，是渴望光明、追求真理，向往党、追随党，为建设独立、民主、统一、富强的新中国英勇奋斗直至献出宝贵生命的光辉历程。著名经济学家和人口学家、1949—1951年担任浙江大学校长的马寅初先生题词："子三先生：我连续五次上凤凰山叩墓，为的是学习先生的革命精神。"

于子三精神是浙大求是精神的弘扬，即一种奋斗精神、牺牲精神、革命精神和科学精神。

在风雨如晦、黎明前黑暗的年月里，浙大师生心目中最好的校长是竺可桢先生，最好的教授是革命烈士费巩先生，最好的学生是农学院的于子三烈士。

3. 新中国成立后

1949年10月1日，新中国成立，由此中国历史翻开崭新的篇章。海外科学家冲破重重阻力，回国参加祖国建设。《中国共产党历史》记载：1950年前后，李四光、华罗庚、叶笃正、程开甲、谢希德、赵忠尧、王淦昌等一批科学家和学者，毅然放弃在国外的优裕条件，返回祖国参加建设。[①]其中，叶笃正、程开甲、王淦昌为浙大校友。

1950年，朝鲜战争爆发。浙大校医李天助参加抗美援朝医疗队。著名蚤类专家柳支英教授和年轻的女助教李平淑响应祖国召唤，奋不顾身投身反细菌战斗争。[②]

1959年11月2日，刘少奇同志视察浙江大学，参观双水内冷发电机样机。

1964年10月16日，中国原子弹爆炸之蘑菇云摄制为浙江大学高速摄影研究之贡献。

林俊德，爆炸力学专家，献身国防建设事业的杰出科学家，全军挂像英模，1960年毕业于浙江大学机械系。大漠筑核盾，生命写忠诚。他生命的最后十小时感动全中国。

叶培建，1967年毕业于浙江大学无线电系，嫦娥一号探月卫星总设计师和总指挥，中国资源二号卫星总设计师，在嫦娥四号首次实现月背软着陆等方面发挥了重要作用，获"人民科学家"国家荣誉称号。

姚玉峰，浙江大学医学院附属邵逸夫医院眼科主任，荣获"白求恩奖章""全国道德模范""全国最美医生""最美奋斗者"称号，在国庆70周年庆祝活动中，在首都登上"凝

---

① 中共中央党史研究室：《中国共产党历史》第二卷上册，中共党史出版社，2011，第156页。

② 参见《浙江大学农业与生物技术学院院史（1910—2010）》，浙江大学出版社，2010，第45页。

心铸魂"主题彩车。

同学们，新中国成立70多年来，各项事业突飞猛进。在国防军工、航天航空、工农业生产、医疗卫生、文化教育等领域，浙大儿女均付出自己的辛勤劳动，做出贡献。青春在奋斗中闪光，绝大多数都是在平凡的岗位上默默无闻地做出不平凡业绩的普通成员。我再以农科为例来看看他们的贡献。

姚海根，1965年毕业于浙江大学（原浙江农业大学），1974年起，45载春秋，培育105个优质水稻品种，推广面积4亿多亩，创水稻育种之奇迹。他牢记伟人教导"手中有粮，心里不慌。脚踏实地，喜气洋洋"，通过自己的辛劳和汗水，为把中国人的饭碗牢牢地端在自己的手里做出贡献。

王一成，1983年毕业于浙江大学（原浙江农业大学畜牧兽医系，现浙江大学动物科学学院），兽医专家，专攻猪瘟病防治，业务精湛，对农民贴心，身患绝症与病魔抗争，不幸英年早逝。

今年是脱贫攻坚的收官之年，浙大农科做出自己的贡献。江家余、辜博厚、徐梅生等老一辈优秀科技副县长，进入21世纪后涌现了汪自强、张放、汪炳良、骆耀平、陈再鸣、汤一、叶明儿等一大批优秀科技特派员，深受当地欢迎，有的获荣誉市民称号，有的受到联合国计划开发署表彰。汪自强获全国优秀教师称号，张放的脱贫经验《我愿把情把爱撒向山乡》在全国推广。[①]他们把论文写在农村广袤的大地上，写进脱贫致富农民的心坎里，写在人类减贫的崇高事业中。

2020年，在突如其来的新冠肺炎疫情挑战面前，浙大医科师生以精湛的医术和求是创新精神，贡献浙大力量、浙大方案、浙大经验，彰显人类卫生事业命运共同体理念，被《中国发布新冠肺炎疫情信息　推进疫情防控国际合作纪事》所记载。浙一医院新冠肺炎救治青年突击队荣获第34届中国青年五四奖章等荣誉。我在今年4月10日《从大国战"疫"看中国特色社会主义优越性》讲演中已对此做了较详细的介绍，在此就不再重复了。

（二）新时代浙大学子的使命担当

习近平总书记关心和重视浙江大学的发展，他在浙江任职期间18次视察浙江大学。2006年9月27日，习近平同志在浙大紫金港校区为学生作《继承文化传统，弘扬浙江精神》的报告，他指出：作为浙江精神重要组成部分的"求是精神"，是百余年来浙江大学办学理念的浓缩和凝练，是浙大人"以天下为己任，以真理为依归"崇高追求的高度概括。"求是精神"不仅是浙江大学宝贵的精神财富，也是全省教育科技战线乃至全省人民宝贵的精神财富。在新的发展阶段，我们要继承和发扬光大浙江精神和"求是精神"。[②]

---

① 参见《浙江大学农业与生物技术学院院史（1910—2010）》，浙江大学出版社，2010。

② 《浙江大学报》2018年12月14日第2版。

同学们，我们处在伟大的新时代，应胸怀两个大局：中华民族伟大复兴的战略全局和世界百年未有之大变局。

早在1957年3月20日，毛主席指出："把我们的国家建设好，需要多少年呢？我看大概一百年吧，要分几步走：大概有十几年会稍微好一点；有个二三十年就更好一点；有个五十年可以勉强像个样子；有个一百年就了不起。……我们现在是白手起家，祖宗给我们的很少，让我们跟全国人民一道，跟国家一道，跟青年一道，干他几十年。这个世纪，上半个世纪搞革命，下半个世纪搞建设。"①

现在，中国进入波澜壮阔的改革开放时期，党中央制定了三步走战略目标，我们从来没有像今天这样接近于中华民族伟大复兴的目标，伟人当年的预言正一步步地变为现实。

我是农学院一名普通的退休教师，当1948年童年的我同父母在大学路浙大校本部留影时，怎么也不会想到年近耄耋的我会在美丽、现代化的浙大紫金港校园同莘莘学子谈谈往昔浙大的故事和求是的光荣传统。

当我18岁在父亲的陪同下来到华家池的浙江农业大学（现浙江大学）报到时，第一位遇到的是当时还很年轻的陈子元先生，他亲切和蔼地接待了我，我怎么也不会想到他后来成为中国核农学的奠基人、中科院院士、著名的核农学家、担任国际原子能机构（IAEA）顾问的第一位中国科学家。

当我在华家池简陋的平房教室为学生授课，当时的我怎么也不曾想到，从这个课堂中会走出大学的校长、书记，各级领导干部，各大教授、专家以及院士（其中还包括美国科学院的院士），学生的论文会发表在世界顶尖的学术期刊上。

正如恩格斯所言："这是一个需要巨人并且产生了巨人的时代，那些在思维能力、激情和性格方面，在多才多艺和学识渊博方面的巨人。"②

在纪念五四运动一百周年大会上，习近平总书记指出："新时代中国青年处在中华民族发展的最好时期，既面临着难得的建功立业的人生际遇，也面临着'天将降大任于斯人'的时代使命。"③

百廿余年来我们的浙大先烈先辈秉承浙大精神，就是这样砥砺奋进，做出贡献，彪炳史册的。作为后继者的我们将更加努力，更加奋发有为！

浙大精神永放光芒！

谢谢同学们。

（2020年6月15日整理，略有补充）

---

① 《毛泽东传（1949—1976）》，中央文献出版社，2003，第648页。

② 《马克思恩格斯文集》第九卷，人民出版社，2009，第409页。

③ 习近平：《在纪念五四运动100周年大会上的讲话》，《光明日报》2019年5月1日第2版。

浙江大学农学院110年来的奋斗和辉煌

◎2020年9月12日　浙江大学紫金港校区子三报告厅

农学院新入学的研究生朋友们:

下午好!

今天我给大家讲讲农学院110年以来的历史。金秋将近,庆贺浙大农学院创建110周年,为了表达对母院的感激,我献给农学院两本书:一本是我退休后在农学院的演讲录和文稿选编,书名为《愿继续耕耘在这土地上》;另一本是我主编的文集《我心中的华家池》第二卷。9月8日,我还特地提醒出版社,扉页的献辞"献给浙江大学农学院创建110周年"中的"110"要用红字。在我的心目中,这110年奋斗辉煌的历程,平凡中蕴含着伟大,真实地留下时代的步伐、民族的梦想,朴实无华却直抵人们的心灵和良知,也凝聚形成浙大农学院求是勤朴的特质,为浙大精神的重要组成部分。它配得上用红字庆贺,彪炳史册。自2004年我遵奉农学院之委托,开始主编浙大农学院院史以来,形成了四本关于浙大农学院、浙大农科的历史资料:《浙江大学农业与生物技术学院院史(1910—2006)》《浙江大学农业与生物技术学院院史(1910—2010)》(后者为名副其实的百年院史),以及《我心中的华家池》第一卷、第二卷(为离退休老同志的忆述汇编)。当下我正着手主编《我心中的华家池》第三卷;在以上4本200余万字的基础上,再留下几十万字的历史资料。这些都是集体劳动的成果,凝练了几代浙大农科人的理想信念和价值追求。

下午我想表达这么几层意思:一、浙大的历史方位和浙大农学院的沿革;二、浙大农学院的贡献;三、110年来浙大农学院师生的风采和魅力。它们均为个人学习农学院110年辉煌历史的粗浅体会,错误不当之处敬请指正。

一、浙大的历史方位和浙大农学院的沿革

(一)浙大的历史方位

今年是浙江大学创建123周年。我从时间轴线的不同时期看浙大的历史方位和业绩。

1. 初创时期。清光绪二十三年(1897年),杭州知府林启(字迪成)创立求是书院,由此开启浙江大学历史。123年前创立的求是书院,是中国人自己创办最早的四所新式学堂之一,其余三所为天津中西学堂(现天津大学,1895年)、南洋公学(现上海交通大学,

1896年)、京师大学堂（现北京大学，1898年），按时序，浙江大学名列第三。

2. 时隔47年，国难当头的抗战时期。1944年，英国李约瑟考察中国许多大学后称浙江大学是中国最好的四所大学之一，又说中国的西南联大和浙江大学可以和西方的牛津、剑桥、哈佛大学媲美。众所周知，西南联大为北大、清华、南开等校抗战时组建而成。而浙大是单独一校，在竺可桢校长领导下，独立西迁办学，凤凰涅槃，浴火重生，成为世界反法西斯东方主战场的一所名校，在中国现代教育史上留下浓墨重彩的一笔。李约瑟及夫人、助手考察了在湄潭的农学院并予以高度评价。1949年10月，李约瑟在《自然周刊》上发表题为《贵州和广西的科学》的文章，介绍他对浙大（包括农学院）的印象。

3. 经历70年，世情国情发生巨大变化，中国人民在中国共产党领导下，历经从站起来富起来到强起来的伟大进程。2014年5月4日，习近平总书记在北大师生座谈会上指出：党中央做出了建设世界一流大学的战略决策。扎根中国大地办大学，"世界上不会有第二个哈佛、牛津、斯坦福、剑桥，但会有第一个北大、清华、浙大、复旦、南大等中国著名学府"[1]，传递出党和国家对于浙大的评价和殷切期望。

党的十九大提出加快"双一流"建设的战略部署，浙江大学列入"双一流"高校建设的方阵，"双一流"建设学科数名列第三，位居北大、清华之后。浙大18个"双一流"建设学科中，涉农学科7个，农学院"双一流"建设学科2个：园艺学和植物保护。

（二）浙大农学院的沿革[2]

110年前的清宣统二年（1910年），浙江农业教员养成所成立，是我国最早引进西方现代农业的教育机构之一，后沿革为浙江中等农业学堂、浙江中等农业学校、浙江省立甲种农业学校、浙江公立农业专门学校（农专），直至1927年7月国立第三中山大学成立（浙江大学之前身）。当时浙江公立农业专门学校改组为国立第三中山大学劳农学院（后称浙江大学劳农学院、农学院），浙江省立工业专门学校改组为国立第三中山大学工学院。1928年，浙大成立文理学院，蔡邦华院士曾赋诗："巍巍学府，东南之花。工农肇基，文理增嘉。师医法学，雍容一家。"该诗就反映了这一历史事实。校歌中"有文有质，有农有工"，就突出地提到农科，足见农学院、农科历史之悠久和在浙大的影响力。

从1910年浙江农业教员养成所至1927年国立第三中山大学劳农学院，历时17年，至可视为浙大农学院的前身。原址在马坡巷民房，后迁至横河桥南河下民房，1913年4月迁至笕桥新校舍，前后历时7年整；[3]后因抗战笕桥建航校，1934年移至华家池。在笕桥办学时

---

① 《习近平谈治国理政》，外文出版社，2014，第174页。

② 参见邹先定：《愿继续耕耘在这土地上——邹先定退休后演讲录和文稿选编》，浙江大学出版社，2020。

③ 《浙江大学农业与生物技术学院院史（1910—2010）》，浙江大学出版社，2010，第10页。

期，名师荟萃，如陈嵘、金善宝、吴耕民、许璇（许叔玑）、蒋芸生、卢守耕、钟观光、朱凤美、蔡邦华等。①

1927—1952年全国院系调整前，为浙江大学农学院时期，历时25年，其中历经1937—1946年艰苦卓绝的抗战西迁阶段。1949年10月1日，新中国成立，翻开浙大和农学院崭新的一页。

1952—1998年"四校合并"组建成新的浙江大学前，共46年，其中1952—1960年为浙江农学院时段（8年），1960—1998年为浙江农业大学时段（38年）。1996年12月，浙江大学通过国家"211工程"部门评审。已故的"时代楷模""感动中国"的"布衣院士"、华南农业大学校长卢永根当时担任专家组副组长。②我有这个印象，仿佛他在浙江农业大学（现浙江大学）时的音容笑貌宛如昨天所见。

1998年"四校合并"，1999年成立浙江大学农业与生物技术学院（简称农学院）。"四校合并"至今已22周年。

以上是浙大农学院沿革的大致线索。

二、浙大农学院的贡献

（一）新中国成立前

1.五四运动和第一次国内革命战争时期（1919—1927年）

1919年5月12日，浙江省立甲种农业学校学生参加杭州中等以上学校举行的联合救国会，要求严惩卖国贼，拒绝在巴黎和会签字，抵制日货，同日举行示威游行，5月28日发表宣言，5月29日起罢课。浙江省立甲种农业学校积极投身九月的"一师风潮"斗争，并取得胜利。

在此期间参加党的革命斗争，英勇献身的陈敬森、邹子侃烈士均为共产党员、浙江公立农业专门学校的学生，陈敬森为浙江大学14位先烈中牺牲最早的革命烈士，邹子侃年纪最小，仅20岁。

2.第二次国内革命战争时期（1928—1937年）

①九一八事变

在杭州市举行的抗日救国集会上，浙大农学院师生手举醒目横幅，组织抗日救亡宣传队，示威游行，并赴南京请愿，要求抗日，施尔宜（施平）为请愿主席团成员之一。

②一二·九运动

浙江大学是南方最先响应一二·九运动的学校，农学院学生积极投身这一运动，施

---

① 《浙江农大八十年》，浙江科学技术出版社，1991。
② 《浙江大学农业与生物技术学院院史（1910—2010）》，浙江大学出版社，2010，第85页。

尔宜任校学生会主席，在浙江大学驱郭驱李的斗争中，同蒋介石面对面进行针锋相对的斗争。[①]

3. 全面抗战时期（1937—1945年）

艰苦卓绝的文军长征，西迁办学九年，凤凰涅槃，浴火重生，浙大农学院是其中一支劲旅。朱祖祥负责押运仪器设备，泰和的沙村示范垦殖场，湄潭永兴办学的艰难岁月，吴耕民的果蔬研究，蔡邦华、唐觉的五倍子研究，陈鸿逵、杨新美的白木耳栽培，卢守耕、孙逢吉等的作物研究，祝汝佐、葛起新的病虫害研究。陈鸿逵的炭条恒温仪，"罗登义果"（今贵州刺梨）的开发，茶叶的研发（刘淦芝，今湄潭龙井、遵义红、湄潭翠芽等）等农业科研推广硕果累累，影响深远。

1937年12月日寇南京大屠杀，浙大农学院的前身——浙江省立甲种农业学校校长陈嵘先生冒着生命危险，挺身而出，竭尽全力救助同胞。陈嵘先生早年留学日本北海道帝国大学，精通日语，后留学美国哈佛大学以及德国德累斯顿的撒克逊林学院，通晓英语和德语，同习近平总书记在纪念抗日战争胜利75周年座谈会上提到的国际友人拉贝等有良好的关系。陈嵘冒着生命危险同日方交涉，慷慨陈词，揭露日军暴行，提出保护安全区的要求。他手持布告牌参加巡逻，若遇日军越轨，当即告诫，[②]保护了金陵大学安全区3万多名难民和知识分子。

4. 解放战争时期（1946—1949年）

浙江大学学生的爱国民主运动如火如荼，最突出的是于子三运动。于子三运动为《中国共产党历史》所记载。周恩来同志指出：于子三运动是继抗暴和五四运动之后又一次学运学潮，1946—1947年三次规模空前的学生爱国运动，在国内形成第二条战线，有力地配合了人民解放战争，加速了国民党反动政权的彻底崩溃。于子三烈士是浙江农学院农艺系的学生，于子三的精神是一座非人工建造的纪念碑，于子三的成长轨迹就是渴望光明，追求真理，一心向往党，一生跟随党，听党的话，跟党走，为党和人民的崇高事业，为建立独立、民主、统一、富强的新中国，英勇奋斗直至献出宝贵生命的光辉历程。[③]1957年，身处逆境的马寅初先生亲题："子三先生，我连续五次上凤凰山叩墓，为的是要学习先生的革命精神。"

（二）新中国成立后

1. 抗美援朝。今年是抗美援朝中国人民志愿军出国作战70周年。抗美援朝战争的伟大

---

① 《浙江大学农业与生物技术学院院史（1910—2010）》，浙江大学出版社，2010，第16页。

② 《林学泰斗陈嵘先生》，铅印本，2017，第5—7页。

③ 邹先定：《于子三精神，一座非人工建造的纪念碑》，载《托起明天的太阳》，浙江科学技术出版社，2019，第176页。

胜利，为中国赢得了和平、尊严与建设发展的时空，形成了伟大的抗美援朝精神。浙大农学院柳支英教授、李平淑先生义无反顾参加抗美援朝反细菌战斗争。其英勇事迹可见农学院百年院史的介绍和《我心中的华家池》第一卷相关文章。浙大农学院的柳支英教授和李平淑先生身体力行抗美援朝精神，体现了为完成祖国和人民赋予的使命、慷慨奉献自己一切的革命忠诚精神，以及为人类和平与正义事业奋斗的国际主义精神①，为我们做出了榜样，他们同志愿军战士一样，也是"最可爱的人"。

2. 1952年院系大调整，浙大农学院林学系整建制地并入哈尔滨新组建的东北林学院（今东北林业大学）。东北林业大学自豪地表示具有浙大基因。众所周知，该校学生又为著名的塞罕坝林区建设做出筚路蓝缕的贡献。1950年暑期，林学系师生在浙西进行森林调查，自带干粮，翻山越岭，走遍浙西山山水水，为新中国浙江的林业发展做出贡献。1952年，师生又奔赴雷州半岛和海南岛，为筹建橡胶园进行勘测设计，部分学生留在当地建设橡胶事业。同年8月，受省林业厅委托，到浙江沿海考察海涯防护林，为国防建设做贡献。②

畜牧兽医系、农业化学系、土壤肥料专业并入南京农学院，农产品加工与制造专业并入南京工学院，农业经济系并入北京农业大学，四学系的学生及部分老师随之调往有关学院或机构。③

3. 1960—1998年为浙江农业大学时期。浙大农科经过几代人的辛勤劳动，具有悠久历史和优秀传统。浙江农业大学逐渐形成自己的办学特色和优势，特别是改革开放20年来，浙江农业大学发展迅速，已成为一所规模较大、学科门类较多、师资力量较强、教育质量和办学水平较高、在全国高等农业院校中居于前列、有一定国际影响力的综合性农业大学。1960年3月，浙江省委决定将浙江农学院、天目林学院（今浙江农林大学前身）、舟山水产学院（今浙江海洋大学前身）、诸暨蚕桑学院合并成立浙江农业大学，同时与浙江省农业科学院实行教校院合并，统一领导，这可以说是浙江农业大学规模最大的时期（1962年起逐步分开，1965年起浙江农业大学、浙江省农业科学院分开建制）。

新中国成立，中国人民从站起来富起来到强起来的奋斗历程和艰苦探索中，浙大农科始终和党同心同德，奋战不息，创造浙江农业发展的辉煌业绩，培养了大批深受基层欢迎的农业技术人员和基层干部，在学科建设和科研成果上达到新的高度。据王兆骞教授撰文回忆，1983年在国务院副总理万里的领导下，组织了一次中美学者农业教育研讨会，历时20余天，形成中英两个文本，整个评议过程没对学校打分排名，但在英文本中有学校的排

---

① 参见《光明日报》2020年8月26日第5版。
② 《浙江大学农业与生物技术学院院史（1910—2010）》，浙江大学出版社，2010，第44–46页。
③ 同②，第46页。

名顺序，依次为浙江农大、华中农大、南京农大和北京农大。①

时过30多年，近年有报道：全球排名50名内的农业学术机构为中国科学院、中国农业大学、中国农业科学院、浙江大学。当然，这样的排名是动态的。我认为，当下中国的农业高等教育有两种模式：农科大学综合化与综合性大学办农科。这四所学术机构中，中国农业大学是农科大学综合化类型，浙江大学属综合性大学办农科类型。

在20世纪80年代，浙江农业大学由于深受浙江省领导厚爱难以割舍，失去一次成为农业部重点学校的机会，全校师生员工发奋努力，一定要将学校建设得更好，事实上浙江农业大学为农业部不是重点的重点。

机遇总是垂青有准备的人们。20世纪90年代，国家开始启动"211工程"，浙江农业大学（现浙江大学）师生真是喜出望外，勠力同心，志在必得，绝不放弃这次机会，以求实现梦寐以求的夙愿，憋着一股子气，铆足了劲，顺利地以高分通过作为前提条件的校园精神文明建设评估，通过"211工程"部门预审。专家组组长为石元春院士，副组长为潘云鹤院士、卢永根院士。任少波同志也参加了校园精神文明评估，我当时担任时浙江农业大学校园精神文明建设领导小组组长，作校园精神文明建设情况的汇报。浙江农业大学（现浙江大学）即浙大农科在1996年顺利进入"211工程"。1998年四校合并，一个水平更高、实力更强的农科重回浙江大学大家庭，共创21世纪世界一流大学辉煌。②

1993年，浙江大学杨士林老校长曾讲："看到浙江农业大学建设得这么好，我想起早期在湄潭时的老浙大，现在的浙大继承了老浙大的优良作风，而且更加发展，更加深化了。"③王启东先生、张浚生书记也都表达过类似的评价。

4. 浙大是新中国农科招收培养外国留学生最多的学校之一，培养了欧美亚非40余个国家的留学生，从20世纪50年代起就培养苏联、波兰、越南等国的留学生。改革开放后，大批的非洲留学生来校学习，同时也有韩国、印度、巴基斯坦等亚洲国家的留学生。越南留学生阮攻藏回国后担任农业部部长、副总理等职（导师沈学年，王兆骞协助），埃塞俄比亚总统访华时特地安排到华家池参观访问。中非之间的交流合作中，浙江农业大学做出自己的贡献，援助乍得（章国胜等）、乌干达（陶岳荣等）、马达加斯加（冯家新等，并荣获总统骑士奖）、喀麦隆雅温得大学微生物实验室（徐同、闵航等教师分批援建，闵航等荣获总统骑士奖章）。在欧洲，陈子元援建阿尔巴尼亚农药残留分析实验室。④

5. 脱贫攻坚和干部培训。2020年是脱贫攻坚收官之年，浙大农学院做出自己的贡献，

---

① 《我心中的华家池——探寻浙江大学农科史与校园"乡愁"》第二卷，浙江大学出版社，2020，第330-331页。

② 《浙江大学农业与生物技术学院院史（1910—2010）》，浙江大学出版社，2010，第85-87页。

③ 同②，第41页。

④ 《让核技术接地气——陈子元传》，中国科学技术出版社，2014，第143页。

培养了江家余、辜博原、徐梅生等老一辈优秀科技副县长。其中江家余被松阳县授予"人民好公仆"荣誉，1995年被评为"浙江省十大新闻人物"，1996年被评为浙江省优秀共产党员、浙江省劳动模范，获得五一劳动奖章。[①]

进入21世纪，涌现了汪自强、张放、汪炳良、骆耀平、陈再鸣、汤一、叶明儿等一大批优秀科技特派员，深受当地欢迎。他们有的获"荣誉市民"称号，有的受到联合国科技开发署表彰。汪自强教授是其中的杰出代表，深受宁夏，泰顺人民的高度评价，陈宝生部长亲自到浙大为他授予全国优秀教师称号。张放在全国介绍《我愿把情把爱洒向山乡》。[②]他们把论文写在农村广袤大地上，写进脱贫致富农民的心坎里，写在人类减贫事业的崇高事业中。

1987年，国务院贫困地区经济开发领导小组在浙江农业大学举办扶贫培训班，林乎加同志亲自作动员。作为主讲教师，我同吴光林、李百冠、徐立幼等老师赴云南贫困地区考察，面向全国贫困县主要领导做扶贫开发培训，还出版了培训教程。我讲述的专题是"人才与技术"，还获荣誉证书。

浙江农业大学干部培训学院还轮训全省的农业农村干部，获得社会的好评，有浙江的"黄埔军校"之谓，主要指大批毕业生在基层锻炼，被提拔为各地领导，另一层意思，全省各级农业干部到浙江农业大学培训，增长才干。

三、100多年来浙大农学院师生的风采和魅力

《我心中的华家池》增有一编：《星光灿烂华家池》。其中记载了革命先烈3位：陈敬森、邹子侃、于子三；农科先贤8位：林启（晚清蚕业教育家）、竺可桢、蒋梦麟、陈嵘、许璇、钟观光、吴觉农（当代茶圣）；一级教授2位：吴耕民、陈鸿逵；院士（两院院士，国外科学院院士）21位；共34位（据不完全统计）。还有一大批知名的农业科学家均在浙大农学院任教或求学。

他们和广大浙大农科师生高扬"求是创新"的浙大校训，体现"海纳江河，启真厚德，开物前民，树我邦国"的浙大精神，以及勤朴的特质，闪耀着奋斗者的风采和人格魅力，表现为渴望真理，追求光明，跟随党，为社会主义事业奋斗。许多著名科学家成为共产党员。

竺可桢是我国近代科学家，教育界的一面旗帜，气象学界、地理学界的一代宗师，献身共产主义事业的一名忠诚战士。1962年，他以72岁高龄，光荣地加入了中国共产党。他在新旧社会比较中切身体验，终于找到了自己的归宿。《竺可桢传》标题四字为聂荣臻元

---

① 《浙江大学农业与生物技术学院院史（1910—2010）》，浙江大学出版社，2010，第73页。

② 同①，第176页。

帅亲笔题写。

吴耕民先生，园艺泰斗，1986年以91岁高龄参加中国共产党，实现自己平生的夙愿。"唯有鞠躬尽我瘁，聊效献曝乐余岁"，吴老退休后的岁月是他一生著述最丰的时段。

陈鸿逵先生，一级教授，植物病理学奠基人，以80岁高龄参加中国共产党。2007年浙大110周年校庆时，陈鸿逵先生108岁，这位在浙大奋斗了七十几个春秋、当时浙大唯一的一级教授，精神矍铄地坐着轮椅参加学校的庆祝晚会。

朱祖祥院士以80高龄在科学考察中因公殉职，根据朱先生生前意愿，中共浙江省委追认朱祖祥院士为中国共产党党员。

陈子元院士，在学生时代就向往进步，参与革命斗争工作，1956年，他是华家池第一位入党的高级知识分子。

热爱党，热爱社会主义祖国，听党话，跟党走，响应党和人民的召唤，献身农业，服务人民，已成为农学院师生共同的信念和方向。在浙大农学院师生身上，焕发出一种志向、气概和精神的伟大。

1. 树我邦国的炽热情怀

在农学院笕桥时期，"中国植物野外采集第一人"钟观光先生跋山涉水，面对匪盗抢劫毫无惧色，坚持科学考察，终于创建中国近代第一座植物园。

浙大农学院师生从投身五四运动，英勇参加大革命和土地革命战争时期的英勇斗争，九一八事变奋起抗日，积极响应一二·九抗日救亡运动，抗战西迁教育救国，抗战胜利复兴东归，到解放战争时期于子三运动，伸开双臂迎接新中国成立，爱国情怀，一以贯之，矢志不渝。

著名蚕业教育科学家陆星垣乘"戈登将军号"劈波斩浪，归心似箭，参加新中国建设。

1949年某次政协会议上，周总理采纳梁希设林垦部的建议，并提名他为林垦部部长，梁希先生写了一张条子递给周总理："年近七十，才力不堪胜任，拟以回南京教书为宜。"周总理看后写了一句话："为人民服务，当仁不让。"他见回条后激动地写下："为人民服务，万死不辞。"梁希先生为新中国的林业事业倾注了全部心血。[1]农学院师生爱国爱社会主义、树我邦国的炽热情怀始终如一，历久弥坚，历久弥新。

2. 开物前民的价值追求

早在20世纪30年代，梁希就在其撰文《西湖可以无森林乎》中指出："安得恒河沙数苍松翠柏林，种满龙井、虎跑，布满牛山、马岭，盖满上下三天竺，南北两高峰，使严冬经

---

① 《我心中的华家池——探寻浙江大学农科史与校园"乡愁"》（第二卷），浙江大学出版社，2020，第18页。

霜雪而不寒，盛夏金石流、火山焦而不热，可以大庇天下遨游人。"[1]这是难能可贵的、超越时代的生态观与理念。陈嵘先生曾手书梁希部长名句："黄河流碧水，赤地变青山。"[2]

蕾切尔·卡逊的《寂静的春天》于1962年出版，陈子元1963年在华家池默默地开始农药残留的分析。

从金善宝编写的中国第一部小麦教科书《实用小麦论》到第一部《耕作学》出版，从第一套茶叶专业教材到陈子元核农学的扛鼎之作，再到朱祖祥编写的《农业百科全书·土壤卷》，那么多的中国农业科研和教育的"第一"问世。每隔两年，就有一项世界先进或国内领先成就问世。

夏英武，曾任浙江农业大学校长，被誉为"赤脚"校长，他培育的"浙辐802"播种面积达2亿多亩，为当时全球推行面积最大的诱变水稻品种，经济效益达20多亿元。他的团队获国际原子能机构（IAEA）、联合国粮农组织（FAO）授予的终身成就奖。

姚海根，1965年毕业于农学系，从1974年起，45载春秋，培育了105个优质水稻品种，推广面积4亿多亩，创水稻育种之奇迹。毛主席曾说："手中有粮，心里不慌。脚踏实地，喜气洋洋。"夏英武、姚海根为把中国人的饭碗牢牢掌握在自己手中做出了自己的贡献。

献身农业，服务人民。朱凤美临终前还在著述，笔尖流淌着墨水。屈天祥倒在办公室。朱祖祥因公殉职。

3.启真厚德的勤朴本色

勤朴是启真厚德的本色和内质，勤可理解为勤劳、勤奋、勤勉、勤谨、勤苦、勤恳、勤俭，朴具有朴素、淳朴、朴实、诚朴、俭朴等含义。古有"抱朴守真"之精辟表述。它对于当下尚存的拜金主义、享乐主义、极端个人主义以及见利忘义、造假欺诈、不讲信用等道德失范现象来讲是一股正气清流。浙大农学院师生110年来始终保持勤朴的本色，我们试举往届毕业生校友的感言加以说明。

1936届校友钱英男：老师以身作则的传教，使我们学会了扎实的基本功，而朴实诚勤的高尚品德，更使我们终身受用。毕业生投身社会后获得社会交口赞誉，夸奖浙农弟子既懂理论，又会实干，且有不畏艰苦、不争待遇的好品德。[3]

1948届校友伍龙章：在自己人生历程中有三种精神支柱。第一，母校的"求是"校风、务实精神、奋发学习、严格考试，使我对工作总是兢兢业业，不敢有丝毫苟且，这是母校的校风教风学风赋予我最宝贵的精神财富。第二，老师以身作则，言传身教，严格要求，作为我一生工作做人的典范、楷模。第三，同时代的同学们刻苦学习、钻研精神、艰

① 《浙江大学农业与生物技术学院院史（1910—2010）》，浙江大学出版社，2010，第18页。

② 《石龙村志》，群众出版社，2010，第179页。

③ 《浙江农大八十年》，浙江科学技术出版社，1991，第128页。

苦朴素、热爱祖国、追求真理、向往革命、不怕牺牲的精神，是我学习和生活的准则。[①]

1950年考入浙大农学院的胡萃教授，在2010年深情地回顾写下《我在浙江大学农学院学到了什么》的文章：第一，爱国家，爱正义，为四年本科学习期间最为重要的一课；第二，爱民主，爱自由；第三，如何学习，积累学问；第四，如何工作，事业有成。丁振麟校长真正做到了鞠躬尽瘁，死而后已！希望我院优良传统继续弘扬，使之代代相传，永垂不朽。[②]

胡萃先生当年指导的博士生们写道：胡老师长期以来以"爱国敬业乐群惜时"为座右铭，他时时处处照此身体力行……胡老师不愧是我们的榜样。过去，我们在他的带领和帮助下成长；今后，我们仍将一如既往，不断努力创新，奋勇前进，为中华民族的腾飞贡献一切！[③]这些博士生就是俞晓平、叶恭银、张传溪、叶兴乾教授，他们也许是在座研究生的导师或导师的导师。

同学们，我们看到一脉相承的精神血脉。求是精神的勤朴本色是我们宝贵的基因和财富。

4. 海纳江河的博大胸怀

海纳江河，是浙大精神的重要内涵，不惧狂风暴雨，不弃涓涓细流。110年来，浙大农学院历经各种磨难和考验，始终与民族共浮沉，和时代同脉搏、同起伏。在抗日战争的烽火岁月里，"应变以常，处困以亨，荡丑虏之积秽，扬大汉之天声"，教育抗战，文化抗战，写下浙大抗战西迁浓墨重彩的篇章。新中国成立后，华家池友好地接待日本和平人士西园寺公一先生，发展中日两国人民的民间友谊。

70年前，抗美援朝保卫祖国轰轰烈烈展开。农学院在祖国一声召唤后，立即义无反顾，克服困难，投身抗美援朝反细菌战斗争，并做出贡献。1972年美国总统尼克松访华时赠送的珍贵树种美国红杉遇到生理和病理方面问题，是陈鸿逵教授等科技人员查清了原因，使红杉树在西子湖畔茁壮生长。110年来，特别是新中国成立后的改革开放时期，浙大农学院培养了大批外国留学生，这些学生主要来自发展中国家，尤其是非洲国家留学生，农学院的教授也走向世界，援助非洲农业；同时与国外广泛开展农业科技和教育的学术交流，得到联合国粮农组织（FAO）、国际原子能机构（IAEA）等国际组织的好评。

同学们，2019年9月5日习近平总书记给全国涉农高校书记、校长和专家代表回信，寄语涉农高校广大师生，以立德树人为根本，以强农兴农为己任，并指出："新时代，农村是

---

① 《浙江农大八十年》，浙江科学技术出版社，1991，第180页。

② 《我心中的华家池——探寻浙江大学农科史与校园"乡愁"》第一卷，浙江大学出版社，2016，第268页。

③ 同②，第257页。

充满希望的田野，是干事创业的广阔舞台，我国高等农林教育大有可为。"①习近平总书记的重要回信，饱含对新时代高等农林教育勇担历史重任的殷切期待，为新时代高等农林教育改革和发展提出新的战略指引，为农林高校在新时代进一步强化人才培养、科技创新和社会服务提出了根本遵循。今天，我们回顾110年来的奋斗历程，就是为了更好地学农爱农强农兴农，为国奉献，为把中国农业建设成强国农业，实现中华民族伟大复兴而努力！

　　谢谢同学们。

---

① 习近平：《以立德树人为根本　以强农兴农为己任》，《光明日报》2019年9月7日第1版。

求是精神与竺可桢学院

◎ 2020年10月16日　浙江大学紫金港校区蒙民伟楼报告厅

竺可桢学院的同学们，各位领导和老师：

下午好！

今天，我满怀着对竺可桢校长的崇敬心情来到以他名字命名的学院，特别是将参加"在鲜红的党旗下"竺可桢学院党建教育基地的揭牌仪式，内心格外激动。我是第一次参加学院活动。其实早在2018年11月2日，耿伟航等8位同学就专程来到华家池同我座谈，送我一枚竺可桢学院的徽章，一位女生还特地送上家乡的蜜橘。2019年9月28日，竺可桢学院祁雯等12位同学来我家访问，我们深入交流，大家依依不舍。他们是竺院自发来访的学生使者。今天看到这么多青春焕发、品学兼优、英俊有为的男女青年，脑子里就闪过《浙江大学校歌》："嗟尔髦士，尚其有闻……"我们在座的竺院学子，今天弦歌一堂，明天要作社会的栋梁，为实现树我邦国、中华民族伟大复兴的中国梦的崇高理想而奋斗。

来到竺可桢学院，不能不讲竺可桢先生和他倡导的求是精神。为了今天的宣讲，我重读了《竺可桢传》《竺可桢日记》及相关回忆录等资料，同大家交流关于求是精神的学习体会，主要汇报三点：一、竺可桢的求是精神和风范；二、求是精神穿越时代的价值和意义；三、新时代浙大竺可桢学院学子的使命担当。

一、竺可桢的求是精神和风范

竺可桢先生生于1890年3月7日，今年是竺可桢先生诞辰130周年。

竺可桢先生是世界著名科学家、教育家，中国近代科学家、教育家的一面旗帜，气象学界、地理学界的一代宗师。1988年，第一组中国现代科学家纪念邮票（一组四枚）发行，其中一枚就是竺可桢先生。2012年8月13日，国际小行星命名委员会将224888号小行星命名为竺可桢星。竺可桢的科学事迹和科普著作入选中小学课本。

（一）从著名科学家到成为共产主义战士的人生轨迹

竺可桢先生具有崇高坚定的共产主义信念。1962年，他以72岁高龄，光荣地参加了中国共产党。他是在自己的切身体验和对旧社会比较中找到信仰的归宿。他经常向人称自己是"无产阶级","终于找到了自己的归宿"。入党后，竺可桢先生在他的有生之年，真心拥护党的领导，拥护社会主义制度，坚信共产主义一定能实现，他自觉学习马克思主义唯物辩证法，学习毛泽东思想，将它们作为自己行动的指南。从一名著名科学家成为光荣的共产主义战士的人生轨迹，也是浙大许多著名科学家的人生选择和归宿。著名植物病理学家、一级教授陈鸿逵教授以80高龄加入中国共产党；园艺泰斗、一级教授吴耕民先生以91岁高龄参加中国共产党；著名土壤学家朱祖祥院士因公殉职，根据他生前意愿，中国共产党浙江省委员会追认他为中国共产党党员。竺可桢先生一生奋斗，一生求是，一生为国为民服务，堪称"品德和学问的伟人"，是一位弘扬践行实事求是的党员科学家、共产主义战士。这是我今天"在鲜红的党旗下"揭牌仪式宣讲中特别强调的一点。竺可桢先生的人生轨迹昭示了一条真理：热爱中国共产党，拥护中国共产党，坚定不移跟党走，献身于共产主义事业。

（二）竺可桢的求是精神

浙江大学之前身冠名求是学院。"求是"一语源自《汉书·河间献王传》："修学好古，实事求是"。1936年，竺可桢先生46岁，正值盛年，出任浙江大学校长；1938年，在烽火连天的抗战岁月亲定"求是"为浙大校训，倡导求是精神。竺可桢先生在此前后曾有三次重要演讲，集中阐释"求是精神"。

第一次，1938年11月11日，宜山。竺校长作《王阳明先生与大学生的典范》之演讲，他从做学问、内省力行的功夫、艰苦卓绝的精神、公忠报国等四个方面进行论述，指出大学教育的目标，决不仅是造就多少专家和工程师、医生之类，而在于养成公忠坚毅、能担当大任、主持风会、转移国运的领导人才。

第二次，1939年2月4日，宜山。竺可桢校长在这次对新生所作《求是精神与牺牲精神》的演讲中指出："求是的路径，《中庸》说得最好，就是'博学之，审问之，慎思之，明辨之，笃行之'。"[1]这是一篇十分精辟的论述。他强调："国家给你们的使命，就是希望你们每个人学成以后将来能在社会服务，作各界的领袖分子，使我国家能建设起来，成为世界第一等强国，日本或旁的国家再也不敢侵略我们。"[2]他还引用德国哲学家费希特的话勉励学生，号召浙大学生："诸位，现在我们若要拯救我们的中华民族，亦唯有靠我们自己的力量，培养我们的力量来拯救我们的祖国。这才是诸位到浙江大学来的共同使命。"[3]这是他在演讲中第二次讲到使命。

第三次，1941年5月9日，遵义。竺可桢先生做《科学之方法与精神》之专论。这是在

---

① 《浙江大学简史（第一、二卷）》，浙江大学出版社，1996，第68页。

② 《浙江大学报》2013年11月15日第4版。

③ 《国立浙江大学（上）》，1985，第151页。

浙大训导处和自然科学遵义分社合办的科学近况系列演讲的首场报告。竺可桢先生指出："科学家应取的态度应该是：①不盲从，不附和，以理智为依归。如遇横逆之境遇，不屈不挠，不畏强暴，只问是非，不计利害。②虚怀若谷，不武断，不蛮横。③实事求是，不作无病呻吟，严谨整饬，毫不苟且。"①

竺可桢先生还有其他关于求是精神的阐述，但最为集中的在上述三次演讲中。

（三）新中国成立后竺可桢的卓越贡献和风范

随着全国的解放，中华大地的历史掀开新的一页。在新中国成立前夕，竺可桢先生动员和影响了一大批高级知识分子，迎接新中国的诞生。

党对竺可桢先生是相当了解的：了解竺可桢为了办好浙江大学、发展我国教育事业的呕心沥血；了解竺可桢坚持科学研究，为繁荣我国学术研究做出的贡献；了解竺可桢主持正义不畏强暴，为保护师生尽到的努力；了解竺可桢的正直坦荡，作风严谨，在全国科学、教育界享有崇高的威望。党的信任、国家的需要，把竺可桢先生安排在中国科学院副院长岗位上，挑起参与领导全国科学事业的责任。②

新中国成立后，竺可桢先生夙夜在公，鞠躬尽瘁，为国家科学事业做出卓越贡献。他总是把自己的命运和祖国的命运紧紧联系在一起，无论环境如何复杂，如何艰难，他总是以国家人民的利益为重，这种炽热的爱国情怀，充分地体现了以爱国主义为核心的民族精神，至今天仍具有强烈的典范意义。1962年6月4日，竺可桢先生光荣地加入中国共产党。我们略举几例，仰视其一以贯之的求是精神和风范。

1963年1月6日，在中国科学院党组扩大会议上作长达一个半小时有关我国农业问题的发言时，竺可桢先生已73岁高龄。

1963年11月，竺可桢先生在全国人大会议上代表11位著名科学家提出开展自然保护工作，获各界人士响应。③

1964年2月6日，毛主席在中南海约见竺可桢、李四光、钱学森三位科学家。

1965年7月10日，在科学院院部主持黄淮海平原旱涝盐综合治理领导小组会议。

1966年10月16日，赴邢台视察地震实情，夜宿帐篷，时76岁高龄。

1968年2月29日，坚持原则，以事实驳斥"科学院17年黑线统治"的谬论，在"文化大革命"中外调组来找他时，认真查阅日记，核对事实，纠正不实之词，保护了一批科技人员。

1968年11月11日，就钓鱼岛领土主权致函周总理。

---

① 《浙江大学报》2013年11月15日第4版。

② 参见《竺可桢传》，科学出版社，1990，第162页。

③ 《竺可桢日记（Ⅱ）》，人民出版社，1984，第639页。

1972年4月17日，对《中国近五千年来气候变迁的初步研究》做最后修改，交《考古学报》发表，刊印11种版本，翻译成英语、德语、法语、日语、阿拉伯语和世界语等诸多文种。这篇修改到临终的著名论文，是竺可桢先生"一生专门研究的课题"，充分体现了他的求是科学精神和严谨、专一、执着的风格。

1972年7月11日，会见李约瑟夫妇。

1973年6月2日，根据周总理指示，召集地理所工作人员谈"近来气候变化和对人类的关系"。6月7日上午，约大气物理研究所同志谈近来气候特殊变异问题，具有鲜明的科学前瞻性。

1974年2月7日凌晨4时35分，竺可桢先生病逝于北京医院，享年84岁。1月26日，他还嘱咐儿子竺安购《鲁迅杂文》来阅读。他的日记记到2月6日，即逝世前一天。日记文字隽永、简洁、流畅，他所倡导并践行的求是精神，即一切以真理为依归、虚怀若谷和专心一志的精神，在日记中一以贯之，得到充分体现。

二、求是精神穿越时代的价值和意义

（一）浙大的历史方位

我们从历史轴线的三个时间节点来认识浙大的历史方位。

1897年，浙江大学之前身求是书院创立，为我国四所最早由中国人创办的新式学堂之一。其余三所为天津中西学堂（今天津大学，1895年）、南洋公学（今上海交通大学，1896年）、京师大学堂（今北京大学，1898年），按时序，浙江大学名列第三。

时隔47年，抗战时期，1944年，英国李约瑟在中国考察许多大学后，说浙江大学是中国最好的四所大学之一[1]，又说中国的西南联大和浙江大学可以和西方的牛津、剑桥、哈佛大学媲美。[2]

经过70年，进入21世纪，习近平总书记在北大师生座谈会上指出：扎根中国大地办大学，建设世界一流大学，"会有第一个北大、清华、浙大、复旦、南大等中国著名学府"[3]，对浙大建设为世界一流大学予以厚望。

百廿年来，在求是精神指引下，浙江大学始终在中国高校第一方阵的前列，自觉地承担着历史使命、时代责任。

---

[1] 《竺可桢传》，科学出版社，1990，第84页。
[2] 《竺可桢日记（Ⅱ）》，人民出版社，1984，第807页。
[3] 《习近平谈治国理政》，外文出版社，2014，第174页。

（二）在革命建设改革历史进程中浙大人的贡献

我们从中国人民在党领导下艰苦卓绝、波澜壮阔的历史长卷中看浙大师生矢志奋斗、奉献祖国的风采。

五四运动中，浙大之前身浙江甲种工业学校、浙江甲种农业学校学生积极响应。在大革命中，浙大农学院之前身浙江公立农业专门学校学生、共产党员陈敬森、邹子侃两位烈士献身革命。据记载，在革命斗争中，浙大有14位烈士献出宝贵生命，碧血丹心，浩气长存。浙大是最早响应一二·九运动的南方大学，在此期间，施平（施尔宜）是杰出代表，后走上革命道路，从学生抗日先锋成为共和国老一辈教育家[1]。著名的于子三运动加速国民党反动政权的崩溃。于子三烈士和竺可桢校长的事迹为《中国共产党历史》所记载。[2]

1949年5月3日，杭州解放，浙江大学伸开双臂迎接新中国。根据中国共产党历史记载，1950年前后，回国的7位科学家中，三位是浙大校友，他们是气象学家叶笃正、核物理学家程开甲、理论物理学家王淦昌。在伟大的抗美援朝战争中，浙大89人光荣加入军事干部学校。著名蚤类学家、农学院柳支英教授和年轻的女助教李平淑先生投身反细菌斗争；浙大校医李天助先生等11位医护人员参加抗美援朝医疗队；柳支英荣获"爱国卫生模范"奖章和奖状、朝鲜民主主义人民共和国"三级国旗勋章"；李天助荣获二等功奖[3]。他们都为抗美援朝做出贡献。

新中国成立后，浙大人做出彪炳史册的贡献。其中，"两弹一星"功勋科学家四位，他们是程开甲、钱三强、王淦昌、赵九章；荣获国家最高科技奖五位，他们是程开甲、谷超豪、吴文俊、徐光宪、叶笃正；竺可桢等8位科学家入选中国现代科学家纪念邮票；包括竺可桢先生在内的14位科学家荣获国际小行星命名；核物理学家程开甲荣获首批"八一勋章"；爆炸力学专家林俊德少将为全军挂像英模。2018年，程开甲等荣获"改革先锋"称号。2019年，国家颁布"最美奋斗者"名单，其中浙大校友马寅初、叶培建、吴文俊、林俊德、姚玉峰、高铭暄等获此殊荣。在"最美奋斗者"中，"两弹一星"先进集体成员王淦昌、赵九章、钱三强、程开甲均为浙大校友。在新中国成立70周年之际，叶培建、吴文俊、程开甲获"人民科学家"国家荣誉称号，高铭暄获"人民教育家"国家荣誉称号。在2020年伟大的抗疫斗争中，陈薇等获"人民英雄"国家称号。浙大医学院附属第一医院等三所附属医院获"全国先进集体"称号，五位医护工作者荣获"全国先进个人"称号，三位医务工作者获"全国优秀共产党员"称号，浙一医院党委获"全国先进基层党组织"

---

① 《我心中的华家池——探寻浙江大学农科史与校园"乡愁"》第二卷，浙江大学出版社，2020，第289页。

② 《中国共产党历史》第一卷下册，中共党史出版社，2011，第773页。

③ 《浙江大学农业与生物技术学院院史（1910—2010）》，浙江大学出版社，2010，第45页；《浙江大学简史（第一、二卷）》，浙江大学出版社，1996，第318页。

称号。①

同学们，我们还可以列出长长的群英谱，限于时间不再细说了。在求是精神指引下，60万海内外浙大校友形成了求是创新的蓬勃力量，为实现中华民族伟大复兴的中国梦而奋力拼搏。百廿年来，浙江大学始终同民族命运共浮沉，和时代脉搏同起伏，与人民同呼吸共患难，做贡献，铸辉煌。

（三）求是精神与时俱进的创新发展和指导价值

浙江大学成立123年来，从早期求是学风的初步形成，到"求是"校训的确立、"求是精神"的阐发，再到"求是创新"校训、"浙大精神"和浙大共同价值观完整体系的建立，体现了求是精神不断地与时俱进的创新品格以及历久弥坚、历久弥新的指导价值和意义。我们也可以从历史发展进程中获得合逻辑的印证。

1938年，竺可桢在宜山教务会议制定求是校训，并阐发求是精神。1941年，毛主席在延安整风中作《改造我们的学习》报告，对"实事求是"作精辟论述："实事"就是客观存在着的一切事物；"是"就是客观事物的内部联系，即规律性；"求"就是我们去研究。②中共中央党校有一巨石镌刻着"实事求是"四个金字。实事求是是中国共产党认识世界、改造世界的根本要求，是我们党的基本思想方法、工作方法，是马克思主义的根本观点。习近平总书记把实事求是、群众路线、独立自主称为毛泽东思想活的灵魂，将实事求是摆在首位。当然，当时的竺可桢先生无法获知毛主席的论述，作为杰出的科学家、教育家在当时倡导并阐述求是精神是极其可贵的。

进入21世纪，世情国情都发生巨大而深刻的变化。2006年9月27日，时任中共浙江省委书记的习近平同志在浙大紫金港校区为学生作《继承文化传统，弘扬浙江精神》的报告时指出："求是精神"是百年来浙大人"以天下为己任，以真理为依归"崇高追求的高度概括，"求是精神"不仅是浙江大学宝贵的精神财富，也是全省教育战线乃至全省人民的宝贵精神财富，在新的发展阶段，我们要继续将浙江精神和"求是精神"发扬光大③，充分肯定求是精神的价值，并赋予其新的时代内涵。

1939年2月10日，竺可桢校长在《求是精神与牺牲精神》中指出："求是的路径，《中庸》中说得最好，就是'博学之，审问之，慎思之，明辨之，笃行之'。"

2014年5月4日，习近平总书记在北大师生座谈会上指出："扎扎实实干事，踏踏实实做人，道不可坐论，德不能空谈。于实处用力，从知行合一上下功夫，核心价值观才能内化为人们的精神追求，外化为人们的自觉行动。《礼记》中说'博学之，审问之，慎思之，

---

① 《光明日报》2020年9月9日第12版。
② 《毛泽东选集》第三卷，人民出版社，1991，第801页。
③ 《浙江大学报》2018年2月14日第2版。

明辨之，笃行之'。"①他也引用了这句名言，并在践行社会主义核心价值观中赋予其新的时代含义，进行创造性转化创新发展，并提出勤学、修德、明辨、笃行四个方面的要求。浙江大学把这四个方面作为浙大共同价值观，为浙大精神的重要组成部分，百廿年来求是精神一直随时代发展，与时代俱进，不断地创新和发展，深刻地体现历史逻辑、认知逻辑、实践逻辑的一致性。

三、新时代浙大竺可桢学院学子的使命担当

（一）竺可桢之问：浙大学子永恒的人生坐标

"诸位在校，有两个问题应该自己问问：第一，到浙大来做什么？第二，将来毕业后做什么样的人？"这句浙大学子耳熟能详的名句是1936年竺可桢先生担任浙大校长后在第一批新生入学时的演讲，他进一步提出培养"清醒的头脑"，"这是事业成功的基础"，"专精一门技术的人头脑未必清楚，反之，头脑清楚，做学问办事业统行"。关于第二个问题，竺校长指出，倘大家以享福为人生的最大目的，民族可以招致灭亡，"历史上罗马之亡可为殷鉴"，"现在世界是竞争的世界，如果一个民族还是一味以享受为目的，不肯以服务为目的，必归失败"。他把这次讲话归结为两点："第一，诸位求学，应不仅在科目本身，而且要训练如何正确地训练自己的思想；第二，我们人生的目的在能服务，而不在享受。"②我把它称为"竺可桢之问"，84年来激励着浙大学子奋发学习、砥砺前行，是浙大学子永恒的人生坐标，在今天更具有强烈的现实意义。我们的教育将培养怎么样的人、怎样培养人、为谁培养人是一个根本问题，是党之大计、国之大计。学生是圆满做好新时代"竺可桢之问"答卷的主体，应把自己培养成为中国特色社会主义事业的合格建设者和可靠接班人，勇担"天降大任于斯人"的时代使命。

（二）求是精神与科学家精神

习近平总书记在9月11日科学家座谈会上号召不断向科学技术广度深度进军，登上科学高峰。党的十八大以来，我国科技取得历史性成就，发生历史性变革，重大创新成果竞相涌现，一些前沿领域开始进入并跑、领跑阶段，科技实力正从量的积累迈向质的飞跃，从点的突破转向系统能力提升。科技发展形势喜人，但任务艰巨。2016年习近平总书记指出："我国科技整体水平有了明显提高，正处在从量的增长向质的提升转变的重要时期，一些重要领域跻身世界先进行列。但是，总体上看，我国关键核心技术受制于人的局面尚未根本改变，创造新产业、引领未来发展的科技储备远远不够，产业还处于全球价值

---

① 《习近平谈治国理政》，外文出版社，2014，第173-174页。

② 《竺可桢传》，科学出版社，1990，第62-63页。

链中低端，军事、安全领域技术方面同发达国家仍有较大差距。"[1]在科学家座谈会上，习近平总书记强调大力弘扬科学家精神，胸怀祖国、服务人民的爱国精神，勇攀高峰、敢为人先的创新精神，追求真理、严谨治学的求实精神，淡泊名利、潜心研究的奉献精神，集智攻关、团结协作的协同精神，甘为人梯、奖掖后学的育人精神。我惊喜地发现科学家精神的要求和"求是精神""浙大精神"的要求、希冀高度一致，在大家耳熟能详的浙大校歌中都得到体现：如"无曰已是，无曰遂真""靡革匪因，靡故匪新"的创新精神，"习坎示教，始见经纶"的育人精神，"尚亨于野，无吝于宗"的奉献和协同精神，"开物前民""树我邦国"的爱国精神等等，我不一一解读。可以说，爱国精神、创新精神、协同精神、奉献精神、育人精神在150字左右的校歌中均有所体现。

我觉得包括竺院莘莘学子在内的浙大学生是幸运的：在浙之滨的浙江大学，是一所始终以天下为己任，以真理为依归，形成了爱国奉献、百折不挠、改革创新、服务人民、追求卓越的优良传统的高校，大家就在这样浓厚的氛围中学习成长。我们不仅要读有字之书，还要读懂实践这本无字之书，善于从以竺可桢先生为代表的科学家风范中理解、汲取营养，得到指引、支撑和鼓舞，提升自己的科学素养和品德修养。

竺可桢先生在贵州曾发表题为《二十八宿起源的时代与地点》的论文，对天文学史做出贡献。竺可桢先生注意到二十八宿最初起源于何时何地的问题。为什么一个直接涉及中国史实的学术问题，竟没有一位中国学者参加过争论？这是不正常的。一种民族自尊心促使他下决心去钻研这个问题。他先后查阅中文、英文、法文、德文和日文的有关资料39种，1934—1944年在日记中就写下好几万字的笔记，感到自己想法已经成熟，思路已经清楚，方始动笔，白天办公，夜晚著述，持续半个月。全文写毕，审阅后交人誊清，又重阅一遍，做最后修改，再去发表。[2]

他用毕生时间研究写成的《中国近五千年来气候变迁的初步研究》著名论文也是如此，该论文在当时攀登上世界科学的高峰，即使在今天看来，仍具有前瞻性的指导意义。

恩格斯说："即使只是一个单独的历史事例上发展唯物主义的观点，也是一项要求多年冷静钻研的科学工作。因为很明显，在这里只说空话是无济于事的，只有靠大量的、批判地审查过的、充分掌握了的历史资料，才能解决这样的任务。"[3]

昆虫学家祝汝佐先生从一生收集和研究的寄生蜂中，发现不少新种，但有的只因缺一两篇文献，就一直不肯发表。他的研究报告写成后，还要耐心再三修改，不轻易付刊，极为严肃认真。年轻教师向他请教桑螟卵寄生蜂的考查数量，他答道："先查一万块。"按桑

---

① 《习近平谈治国理政》第二卷，外文出版社，2017，第203页。

② 参见《竺可桢传》，科学出版社，1990，第91—92页。

③ 《马克思恩格斯文集》第二卷，人民出版社，2009，第598页。

蟥每个有盖卵有卵120～140粒，无盖卵有卵280～300粒计，就是说要查两三百万粒卵。[1]

王淦昌、程开甲、苏步青、吴文俊、赵九章、叶笃正、贝时璋、陈立、夏承焘、姜亮夫、吴耕民、金善宝、梁希、陈鸿逵、陈建功、叶培建、高铭暄、陈薇等一大批在浙大就读或任教过的杰出科学家，每个人都是一本活书、一本无字之书，充满了实实在在的科学家精神，也是践行求是精神的典范，值得我们每个人好好学习。

（三）启真厚德，开物前民，把个人的科学理念融入国家伟大事业

竺可桢学院汇集拔尖生。浙江大学"基础学科拔尖学生培养计划2.0"，是由各基础学科院系依托竺可桢开设的"求是科学班"教学改革项目。它以培养"未来顶尖科学家、世界一流的学科引领者"为目标，选拔对基础学科有浓厚学习兴趣、具有较强培养潜力并有志于深入探究的优秀学生进行特别培养。当然，这一切都要按科学的认知规律、创新创造规律和教育规律，在实践中探索。在此我们不展开讨论。但是有一点，科学研究和探索离不开精神的引领和支撑，这就是求是精神、科学家精神、社会主义核心价值观和立德树人、以德为先的精神引领和支撑。

新时代的青年，包括我们在座的每位同学，要充分认识到我们正处在中华民族发展的最好时期，既面临着难得的建功立业的人生机遇，也面临着"天将降大任于斯人"的时代使命。求是精神是浙大人的根和魂，求是精神是一种崇高精神，在我们的人生历程中，是我们开启学业、事业的长征、战胜种种困难的集结号，也是风雨人生中遮风挡雨的心灵支持，更是勠力同心、为祖国为人民而不懈奋斗的进行曲。求是精神后发展成"求是创新"的浙大校训和浙大精神、浙大共同价值观。它随处可见，随时可遇，在123年的砥砺奋斗中，在那些可歌可泣的人和事中，在竺可桢先生的日记里、著作中，在浙大的校史里，在浙大大师们的典籍传记中，在祖国广袤的大地上，在世界各地，都可寻觅到求是精神实践的踪迹，正如古代哲学家庄子所言："道在瓦甓。"

同学们，在新时代，启真厚德，开物前民，树我邦国，天下来同。把个人的理想追求融入国家现代化、实现强国梦的伟大事业中去。

竺可桢校长有句名言："壮哉求是精神！此固非有血气毅力大勇者不足与言。深冀诸位效之。"

谢谢大家。

---

[1] 《浙江大学农业与生物技术学院院史（1910—2010）》，浙江大学出版社，2010，第123页。

"五老"投身思政育人的实践和思考

——结合浙江大学关心下一代工作委员会求是宣讲团八年工作体会

动员和组织"五老"（老干部、老战士、老专家、老教师、老模范）投身思政育人工作是高校关心下一代工作委员会（简称关工委）的一项重要任务。高校关工委思政育人体系的框架结构、内容和重心、工作机制、制度建设、队伍建设、方式方法、成效检验等方面和环节构成动态、开放、不断创新和调整完善的系统工程。遵照习近平总书记关于高校思想政治工作和在全国教育大会上的论述，结合浙江大学关工委求是宣讲团八年来的实践，笔者沿着问题导向、目标导向、结果导向的思路，试图在理论思考和实践操作相结合的层面上作一回顾和探讨。

一、"五老"投身高校思政育人的重要性、必要性和紧迫性

2020年是中国关心下一代工作委员会（简称中国关工委）成立30周年。当时的背景是：1989年春夏之交，党和政府依靠人民，平息了在北京发生的政治风波。邓小平同志指出，北京发生的政治风波是国际的大气候和中国自己的小气候所决定的，并强调党的十一届三中全会以来制定的基本路线、方针、改革和发展战略是正确的，要坚定不移干下去。[1]中国既不走封闭僵化的老路，也不走改旗易帜的邪路。关心下一代政治思想的健康成长日显重要和紧迫，更加得到重视，并提上议事日程。与此同时，国际环境云谲波诡，国际共产主义陷于低潮，1991年12月1日苏联解体，继东欧剧变后21世纪又有"颜色革命"。已故的艾伦·杜勒斯曾声称："只要把脑子弄乱，我们就能不知不觉改变人们的价值观念，并迫使他们相信一种经过偷换的价值观念"，"我们要从青少年抓起，要把主要的赌注押在青年身上，要让它变质、发霉、腐烂"。[2]东欧剧变的事实表明"东欧崩溃首先是信念崩溃"。[3]"思想解体先于国家解体"是"颜色革命"给人的反面启示，防范和抵御"颜色革命"是意识形态领域斗争中不可回避的艰巨任务。[4]作为"生在旧社会，长在红旗下"，长

---

① 见《中华人民共和国大事记》，《光明日报》2019年9月28日第7版。

② 尼·伊·雷日科夫：《大国悲剧：苏联解体的前因后果》，新华出版社，2010，第1—2页。

③ 黄苇町：《苏共亡党十年祭》，江西高校出版社，2002，第236页。

④ 江涌：《谁在操纵世界的意识：从苏联解体到"颜色革命"》，社会科学文献出版社，2018，第10、27页。

期受党培养教育的高校思政工作者，我们深知新中国来之不易，社会主义来之不易，改革开放来之不易，深知"要使红旗飘万代，重在教育下一代"，我想这也是30年来"五老"热情投身高校思政育人的思想境界和不竭动力。笔者从三个维度来认识高校关工委思政育人的重要性、必要性和紧迫性。

1. 中国关工委成立30年来，世情国情党情发生很大变化。中国特色社会主义进入新时代，既要谋划中华民族伟大复兴战略全局，实现宏伟目标，又将迎接世界百年未有之大变局的机遇和挑战。西方敌对势力从未停息"和平演变"图谋，政治上攻击、经济上遏制、军事上围堵、外交上发难、意识形态上渗透，尤其自2020年新冠肺炎疫情暴发以来，更是变本加厉，无所不用其极。在新时代，面临错综复杂的国际国内形势，高校培养什么样的人、如何培养人以及为谁培养人这个根本问题更显得极具重要性，动员组织"五老"投身思想政治工作，参与全程育人、全方位育人、全员育人是完全必要、十分重要的。

2. 由于市场经济规则、政策法规、社会治理还不够健全，受不良思想文化侵蚀和网络有害信息影响，道德领域依然存在不少问题。一些地方、一些领域存在不同程度道德失范现象，拜金主义、享乐主义、极端个人主义仍然比较突出；一些社会成员道德观念模糊甚至缺失，是非、善恶、美丑不分，见利忘义、唯利是图、损人利己、损公肥私；造假欺诈、不讲信用的现象久治不绝，突破公序良俗底线，妨害人民幸福生活，伤害国家尊严和民族感情的事件时有发生。[①]大学校园并非真空，青年大学生正处于拔节孕穗的成长阶段，"五老"投身高校思政育人工作、发挥其独特优势和作用，完全必要，十分重要。

3. 随着时代的发展、时间的推移，新陈代谢，新老交替，参加高校思政育人"五老"的年龄构成也发生明显变化。离休干部日渐变少，参加抗美援朝的老同志大多年逾九秩之龄，目前在一线思政育人的骨干大多为新中国成立前后出生的古稀老人。"五老"思政育人主体的年龄日渐下移，他们的历史记忆、人生经历主要在新中国成立后社会主义革命建设改革时期。他们亲历在党的领导下新中国从站起来、富起来到强起来的伟大斗争，投身于波澜壮阔、改天换地的伟大实践，也经历了社会主义事业艰难探索的曲折起伏，铸就了坚定的政治信仰、听党的话跟党走的人生信念。他们与战争年代为人民打江山的老前辈有不同的特点，但是两者有一点是共同的，即义不容辞将党的初心和使命一代一代地传承发扬光大。在新时代，"五老"还肩负着承上启下，将红色革命传统和优良作风永续传承的崇高使命。思政育人的对象也日渐低龄化，20世纪的"90后"日渐淡出，出生于21世纪的"00后"，甚至更年轻的大学生将成为主要对象。这是不以人的意志为转移的新老交替规律，也对"五老"投身高校思政育人提出新的课题：如何继承红色基因光荣革命传统，发扬革命老前辈"传帮带"及关心教育下一代的优良作风；如何在新时代改革创新，与时俱

---

① 《新时代公民道德建设实施纲要》，人民出版社，2019，第2-3页。

进，有效地做好"五老"思政育人工作。这些都需要在实践中探索、概括和提高，具有新时代的紧迫性。

二、高校关工委思政育人的体系结构和工作机制

"五老"是高校关工委思政育人的主体之一。"五老"在浙江大学党委领导和关工委直接指导下，有组织地开展思政育人工作，贯彻新时代党的教育方针，主动积极配合学校加强思想政治工作，培养社会主义合格建设者和可靠接班人，培养一代又一代拥护共产党领导和我国社会主义制度、立志为中国特色社会主义奋斗终身的有用人才。

（一）体系结构探索

所谓体系，是由若干事物相互联系而构成的整体。体系不是摆设，而是为了发挥功能和效应，达到预期的目标。

新时代高校思想政治工作，必须围绕学生、关照学生、服务学生，不断提高学生思想水平、政治觉悟、道德品质、文化素质，让学生成为德才兼备、全面发展的人才。

新时代高校关工委思政育人的重点在坚定理想信念，要在提高思想水平、思想觉悟和道德品质上下功夫，量力而行，尽力而为，逐步扩展。育人重点应放在学生党员和入党积极分子上，这是关键。特别是大学新生群体，要扣好人生的第一粒扣子。

当然，一切需从实际出发，因地制宜，因校制宜，不同学校在实践中创造了不同类型的关工委思政育人体系。2020年浙江大学关工委工作体系见图1。

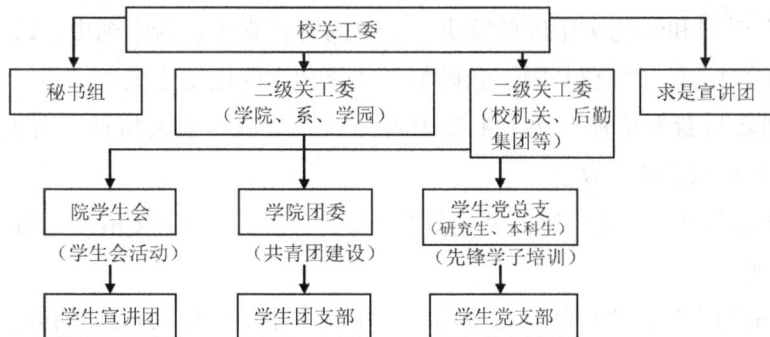

图1　浙江大学关工委工作体系示意图（2020）

求是宣讲团是浙大关工委"五老"思政育人的主要团队，在多年的实践摸索中逐步形成其思政育人的工作体系（见图2）。

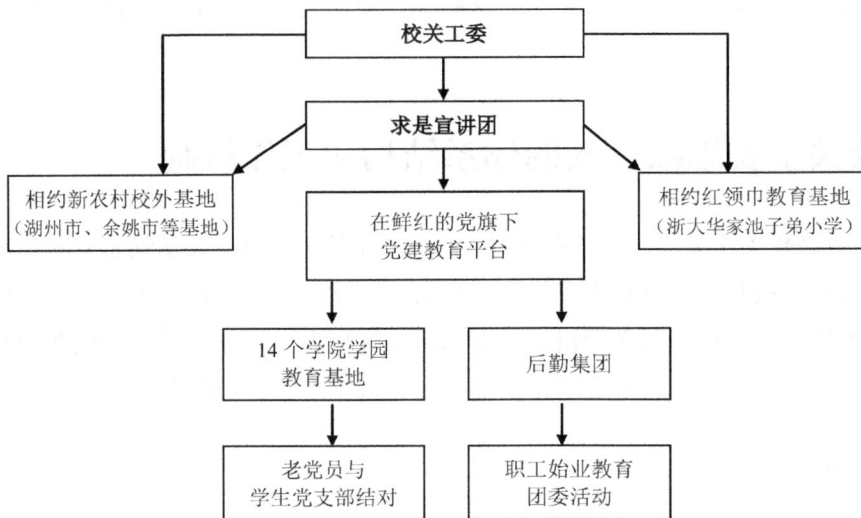

图2　浙江大学关工委求是宣讲团工作体系示意图（2020）

（二）内容和方法体系

1. 思政育人主要内容

浙大关工委求是宣讲团成立8年来，特别是2017年党的十九大胜利召开后，创立"在鲜红的党旗下"党建教育平台，逐渐形成九个思政育人模块（见表1）。

A. 理论育人模块。主要内容：马列经典著作学习，特别是习近平新时代中国特色社会主义思想的学习研读。

B. 党建引领模块。主要内容：党建理论学习、党章和党的知识教育，党性修养教育。

C. "四史"学习和红色文化传承模块。主要内容：党史、新中国史、改革开放史、社会主义发展史学习，传承红色基因，弘扬革命文化和党的优良传统。

D. 求是创新与浙大精神模块。主要内容：浙大校训、浙大精神、浙大共同价值观、浙大历史和时代贡献、浙大故事。

E. 道德修养模块。主要内容：坚定理想信念，高扬爱国主义精神，培育和践行社会主义核心价值观。

F. 时代使命与责任担当模块。主要内容：实现中华民族伟大复兴是新时代青年运动的方向，弘扬以爱国主义为核心的民族精神和以改革创新为核心的时代精神，勇作新时代的奋进者、开拓者、奉献者。

G. 增强综合素质模块。主要内容：科学精神与人文精神。

H. 相约红领巾模块。主要内容：开学第一课、听爷爷奶奶讲革命故事、传承好家风、走近科学家、走进浙大、小学师德讲座。

I. 实践育人模块。主要内容：重走长征路、重走浙大抗战西迁路、红色历史寻踪、田野调查、社会考察、时代模范采访。

表1　浙江大学关工委求是宣讲团思政育人模块简介（2012—2020）

序号	思政育人模块	代表性宣讲及相关活动（根据实践记录，演讲者名略）
1	理论育人	1.敬仰马克思　学习马克思 2.谈谈习近平治国理政大方略 3.加强马克思主义群众观点和党的群众路线的学习实践 4.全面深化改革总目标的科学内涵 5.新时代的政治宣言和行动纲领 6.加强生态文明建设，建设与人和谐的生态环境系统 7.从大国战"疫"看中国特色社会主义的优越性
2	党建引领	1.学习党章党规　做合格党员 2.学习党章　了解党章　践行党章 3.学党史　知党情　感党恩 4.与青年党员谈党的历史 5.谈谈青年干部的素质要求
3	"四史"学习和 红色文化传承	1.深切怀念毛泽东主席 2.永远缅怀毛泽东的丰功伟业 3.继承祖父遗志，永远跟党走 4.刘伯承与红军长征 5.长征是中国共产党人献给世界的壮丽史诗 6.夺取保护钱塘江大桥的胜利 7.我的新中国记忆和认识 8.新时代青年运动的方向——纪念五四运动100周年 9.纪念抗日战争胜利70周年大型座谈（2015年5月15日）
4	求是创新与 浙大精神	1.竺可桢与求是精神 2.弘扬求是创新精神　加强校园文化建设 3.浙大精神永放光芒 4.牢记西迁历史　传承求是精神 5.红背篼——浓浓的湄潭情 6.一座非人工建造的纪念碑——纪念于子三烈士殉难70周年 7.历久弥新的浙大精神大型座谈活动（2017年4月28日） 8.领悟浙大精神　担当时代使命（2017年3月24日校园历史文化寻踪活动）

续表

序号	思政育人模块	代表性宣讲及相关活动（根据实践记录，演讲者名略）
5	道德修养	1.培育和践行社会主义核心价值观，夯实一生的基础 2.高扬爱国主义精神，践行社会主义核心价值观 3.一生的目标　永不懈怠的奋进 4.点亮理想的灯　照亮前行的路 5.坚定理想信念　放飞青春梦想
6	时代使命与 责任担当	1.中国道路与中国梦 2.正确认识我们的时代和当前形势 3.在伟大时代奋斗中实现人生理想 4.鲜红的党旗指引我们迈进新时代 5.浙大精神的时代光芒 6.勇担"天降大任于斯人"的时代使命
7	增强综合素质	1.科学精神与人文精神 2.大数据与人工智能 3.人类与病毒 4.健康向未来 5.第四次工业革命 6.与同学们谈谈读书问题 7.环境微生物为美丽中国出力 8.美丽中国会有更多类型的机器人
8	相约红领巾	1.永远跟党走 2.大手牵小手　共圆中国梦 3."三爱"雨露育新苗 4.开学第一课：我和我的祖国——10首革命歌曲赏析 5.小小微生物　神秘大世界 6.学习刘帅崇高品质　为红领巾增光添彩 7.动脑筋激发学习兴趣原动力 8.不能忘却"浙大西迁"，时刻铭记"中华崛起"——聆听爷爷奶奶讲浙大西迁的故事（2015年6月5日） 9.参观浙大校史馆（走进浙大系列活动之一） 10."走近科学家"家访活动 11.继承求是精神　为实现中国梦努力学习 12.传承好家风　弘扬好品德 13.浙大华家池子弟小学暑期师德讲座活动（2014—2020）每年一讲
9	实践育人	由各学院（学园）、系安排

2. "五老" 思政育人方法探索

A. 演讲和报告，包括云课堂、线上交流、跨省跨校交流、共享。

B. 参加党课党日活动，制作微党课，参加学生党支部活动、主题教育活动、"相约"座谈、革命传统纪念日活动等。

C. 参加学生田野调查、社会考察、校园文化巡礼等活动，介绍相关背景，解读历史，陈述沿革，谈出感悟，读活无字之书。

D. 老党员与学生党支部结对，老少共话，共同成长。

E. 热情接待学生采访、造访。如"走近科学家""走进'五老'学习工作生活"等活动，由于有环境烘托、实物展示、历史细节再现、人生风采掠影等情景，深受学生喜爱。

F. 著书育人，通过讲座、首发式、著作赠送、研讨会等活动助推思政育人。

H. 资助育人，传递关爱，沟通心灵，励志成长，赠送图书及学习用品等。

（三）"五老" 思政育人制度体系建设

校关工委、求是宣讲团为了配合学校进行思政育人工作，八年来逐步形成了"五老"思政育人的制度体系。宣讲团在成立第一天，就明确提出"宣讲团的每一位成员应自觉地在政治上同党中央保持高度一致"[1]，将老同志投身关心下一代工作提高到"崇高的事业，光荣的职责"的高度，将离退休老同志潜在的优势转化为现实的优势，将个人的优势转变为组织的优势，将分散的优势整合为集体的优势，实现优势互补，相互学习，取长补短，逐渐规范，不断完善，并在实践中贯彻落实。

1. 宣讲团成员的聘任制。招贤纳士，把好"五老"宣讲队伍的政治觉悟和业务能力关，坚持高标准严要求，让有信仰的人讲信仰，有奋斗的人讲奋斗，并把选人关口前移，在即将退休的教师、职工中提前物色，真诚邀请。举行受聘仪式，增强仪式感和使命感。创立特约宣讲员制度。

2. 例会制度。上、下半年各2次，全年4次，进行本年度的布置任务和回顾小结，做到有始有终，全盘有数，分工协作，彼此衔接协调。

3. 学习制度。一般为上半年的全国两会召开、下半年中央全会召开之际，由1～2位同志作中心发言，学习领会党和国家的大政方针和政策。

4. 外出学习考察制度。每年组织1～2次社会考察、田野调查。

5. 集体备课，试讲制度。

6. 宣讲选题上网发布和应需而作的专题相结合的运作机制。

7. 编辑关工委工作简报，在《环球老来乐》杂志每年2～4期宣传报道关心下一代工作和

---

[1] 《愿继续耕耘在这土地上——邹先定退休后演讲录和文稿选编》，浙江大学出版社，2020，第89页。

成绩，编辑专题宣传册，既起到精神激励作用，又指导当前工作，并积累总结阶段性成果。

8. 各类活动记录保存的台账制度（包括文字、图片、录音、录像、视频资料等）。

9. 支持鼓励编写出版有关"五老"思政育人的书籍资料，探索著书育人的路径。据不完全统计，浙大关工委及"五老"成员先后出版或编写了十余部相关著作（见表2），在思政育人过程中，在开学第一课、"四史"主题教育讲座和社会主义核心价值观弘扬践行中，均起到很好的作用。

表2　浙江大学关工委及求是宣讲团成员思政育人有关著作（不完全统计）

序号	著作名称	参与编著者	出版单位与时间
1	《托起明天的太阳——浙江大学关工委宣讲稿集萃》	朱征主编，李乐鹏、张梦新副主编	浙江科学技术出版社，2019年
2	《浙大记忆——老教授讲浙大故事》	浙江大学关工委、离退休工作处主编	内部印刷，2017年
3	《全国重点文物保护单位之江大学旧址历史变迁》	李乐鹏任副主编	浙江大学出版社，2017年
4	《科技论文写作入门》（第四版）（中国石油和化学工业优秀教材，高等学校教材）	张孙玮等编著	化学工业出版社，2011年
5	《科技论文写作入门》（第五版）	张孙玮等编著	化学工业出版社，2017年
6	《新编风雨龙吟楼诗词集》	张梦新等主编	浙江大学出版社，2018年
7	《我在新的征程中》	王高步著	银河出版社，2013年
8	《拂晓寻踪（革命回忆录）》	王高步参编	《拂晓寻踪》编委会（内部印刷）2009年
9	《重走西迁路——浙江大学西迁后代纪念文集》	王宽福执行主编，朱荫湄、陈健宽、陈天来等参编	浙江大学出版社，2020年
10	《我心中的华家池——探寻浙江大学农科史与校园"乡愁"》（第一卷）	邹先定主编	浙江大学出版社，2016年
11	《我心中的华家池——探寻浙江大学农科史与校园"乡愁"》（第二卷）	邹先定主编	浙江大学出版社，2020年
12	《浙江大学农业与生物技术学院院史（1910—2006）》	邹先定主编	浙江大学出版社，2007年
13	《浙江大学农业与生物技术学院院史（1910—2010）》	邹先定主编	浙江大学出版社，2010年
14	《愿继续耕耘在这土地上——邹先定退休后演讲录和文稿选编》	邹先定著	浙江大学出版社，2020年

10. 思政育人平台、品牌、校内外基地建设的协调共建制度。

例如，在每学期开学前召开由关工委、校学工部牵头，由14个学院、学园参加的"在鲜红的党旗下"党建教育平台的推进会；由求是宣讲团、校后勤集团、浙大华家池子弟小学参加的"相约红领巾"基地建设例会，由浙江大学关工委、湖州市关工委召开的市校共建爱国主义教育基地的工作会议等，使浙大关工委思政育人工作向中小学延伸，向地方辐射。

三、"五老"队伍建设

高校的"五老"长期从事教育工作，他们在离退休后参与思政育人既是"三育人"①的延续，也更突显思想政治工作的重要性和主导性，将继续担负起先进文化传播者、党执政的坚定支持者、学生健康成长指导者和引路人的职责。"五老"通过各种有效的途径和方式，为青年大学生成长提供理论指引，为青年大学生实践磨炼提供亲历体验和苦乐成败的资鉴，为青年大学生塑造人生呈现自己曾经的愿景规划和实践轨迹，努力培养青年大学生宠辱不惊的心理素质、百折不挠的进取意志、乐观向上的精神状态。老同志要有老同志的样子，"打铁还需自身硬"，老同志也要自觉加强马列主义和党的创新理论，特别是习近平新时代中国特色社会主义思想的学习，真正做到明道、信道、践道、传道，在思政育人过程中自觉践行求是创新精神，在实践中遵循思政育人规律、学生成长规律、认知规律和心理活动规律；在思政育人中不媚俗，不迎合，不为博取廉价的掌声去取悦听众，不为名利虚荣遮蔽初心，坚守"五老"精神的纯粹性；始终做到以德立身，以德立学，以德施教。党员老同志要自觉"在党爱党，在党言党，在党为党"，活到老，学到老，奋斗到老，求实求是到老，在青年大学生中以自己的学识、品格、风范起表率作用，赢得青年大学生出自内心的尊重和热爱，从而体现"五老"思政育人的价值。

八年多来，浙大关工委以"忠诚、关爱、创新、奉献"的"五老"精神，注重求是宣讲团"五老"队伍的思想建设、组织建设和作风建设。校关工委张孙玮副主任概括求是宣讲团的特点如下：第一，坚持高标准、严要求的组团方针，保证了宣讲团的生命力。宣讲团成员既有理想信念的追求，又有精益求精的治学态度和工作作风，凡承诺，必圆满完成，绝不食言。第二，宣讲团的宣讲风格朴实无华，内容密切结合时政形势和学生实际。宣讲团推出系列主题报告，都经过深思熟虑、精心构思，既有分工，又相互密切配合、呼应，形成一个完整的体系。第三，宣讲团为了一个共同的目标，形成一个"团结、紧张、严肃、活泼"的战斗集体。在宣讲团内部只有相互帮助、协同配合，没有互不买账、漠不

---

① "三育人"指教书育人、管理育人、服务育人。

关心等"文人相轻"之类的问题。①

四、效果和反应

浙大关工委求是宣讲团在八年来的思政育人实践中，高举习近平新时代中国特色社会主义思想伟大旗帜，始终以培育和践行社会主义核心价值观为主线，充分体现以爱国主义为核心的民族精神、以改革创新为核心的时代精神，始终围绕着立德树人、培养怎么样的人、如何培养人以及为谁培养人这几个根本问题开展多种形式的育人活动，做到旗帜鲜明，在原则问题上毫不含糊，以正面引导为主，春风化雨，润物无声，唱响主旋律，释放正能量。

1. 求是宣讲团的思政育人活动构成一立体多层面的结构

宏观层面：主题教育报告、先锋学子培训讲座、党课、学生开学第一课、职工始业教育等大型活动，包括云课堂、网上交流等（规模数百至千余人）。

中观层面：主要采取座谈交流的形式，如各类相约活动、午间沙龙，在华家池子弟小学坚持数年的暑期师德讲座等（规模20人以上，50人以下）。

微观层面：主要形式为老党员与学生党支部、党章学习小组或学生个人结对互动交流，开展小范围层面交流，老少共话，有针对性地解疑释惑（一般20人以下）。

三个层面，形式各异，功效不同，但目标、价值取向一致；三个层面相互关照，点面结合，相得益彰。

求是宣讲团"五老"思政育人具有广泛的覆盖性：从学校到地方，从大学生到中小学生，从青年教师、干部到后勤职工。每场思政育人的宣讲，做到观点正确，立场鲜明，有理有据，条理清晰，通俗易懂。为了提高宣讲质量和效果，老同志花费了大量的心血查阅资料，撰写讲稿，进行认真的备课。即使是微观层面活动，老同志也是事先做好充分的准备。在老少共话的亲切交流中，平易近人，态度和蔼，真诚朴实，内涵深厚，视野开阔，深入浅出，生动感人。以广大青年大学生为主的受众对此是认可和欢迎的。

在宏观报告层面，老同志精彩的演讲常常引发学生由衷地自发鼓掌，形成充满正能量的气场。

在中观层面，老同志与学生亲切互动，既围绕中心主题，又能各抒己见，畅所欲言，平等交流，春风化雨，学生往往有实实在在的收获。

在微观层面，"五老"针对性、个别指导性更强，同学反映"听老同志一席话，大有醍醐灌顶之感"。学生感言："老党员青春记忆里的峥嵘岁月，是鼓励后辈最动人的文章；

---

① 邹先定：《受学生欢迎和热爱的"五老"宣讲群体》，载《托起明天的太阳》，浙江科学技术出版社，2019，第246页。

老党员一腔热血中的无私精神，是交给我们最宝贵的财富"，"载着老党员的期待，我们张开双臂拥抱未来，面对未知的世界，扬帆起航"。[①]学生们这些肺腑之言，真实地反映了他们的心灵感悟和宣讲团"五老"思政育人的实际效果。

2. 浙江大学关工委和求是宣讲团获得的社会评价

浙江大学关工委连续五年被授予浙江省教育系统关心下一代先进集体荣誉称号。

2016年，浙江大学关工委被评为全国教育系统关心下一代先进集体。

浙江大学关工委被湖州市关工委授予区、校共建先进集体，市校合作共建全省美丽乡村示范工作先进集体称号。

2019年，浙江大学关工委被授予浙江省离退休工作先进集体称号。

浙江大学关工委求是宣讲团被浙江省老干部局评为创新团队。

浙江大学关工委秘书长朱征荣获全国教育系统关心下一代先进个人称号。

王明华被评为浙江省高校优秀共产党员。郑元康被评为浙江省和浙江省教育系统关心下一代先进个人。

庄表中等多位求是宣讲团成员被评为浙江大学关心下一代先进个人。

汪益民等六位求是宣讲团成员荣获浙江大学离退休教职工"正能量之星"称号。

五、思考与建议

1. 新时代高校思政育人工作贯穿于教学全过程，实现全程育人、全方位育人、全员育人，不再局限在思政课程和思政工作人员的范围。这是高校思政工作的重要变革和突破，关乎培养什么样的人、如何培养人以及为谁培养人这几个根本问题，应从教育为党之大计、国之大计的站位和高度来认识。"五老"参加高校思政育人除了具有政治、经验、威望、亲情的优势外，还有时空优势和综合优势。

时间优势：相对来讲，老同志时间较充裕，支配较灵活，安排学生与老同志活动，可做到统分结合，实现资源共享。在时间资源利用上，自主灵活性强，精准性也较高，少牵制，容易操作。

空间优势：老同志与青年学生可以"零距离，面对面"，具有物理空间特有的感性、具体、生动、鲜活、真切、细微的优势和特点，容易形成老少"手拉手，心连心"，入耳入脑走心的语境和情景，达到某种不可替代的效果。

我们还体会到宣讲团"五老"团队具有综合的优势。作为综合性大学，"五老"成员来自不同学科又不局限于本学科，具有能进行通识教育和普遍指导的优势，融自然科学、

---

① 邹先定：《长风破浪会有时　直挂云帆济沧海》，载《托起明天的太阳》，浙江科学技术出版社，2019，第3页。

人文社会科学，有别于专业教育，具有更灵活、更有针对性的特点，更具有通识、方法论感悟，打通专业界限的综合优势，从而在高校思政工作中，可围绕中心，起到更主动积极、更具有针对性和实效性的"配合补充"作用。

2. 根据新时代形势发展的要求，需要"五老"思政育人因事而化、因时而进、因势而新的创造工作，做到与时俱进。"五老"思政育人着重在育人内容和方式方法有效性上创新。进一步发掘和充分发挥"五老"潜在的优势和特长，围绕马克思主义为什么"行"、中国共产党为什么"能"、中国特色社会主义为什么"好"这些学生思想成长过程中最根本的问题，真实生动地提供老同志的切身体会，让思政育人往实里走，往细里走，往深里走，往学生心里走。如创建"在鲜红的党旗下"党建教育平台，建设浙大党建红色基因库，成立工作室，以及在老党员和学生支部结对活动中，讲爱、讲史、讲文、讲哲，培育堪当时代重任大用的一代新人。

3. 加强理论学习，提高"五老"思政育人水平。进入新时代，"五老"也要继续加强学习，努力提高政治理论水平和育人水平，特别是要认真学习当代马克思主义、二十一世纪马克思主义——习近平新时代中国特色社会主义思想，系统地研读《习近平谈治国理政》著作和重要文章，领会马克思主义发展新的时代篇章的精神实质，营造学习型的宣讲团，努力提高宣讲质量和思政育人水平。

当下，学生并不缺信息，但渴望通过老同志宣讲获得有关问题的深度分析，提供历史背景，解读现象背后的本质。老同志应历史、系统、唯物地对照、化解理解认识上的"堵点""难点"和"断点"，不停留在浅表的现象表述层面，期待有一定历史积淀、一定理论深度，结合个人经历感受的系统梳理、生动比照、深入分析，能抓住本质，从而进一步加深对党的创新理论和线路方针政策的领会。不同专业、不同学科的"五老"可探索运用学术的语言，从独特的视角讲活思政的话题，体现思政育人真理性和科学性的统一，发挥知识和认识在"横断学科"层面的优势。更希望老同志能真切、透彻地从马克思主义的认识论、方法论、唯物辩证法和历史唯物主义的高度帮助学生加深对当今中国和世界的认识，读懂中国，读懂世界；能以开阔视野，胸怀两个大局（中华民族伟大复兴战略全局和世界百年未有之大变局），从而更深刻理解当代大学生，特别是党员学生的时代使命和责任担当。

4. "五老"参加高校思政育人应列入校党委工作的议事日程，纳入高校党建工作的工作范围。"五老"是高校思政育人工作不可或缺的生力军和重要力量。学校党政各职能部门、群团组织以及处于一线的各学院，都关心、支持、帮助关工委的思政育人工作，做到信息沟通、合作渠道畅通，平台合作高效持续，统筹协调有序地推进高校思政育人工作，尊重老同志的特点，为老同志更好发挥作用搭建工作平台。

浙江大学是一所在国内外享有盛誉的著名高等学府，建校120余年来培养了200多位院士、1位诺贝尔奖获得者、5位功勋科学家、4位国家最高科学技术奖获得者、8位肖像上纪念邮票的科学家，14位荣获国际小行星命名的科学家，拥有60万海内外校友。浙江大学是社会主义大学，具有光荣革命传统和红色基因。新中国成立后，特别是改革开放新时代，马寅初、王淦昌、程开甲、吴文俊、林俊德、叶培建、高铭暄、姚玉峰、陈薇等杰出校友获国家荣誉称号，他们在中华民族伟大复兴的崇高事业中做出杰出贡献，得到全社会的尊敬。

今天在校的浙大青年大学生，是品学兼优的学生精英，他们处于中华民族发展最好的时期，既面临着难得的建功立业的人生际遇，也面临着"天将降大任于斯人"的时代使命，他们将是实现第二个百年奋斗目标的重要力量。"五老"参加学校的思政育人工作，在培养社会主义合格的建设者和可靠接班人、培养堪当大任的有用人才的光荣事业中继续贡献自己的力量，这是十分崇高和有价值、有意义的工作。

（2020年8月25日酷暑之日于华家池）

我为亲身感受的奇迹般发展欢呼①

　　我是一名浙江大学的退休教师，"生在旧社会，长在红旗下"，亲历新中国社会主义革命建设改革迄今为止的全程，见证了祖国在各个时期特别是党的十八大以来突飞猛进的发展。

　　1949年5月3日，杭州解放，获得了新生，成为在共产党领导下人民当家作主的新杭州。我当时六岁。反动政权统治下的旧杭州是一个半殖民地半封建的畸形的消费城市。旗下（今湖滨一带）是富豪权贵寻欢作乐、醉生梦死之地。近在咫尺的旧膺白路（今南山路）东侧的陆军同袍社贫民窟的百姓于水深火热之中，苦苦挣扎在死亡线上。今钱王祠至柳浪闻莺一带为满目凄凉的乱葬区，荒坟野地，枯木昏鸦。湖边郭家河头散乱简陋的茅棚为渔民的栖身之处。赤贫的黄包车夫在万家灯火、辞旧迎新的大年夜回家，尽管四周洋楼林立，"朱门酒肉臭"，他却只能宰猫给全家过年，半夜里悲愤地哼起小调，在凄风苦雨中诉说着对黑暗社会的诅咒。这就是我对童年时旧杭州的碎片记忆和感受。

　　1949年10月1日，中华人民共和国成立。五星红旗冉冉升起，迎风飘扬，在中国共产党的领导下"迅速地荡涤反动政府留下来的污泥浊水，治好战争的创伤，建设起一个崭新的强盛的名副其实的人民共和国"。②

　　斗转星移，新中国经历了天翻地覆、波澜壮阔发展的70年。2020年是全面建成小康社会目标实现之年，也是全面打赢脱贫攻坚战的收官之年，第一个百年奋斗目标也将在这一年得以实现。这是多么激动人心的时刻！回首往事，喜看今朝奇迹般的变化，常常会想起毛主席的名言："在共产党领导下，只要有了人，什么人间奇迹也可以造出来"。③下面列举几例，谈谈我的切身感受。

　　1963年，我所在的"沙家浜团"在德清三桥埠一带冬季军事训练。当时的洛舍为一穷乡僻壤，我们行走十几里，只见街面冷冷清清，店铺十分简陋，空空荡荡，一览无余。如今，洛舍已成为中外闻名的钢琴之乡，山清水秀的德清"洋旅游"搞得红红火火，成为一

---

①　本文原载《心路：教育部直属系统老同志庆祝中国共产党成立100周年文集》，高等教育出版社，2021。此为原稿。

②　《毛泽东选集》第四卷，人民出版社，1991，第1467页。

③　同①，第1512页。

张生态文明建设亮丽的名片，也是孝文化之乡，中华优秀传统文化在此获创造性转化创新性发展。德清弘扬社会主义核心价值观和社会主义先进文化，成为道德建设的高地。这是当年20岁的我，做梦也不曾想到的奇迹般变化。

1971年，我大学毕业，在萧山头蓬梅林湾军垦农场围海造田，住在当地农民的茅草房里，就睡在稻草铺垫的泥地上，和当地农民一样喝的是苦涩的盐碱水。如今的梅林湾，一派好风光，当地农民早已摆脱当年的贫穷和恶劣环境，过上幸福美满的小康生活，这一带已成为令人羡慕的富饶家园。当时我年近而立，根本无法预料到梅林湾的华丽转身、奇迹般的发展。

1987年，我参加全国贫困地区干部培训工作，地点就在华家池的浙江农业大学（现浙江大学），我有幸聆听浙江省老领导林乎加同志所作的扶贫动员报告。当时，全国所有贫困县党政一把手都到浙江农业大学集中培训。作为主讲教师，我不仅给学员授课，还给《贫困地区干部培训教程》撰写专题讲稿。为此，学校还组织我们主讲教师专程去云南贫困地区实地考察调研。农牧渔业部副部长朱荣同志亲自坐镇华家池，指导全国贫困地区干部培训工作。在此期间，我还获国务院贫困地区经济开发领导小组办公室颁发的荣誉证书。33年过去了，今年，我国将在神州大地消除整体性贫困，盘古开天地以来从未有过的脱贫伟业即将实现。这么艰难艰巨的啃硬骨头任务，这么快这么彻底、科学地攻克下来了，这是我做梦也不曾想到的。当时我已年逾不惑之年。在中国共产党领导下，中国人民愚公移山，久久为功，如今即将变成现实！曾获诺贝尔经济学奖的印度学者阿马蒂亚·森著有《贫困与饥荒》，他对中国社会发展深为钦佩。[①]我为中国打赢脱贫攻坚战即将圆满收官而欢呼、点赞！

1992年，我在衢州市龙游县挂职锻炼，担任分管农业农村工作的县委副书记。我跋山涉水、走村串巷，到大街等偏僻乡村访贫问苦。记得当年大旱，小南海镇抽水抗旱，意外发现地下石窟。如今龙游石窟成游人络绎不绝的天下奇观，大街成为新农村党建的先进典型。古老的姜席堰水利工程同都江堰等水利工程一道"申遗"成功，成为闻名于世的世界灌溉工程遗产。我曾工作过的龙游县城，如今流光溢彩，繁华亮丽。这是当时年近知天命的我未曾想到的。

2010年，我主编浙江大学农学院的百年院史，接触到浙大农学院先贤的生态理念。新中国首任林垦部部长梁希教授，早在1929年在浙江农学院任教时写有《西湖可以无森林乎》的文章，表述他的生态理念。梁希有句名言"黄河流碧水，赤地变青山"，曾为浙大农学院之前身——浙江省立甲种农业学校首任校长、中国林业科教的先驱陈嵘先生手书。近百年前，陈嵘、梁希等一代宗师的生态梦想，在习近平同志"绿水青山就是金山银山"

---

① 参见《中国在社会发展方面远超印度》，《参考消息》2012年1月9日第16版。

理念的指引下，在浙江、在中国正在变成现实。浙江现代化蓝图的大湾区、大通道、大花园、大都市建设，无一不遵循该理念和生态文明建设的指导。浙东唐诗之路、钱塘江诗路、瓯江山水诗路、大运河（浙江）文化带融古今、经济、文化、现代科技、生态于一体，使水墨诗意的浙江在现代化建设中大放异彩。这是我在古稀之年以史鉴今中不胜感慨和激动的感受。

新中国成立70余年来，试看浙江的辉煌成就：

浙江居民的平均预期寿命从1949年的38岁到2018年的78.77岁；

城镇居民人均消费性支出从1949年的106元提高到2018年的34598元；

农村居民人均消费性支出从1949年的51元提高到2018年的19707元；

2018年浙江省全体居民人均可支配收入增加到4.584万元，居全国第二位；

2019年浙江城镇居民人均可支配收入达60182元，农村居民人均可支配收入达29876元。

浙江省在20世纪90年代中期贫困地区稳定地解决温饱问题[1]，在全国率先消除贫困。

浙江省生产总值（GDP）从1949年的15亿元增至2018年的56197亿元，2019年达6万亿元，超过2017年居世界第18位的荷兰的GDP。

放眼960万平方千米的神州大地：公路成网，铁路密布，西气东输，南水北调，高铁飞驰，巨轮远航，飞机翱翔，天堑变通途，高峡出平湖，当惊世界殊。

整个社会幼有所育，学有所教，劳有所得，疾有所医，老有所养，住有所居，弱有所扶。这些古代先哲的人间理想、近代社会主义先驱乌托邦描绘和马克思恩格斯的设想，如今在中国都变成活生生的现实，人民充满了获得感、幸福感和安全感。

让一切生产要素的活力竞相迸发，让一切创造财富的源泉充分涌流，让改革发展的成果更多更公平地惠及全体人民，这就是新时代中国特色社会主义现代化建设欣欣向荣、和谐发展、充满活力和希望的真实写照。

作为一名受党长期培养教育的老党员、老教师，也是一名红色宣讲员的我，应该把自己亲历的新中国发展史奋斗史，特别是党的十八大召开以来的伟大成就，经常同青年大学生朋友交流分享，让我们一起在真切的历史事实和现实发展中深刻感悟马克思主义为什么"行"、中国共产党为什么"能"、中国特色社会主义为什么"好"，同青年大学生一起听党的话，跟党走，在鲜红的党旗下奋进新时代！

（2020年5月于华家池）

---

[1] 《中国农业全书·浙江卷》，中国农业出版社，1997，第130页。

抗美援朝战争伟大胜利的战略意义和深远影响

◎2020年11月20日　浙江大学紫金港校区小剧场

同学们，各位领导，各位老师：

下午好！

原本今天是浙江省人大代表视察活动，但因为此次讲座早已商定，故我向有关部门请假，坚持完成原定计划。

抗美援朝战争是新中国成立之初在极其困难条件下，为保卫中国人民的和平与安全，抵御帝国主义侵略扩张而进行的一场正义之战，也可以说是新中国的立国之战。

1950年10月8日，中国人民志愿军入朝；10月19日，彭德怀司令随部队抵朝指挥作战；1953年7月27日，停战协议签订：历时2年零9个月。1958年10月26日，中国人民志愿军凯旋归国，祖国人民热烈欢迎英雄儿女胜利归来。1950年10月25日，志愿军赴朝作战首战告捷，该日被定为抗美援朝纪念日。这年诞生的孩子往往取名抗美、援朝、和平、卫国等，具有鲜明的时代印记。抗美援朝战争爆发时，我7岁；今纪念抗美援朝战争胜利70周年，我77岁。作为这段历史完整的亲历者，对抗美援朝印象清晰鲜明，伟大的抗美援朝精神，从我的童年、青年直至老年，始终是教育、鼓舞我进步、成长的动力和源泉。今综合有关资料，向同学们汇报自己学习习近平总书记在纪念抗美援朝中国人民志愿军出国作战70周年大会上的讲话的心得体会。主要讲以下三点。

一、伟大的抗美援朝战争：新中国的立国之战；

二、伟大的抗美援朝精神；

三、抗美援朝战争胜利的重大战略意义和深远影响。

一、伟大的抗美援朝战争：新中国的立国之战

（一）党中央毛主席英明却甚为艰难的决策

1950年6月25日，朝鲜内战爆发，美帝国主义当即武装干涉，派第七舰队侵入台湾海峡，侵占我国领土台湾。8月27日起，美军不断侵入我东北边境并轰炸扫射。9月15日，美军在仁川登陆。10月7日，美军越过三八线向中朝边境进攻，朝鲜党和政府请求我国出兵援助。

此时的新中国刚成立一年，经过百年战乱，战争创伤未及治愈，国家一穷二白，处于百废待兴的艰难状态，全国的政治秩序、经济秩序、社会秩序都未走上正轨，千头万绪，错综复杂。

（1）中美双方实力相差悬殊，决策的艰难性

1950年，中美双方的实力差距如下所示。

	中国	美国	备注
基本情况	新中国成立1年，一穷二白，百废待兴	经过175年资本主义发展，工业发达，技术先进，为资本主义头号强国	
钢	60.6万吨	8772万吨	中美之比1：144
国内生产总值	国内生产总值574亿人民币（229亿美元）	2848亿美元	中美之比1：12

（资料来源：《"打得一拳开，免得百拳来"——抗美援朝出兵决策及其历史意义》，光明日报2020年9月16日第11版）

1950年，中国人民解放军的海军和空军尚在组建中，没有形成战斗力。地面部队一个军装备不及美国一个师，单兵更是无法相比，美国大兵有丰盛的罐头和水果、鸭绒睡袋、尼龙防弹衣、冬装御寒保暖，处处显示其优越性。

（2）道义上、政治上的正义性

1950年10月4日下午，党中央讨论出兵援助朝鲜问题，当毛主席让大家着重摆摆出兵的不利情况后，讲了这样一段话："你们说的都有理由，但是别人处于国家危急时刻，我们站在旁边看，不论怎样说，心里也难过。"[①]

彭德怀同志说："（美国）它要发动侵华战争，随时都可以找到借口。老虎是要吃人的，什么时候吃，决定于它的肠胃，向它让步是不行的。它既要来侵略，我就要反侵略。不同美帝国主义见过高低，我们要建设社会主义是困难的。"[②]他在颐年堂开会时讲："出兵援朝是必要的，打烂了，等于解放战争晚胜利几年。"[③]他又在师以上干部动员大会上明确指出："三五年以后再打，让我们松一口气，好不好？当然好！但是三五年以后还是要打的。我们三五年辛辛苦苦建设起来一点工业，到那时还是要被打得稀烂……我们要建设国防，建设重工业，三五年是办不好的……所以迟打不如早打的好。"[④]

[①] 《彭德怀自传》，解放文学文艺出版社，2002，第266页。

[②] 同①，第267页。

[③] 同①，第267页。

[④] 《彭德怀军事文选》，中央文献出版社，1988，第322页。

抗美援朝战争打响后，1950年10月，毛主席在与民主人士周世钊谈话中指出："我们急切需要和平建设，如果要我写出和平建设的理由，可以写有百条千条，但这百条千条的理由不能抵住六个大字，就是'不能置之不理'。现在美帝的侵略矛头直指我国东北，假如它真的把朝鲜搞垮了，纵不过鸭绿江，我们的东北也时常在它的威胁中过日子，要进行和平建设也有困难。我们抗美援朝就是不许它的如意算盘得逞。'打得一拳开，免得百拳来'，我们抗美援朝，就是保家卫国。"①

党中央和毛主席高屋建瓴，深刻洞察把握战略全局，站在政治、道义和正义的制高点上，毅然做出抗美援朝的英明决策。

（3）辩证地全面分析

党中央和毛主席对双方进行科学辩证的全面分析，认为美国虽强也有弱点，中国虽弱也有利条件。美军不是不可打，中国出兵参战不是完全没有胜利的希望，毛主席分析美国在军事上的长处和短处，概括起来是"一长三短"。"它在军事上只有一个长处，就是铁多，另外却有三个弱点，合起来是一长三短。三个弱点是：第一，战线太长，从德国柏林到朝鲜；第二，运输线太远，隔着两个大洋，大西洋和太平洋；第三，战斗力太弱。"②

后来，毛主席又说敌人是"钢多气少"，我军是"钢少气多"。

（4）缜密研判，科学预测，底线思维

毛主席一生指挥过无数次大大小小的战役，统率过几百万大军同时在几个战场上与敌作战，取得一个又一个的胜利，他有高人一筹的战略指导思想和丰富的战争经验。③1950年，毛主席57岁，精力十分充沛，他考虑到各种情况，防备美帝国主义乱来，打第三次世界大战。他说："所谓那样干，无非是打第三次世界大战，而且打原子弹，长期地打，要比第一、第二次世界大战打得长。我们中国人民是打惯了仗的，我们的愿望是不要打仗，但你一定要打，就只好让你打。你打你的，我打我的，你打原子弹，我打手榴弹，抓住你弱点，跟着你打，最后打败你。"④中国出不出兵，毛主席有个"底"，这个"底"就是美军是不是过三八线。"美帝国主义如果干涉，不过三八线，我们不管，如果过三八线，我们一定过去打。"同学们，这就是70年前的抗美援朝我国出不出兵的"底线思维"。在抗美援朝战争的作战指挥中，毛主席曾有半个月没有上床，夜以继日地忘我工作。

（5）中华民族的"精气神"和战略站位

中华民族的意志、品格和智慧，在中国共产党领导下汇聚成磅礴力量。党中央和毛主

---

① 转引自齐德学：《"打得一拳开，免得百拳来"——抗美援朝出兵决策及其历史意义》，《光明日报》2020年9月16日第11版。

② 《毛泽东传（1949—1976）》，中央文献出版社，2003，第110页。

③ 同②，第125页。

④ 同②，第110页。

席不畏惧任何敌人和任何困难，做出抗美援朝出国作战的果断决策，不仅需要非凡的胆略和魄力，而且具有对复杂事物卓越的洞察力和判断力。周恩来、彭德怀、聂荣臻、胡乔木都曾谈及，党中央当时下决心做出这个决策是很不容易的。胡乔木曾回忆："我在毛主席身边工作二十多年，记得有两件事是毛主席很难下决心的"，其中"一件事是1950年派志愿军入朝作战"。①

历史证明，党中央和毛主席决策的英明正确，闪耀着毛泽东思想和辩证唯物主义历史唯物主义的光芒。它与毛泽东军事思想中游击战16字诀与《论持久战》的精辟分析、十大军事原则、帝国主义和"一切反动派都是纸老虎"的论述一脉相承，创造出抗美援朝战略战术的新辉煌。

习近平总书记指出："始终没有忘记党中央和毛泽东同志当年做出中国人民志愿军出国作战重大决策的深远意义。"②

（二）抗美援朝战争伟大胜利

（1）中国人民打赢了立国之战——伟大的抗美援朝战争，武器装备只有"叫花子"水平的中国人民志愿军打跑了武器装备"龙王"水平的美国军队，打败了世界资本主义头号强国的军队，这不是一般的胜利，而是非常艰巨的伟大胜利，是世界战争史中的"奇迹"。

抗美援朝战争完全实现了预期的战略目标，单从地理上讲，始于鸭绿江而终于三八线，胜负之态不言自明。

（2）我方宣布毙伤俘美军109万余人，美国和韩国官方公布的损失数总和为113万余人（不包括其他国家军队的损失）。美国"韩战老兵纪念碑"刻记的美国和所谓的"联合国军"伤、亡、失踪、被俘近243万人。③而志愿军、朝鲜人民军伤、亡、失踪和被俘62.8万人。敌我双方人员损失之比为1.7∶1。

（3）美国战费支出是400亿美元，消耗作战物资7300余万吨。中国战费支出62.5亿人民币，约25亿美元（美中之比约16∶1），消耗作战物资约560余万吨（美中之比约为13∶1）。

（4）美军签字代表克拉克称："在执行我政府的训令中，我获得了一项不值得羡慕的荣誉：那就是我成了历史上签订没有胜利的停战条约的第一位美国陆军司令官。我感到一种失望的痛苦，我想我的前任，麦克阿瑟与李奇微两位将军一定具有同感。"④美军参谋长联席

---

① 《胡乔木回忆毛泽东》，人民出版社，1994，第92页。

② 习近平：《在纪念中国人民志愿军抗美援朝出国作战70周年大会上的讲话》，《光明日报》2020年10月24日第2版。

③ 齐学德：《抗美援朝是一场伟大的战争》，《参考消息》2020年9月14日第11版。

④ 《毛泽东传（1949—1976）》，中央文献出版社，2003，第186页。

会议主席奥马尔·布雷德利哀叹："我们在错误的地方，错误的时间，同错误的敌人打一场错误的战争。"①

1953年9月12日，毛主席在总结抗美援朝时指出："我们的经验是：依靠人民，再加上一个比较正确的领导，就可用我们的劣势装备战胜优势装备的敌人"②。"这一次，我们摸了一下美国军队的底。……我们跟它打了三十三个月。把它的底摸熟了。美帝国主义并不可怕，就是那么回事。……这是一条了不起的经验"。③

（三）抗美援朝战争中的浙大儿女

1950年11月16日，浙大成立抗美援朝保家卫国委员会，参与全国掀起的抗美援朝运动。浙大停课五天，开展声势浩大的学习、集会和宣传活动。全校师生员工人人订立爱国公约，踊跃捐献"飞机大炮"（捐款用于国家制造或购买武器）。同时积极响应中央军委和政务院号召，643人报名参加军事干部学校，其中学生610人，约占学生人数的1/3，最后89人被选录参加军事干校。农学院参干报名踊跃，1950年12月，农学院学生朱建基、尹丽君等26人被军事干部学校录取，约占全校被录取人数的29%。168位医生、护士、职工报名参加抗美援朝医疗队，占附属医院人数的1/2，最后确定11位医护人员组成医疗队，加入抗美援朝医疗大队第二中队。他们在野战医院工作出色，全队人员受部队立功嘉奖，李天助大夫荣获二等功。④

侵朝美军从1952年起，在朝鲜北部和中国东北一些地区，以飞机撒布带有黄疸病、鼠疫杆菌、霍乱弧菌等十余种病菌的苍蝇、人蚤、死鼠、青蛙、羽毛和树叶等，实施细菌战。浙大农学院蚤类专家柳支英教授和女助教李平淑先生于1952年5月赴朝参加反细菌战斗争，进行防疫检验，并做出贡献。当时柳支英肺病尚未痊愈，但他毫不犹豫地赴朝工作，在朝鲜前线还曾因翻车而受伤。他到前线收集毒虫标本，进行鉴定并指导防治，为向世界公布美军发动细菌战提供了无可抵赖的证据。柳支英还提出判别敌投昆虫（动物）的"三联系、七反常、一对照"原则，该原则不仅在朝鲜战场发挥作用，在国内多次虫情判断中也取得了良好的效果。1952年，柳支英教授获"爱国卫生模范"奖章和奖状，并被朝鲜民主主义人民共和国授予"三级国旗勋章"。⑤

2017年3月24日，我在给云峰学园、农学院、浙江大学学生理想信念宣讲团介绍校园

---

① 王卫星：《世界上没有任何军队足以击退中国人——外国人眼中的抗美援朝战争》，《参考消息》2020年11月6日第11版。

② 《毛泽东传（1949—1976）》，中央文献出版社，2003，第188页。

③ 同②，第190页。

④ 《浙江大学历史（第一、二卷）》，浙江大学出版社，1996，第317-318页。

⑤ 《浙江大学农业与生物技术学院院史（1910—2010）》，浙江大学出版社，2010，第45页。

历史文化时讲道：64年过去了，今天我们站在和平岛上，在蓝天和白鸽下沐浴和平的阳光，我经常想起魏巍同志不朽的作品《谁是最可爱的人》，我想我们的柳支英教授和他的助手李平淑先生同志愿军战士一样，也是最可爱的人，让我们为浙大先贤先辈点赞！①

二、伟大的抗美援朝精神

（一）英雄的中国人民志愿军，锻造伟大的抗美援朝精神

习近平总书记指出："抗美援朝战争，是在交战双方力量极其悬殊条件下进行的一场现代化战争。当时，中美两国国力相差巨大。在这样极不对称、极为艰难的情况下，中国人民志愿军同朝鲜军民密切配合，首战两水洞、激战云山城、会战清川江、鏖战长津湖等，连续进行5次战役，此后又构筑起铜墙铁壁般的纵深防御阵地，实施多次进攻战役，粉碎'绞杀战'、抵御'细菌战'、血战上甘岭，创造了威武雄壮的战争伟业。"②

彭德怀司令员在自述中专门记载了五次战役，"第五次战役规模是很大的，敌我双方兵力都在百万"。"全歼美军一个整团，一人也未跑掉，只在第二次战役中有过一次，其余都是消灭营的建制多。一般夜晚包围不能歼灭时，第二天白天他就有办法救援出去。在这时毛主席来了一个电报，指示对美军作战的口不能张得太大，必须采取敲牛皮糖的办法，一点一点去敲。"③

1953年8月12日毛主席讲："抗美援朝，我们打痛了美帝国主义，打得它相当怕。……最重要的是，我们的军队受到了锻炼，兵勇、干智。当然，我们牺牲了人，用了钱，付出了代价。但是我们就是不怕牺牲，不干则已，一干就干到底……就是要有一股狠劲"。④志愿军的高级将领都是身经百战的红色军事家，有的还参加过长征，如彭德怀、邓华、洪学智、杨得志、杨勇、许世友、王建安、王平等。志愿军将士中涌现杨根思、黄继光、邱少云等30多万名英雄功臣和近6000个功臣集体。

70年前的1950年，当战火烧到鸭绿江边时，中国人民以大无畏的英雄气概起而迎战。伟大的抗美援朝战争，是新中国与美国互为主要对手进行的一场军事、政治、经济、外交的全面较量，是中国人民反对帝国主义长期斗争在新中国成立的历史条件下的继续。

---

① 《托起明天的太阳》，浙江科学技术出版社，2019，第199页。

② 习近平：《在纪念中国人民志愿军抗美援朝出国作战70周年大会上的讲话》，《光明日报》2020年10月24日第2版。

③ 《彭德怀自传》，解放军文艺出版社，2002，第273-274页。

④ 《毛泽东传（1949—1976）》，中央文献出版社，2000，第262页。

（二）伟大的抗美援朝精神

在波澜壮阔的抗美援朝战争中，英雄的中国人民志愿军将士发扬我军政治优势和光荣传统，在极为艰难条件下扬长避短，以灵活机动的战略战术，同世界上最强大的军队进行艰苦卓绝的作战。他们不畏强暴，不怕牺牲，敢于斗争、敢于胜利，打出了新中国的国威、军威，展示了中华民族的浩然之气，锻造了伟大的抗美援朝精神。习近平总书记把它凝练为："英雄的中国人民志愿军始终发扬祖国和人民利益高于一切、为了祖国和民族的尊严而奋不顾身的爱国主义精神，英勇顽强、舍生忘死的革命英雄主义精神，不畏艰难困苦、始终保持高昂士气的革命乐观主义精神，为完成祖国和人民赋予的使命、慷慨奉献自己一切的革命忠诚精神，为了人类和平与正义事业而奋斗的国际主义精神"[①]。

（三）被祖国人民誉为"最可爱的人"：志愿军将士血染的风采

英雄的中国人民志愿军将士，以他们的勇敢、坚毅、顽强、无畏成为全国人民崇敬、学习的楷模。魏巍同志的名篇《谁是最可爱的人》，真实地展现了英雄的中国人民志愿军高尚品质和风采。其中描述了战士的高尚："我在这里吃雪，正是为了我们祖国的人民不吃雪。他们可以坐在挺豁亮的屋子里，泡上一壶茶，守住个小火炉子，想吃点甚么就做点甚么"。魏巍说：我们的战士"他们的品质是那样地纯洁和高尚，他们的意志是那样地坚韧和刚强，他们的气质是那样地淳朴和谦逊，他们的胸怀是那样地美丽和宽广！"[②]

现在我起立，为同学们朗诵魏巍《谁是最可爱的人》片段：

> 亲爱的朋友们，当你坐上早晨第一列电车走向工厂的时候，当你扛上犁耙走向田野的时候，当你喝完一杯豆浆、提着书包走向学校的时候，当你安安静静坐到办公桌前计划这一天工作的时候，当你向孩子嘴里塞着苹果的时候，当你和爱人悠闲散步的时候……朋友，你是否意识到你是在幸福之中呢？你也许很惊讶地说："这是很平常的呀！"可是，从朝鲜归来的人，会知道你正生活在幸福中。请你意识到这是一种幸福吧，因为只有你意识到这一点，你才能更深刻了解我们的战士在朝鲜奋不顾身的原因。朋友，你是这么爱我们的祖国，爱我们的领袖，你一定会深深地爱我们的战士——他们确实是我们最可爱的人！[③]

魏巍的这篇文章中有对松骨峰阻击战的记载。隋金山烈士的儿子1965年读到了《谁

---

① 习近平：《在纪念中国人民志愿军抗美援朝出国作战70周年大会上的讲话》，《光明日报》2020年10月24日第2版。

② 魏巍：《谁是最可爱的人》，载《中华散文珍藏本·魏巍卷》，人民文学出版社，2000，第1—2页。

③ 同②，第6页。

是最可爱的人》，2001年，他在社会的帮助下，进京拜访了魏巍同志，激动不已。文中的提到的战士李玉安，其实是一位"活烈士"。他的儿子在读到《谁是最可爱的人》时问他，李玉安支吾搪塞过去，后来儿子闹着要当兵，无奈之下才吐出真情，并找到了原部队收下儿子光荣参军。他退休后也看望了魏巍同志。1987年，被魏巍描述为"像秋天田野里一株红高粱，那么纯朴可爱"的马玉祥特地从科尔沁草原专程赶到北京看望魏巍同志，魏巍讲"那年你21岁，我31岁，现在你还是那样，不老"。第二年，魏巍又去内蒙古访问马玉祥同志，就在这一年8月24日，魏巍同志去世了。

同学们，我再讲讲抗美援朝中志愿军战士和苹果的故事。电影《上甘岭》有一情节：炊事员老王九死一生为连长张忠发带来师长给予的两个苹果，张忠发将苹果给重伤员吃，谁都不肯吃，最后切成薄片，一人一片。其故事原型是，志愿军在平壤购买了四万千克苹果，"谁送进坑道一篓苹果，立即记二等功一次"。然而这四万千克苹果最终送进坑道的只有一只，是运输员途中捡来的，先由连长送给步话机员，后又传给伤员，后又回到张忠发手中，他流着泪咬了一口往下传，最后一个苹果在坑道里转了两圈才被"消灭"，[①]志愿军战士把蜂拥的敌人消灭在阵地前，却难以"消灭"一只苹果。艰难与高尚，意志毅力与革命情谊，感人至深。同学们，10年后的1962年，中印边境自卫反击中，也同样有感人至深的关于苹果的故事。部队急行军翻越陡峭的山峰，有的战士体力不支，师长拿出一只苹果给体弱的战士，结果这只苹果传遍了全师，没有哪一位战士舍得尝一口，第二天仍回到师长手中。师长被官兵们崇高的革命英雄精神感动得热泪盈眶。部队提前赶到指定的位置，打了一个漂亮的胜仗，守卫了祖国神圣的领土。[②]这就是党绝对领导下的人民军队的光荣传统和政治本色，永远忠于党、忠于人民，拉得出，打得上，战必胜！

在志愿军出国作战70周年前夕，习近平同志给四川省革命伤残军人休养院全体同志回信。四川省革命伤残军人休养院始建于1956年，先后集中供养了2800多名伤残军人。60多年来，该院伤残军人克服常人难以想象的困难，力所能及为祖国建设做贡献，义务作传统教育报告近万场，受众300余万人次。习近平同志指出："60多年来，你们坚持爱党、信党、跟党走，积极参与爱国主义教育和国防教育活动，继续为党和人民贡献自己的力量，展现了初心不改、奋斗不已的精神"。"全党全社会要崇尚英雄、学习英雄、关爱英雄，大力弘扬英雄精神，汇聚实现中华民族伟大复兴的磅礴力量。"[③]宣讲志愿军的故事，我有一种特殊的自豪感和亲切感，因为我的舅舅当年也是一名中国人民志愿军战士，在朝鲜战场

---

① 参见饶曙光：《〈上甘岭〉：用影像为全民族留下宝贵精神财富》，《光明日报》2020年10月21日第9版。

② 邹先定：《坚定理想信念 放飞青春梦想》，载《托起明天的太阳》，浙江科学技术出版社，2019，第296页。

③ 习近平：《全党全社会要崇尚英雄学习英雄关爱英雄 汇聚实现中华民族伟大复兴的磅礴力量》，《光明日报》2020年10月22日第1版。

立功受奖，佩有两枚朝鲜民主主义人民共和国勋章。我舅舅今年92岁高龄，荣获国家颁发的"中国人民志愿军抗美援朝出国作战七十周年"纪念章。

从八一南昌起义、井冈山到抗美援朝再至今天，人民军队不忘初心、牢记使命、一脉相承。习近平总书记指出："伟大抗美援朝精神跨越时空、历久弥新，必须永续传承、世代发扬。"[1]

三、抗美援朝战争胜利的重大战略意义和深远影响

抗美援朝战争的伟大胜利，是中国人民站起来屹立于世界东方的宣言书，是中华民族走向伟大复兴的重要里程碑，对中国和世界都有着重大而深远的意义。

（一）拼出山河无恙、家国安宁，是新中国成立之初的立国之战

经此一战，中国人民粉碎了侵略者陈兵国门进而将新中国扼杀在摇篮中的图谋，可谓"打得一拳开，免得百拳来"，西方侵略者几百年来只要在东方一个海岸上架起几尊大炮就可霸占一个国家的时代是一去不复返了。帝国主义再也不敢做出武力进犯新中国的尝试，中国真正在世界上站稳了脚跟。70年来，美帝国主义依然我行我素，在前南斯拉夫、在伊拉克、在利比亚及在西亚、北非进行"颜色革命"，仍霸权、霸道、霸凌，但对中国不敢再轻举妄动，在中国周边也节节败退，未能得逞。中国曾打下其入侵的U2飞机，扣押其战机，赢得祖国70年山河无恙、家国安宁、和平阳光、白鸽翔飞。

（二）打出军威国威，是中华民族伟大复兴的重要里程碑

美军一向强横，挟"二战"胜果自居，美西战争、"一战""二战"从未有败绩，同德国打，同日本打，盛气凌人，洋洋得意，但经抗美援朝一战被"打趴"下来，什么王牌之师、王牌飞行员，被我志愿军打得落花流水、闻风丧胆。这一仗打出中国人民军队的军威，打出中国军队的精气神，打出中国军队的血性，打出战无不胜、攻无不克的威风，中国人民彻底扫除了近代以来任人宰割、仰人鼻息的百年历史耻辱。抗美援朝战争打败了侵略者，震惊了全世界，奠定了中国在亚洲和国际事务中的重要地位，彰显了新中国的大国地位。亨利·基辛格在《论中国》一书中写道："从这个广泛意义上说，朝鲜战争对中国而言不只是平局。它确立了新生的中华人民共和国作为军事强国和亚洲革命中心的地位。它建立了中国作为一个令人敬畏的对手的军事威信，在以后的几十年中，这一威信始终不

---

[1] 习近平：《在纪念中国人民志愿军抗美援朝出国作战70周年大会上的讲话》，《光明日报》2020年10月24日第2版。

坠。"①1954年日内瓦会议，1955年万隆会议，中美十五年旷日持久的大使级会谈、乒乓外交、基辛格秘密访华、尼克松主动上门，中国以礼相待，宴会席上娴熟地演奏《美丽的阿美利加》《快活的火鸡》等美国名曲，不卑不亢。今天，中国将全力建设世界一流强国：政治强国、文化强国、科技强国、教育强国、体育强国、健康中国、美丽中国。从新中国的外交史可以看到抗美援朝战争伟大胜利的战略意义和深远影响。

（三）开启和加快中国工业化进程及国防、军队现代化进程，实现跨越式发展

抗美援朝时期为新中国成立之初，当时的中国"一穷二白"，为落后的农业国，每年钢产量仅60万吨。毛主席曾讲过："现在我们能造什么？能造桌子椅子，能造茶碗茶壶，能种粮食，还能磨成面粉，还能造纸，但是，一辆汽车、一架飞机、一辆坦克、一辆拖拉机都不能造。"②毛主席讲："我们共产党人是以不怕困难著名的。……我们可以藐视而且必须藐视人世遭逢的任何巨大困难，把它们放在'不在话下'的位置"。③著名科学家钱三强（曾担任浙大校长）回忆，1955年1月14日，中共中央书记处扩大会议专门研究发展我国原子能问题，请地质学家李四光讲课。午餐最后的时间，毛主席站起来举起酒杯，大声说："为我国原子能事业的发展，大家共同干杯！"从1955年1月15日起，中国核武器研制开始艰巨而伟大的历程。④"两弹一星"征程不可忘记的日子：1964年10月16日中国第一颗原子弹爆炸试验成功，1967年6月17日中国氢弹爆炸试验成功，1970年4月24日中国成功发射第一颗人造卫星"东方红1号"，1980年5月18日中国向南太平洋海域发射洲际导弹试验成功。之后，我国一路高歌猛进，载人航天、探月、飞向火星，浙大校友王淦昌、程开甲、钱三强、赵九章、林俊德、叶培建等一批科学家做出杰出贡献。抗美援朝时，人民军队在战争中学习战斗，愈战愈勇，越打越强，实现由单一兵种向诸多兵种合成军队转变，极大促进了国防和军队现代化。五中全会号召建设世界一流现代化军队，向世界科学前沿瞄准，发展人工智能、量子信息、集成电路、生命健康、脑科学、生物育种、空天科技、深地深海等领域，强化国家战略科技力——加快国防和军队现代化，实现富国和强军相统一。

（四）再次证明正义必定战胜强权，和平发展历史潮流不可阻挡，世界格局深刻塑造

抗美援朝战争的伟大胜利，用铁一般的事实告诉世人：任何一个国家、任何一支军

① 亨利·基辛格：《论中国》，中信出版社，2012，第139页。
② 《毛泽东文集》第六卷，人民出版社，1999，第329页。
③ 《毛泽东传（1949—1976）》，中央文献出版社，2000，第285页。
④ 同③，第288页。

队，不论多么强，如果站在世界发展潮流的对立面，恃强凌弱，倒行逆施，必然会碰得头破血流。抗美援朝战争是"二战"后中美间激烈较量的现代化战争，使亚洲乃至世界战略格局得以深刻塑造。70年来，中国恢复在联合国的合法席位和常任理事国的地位，并恢复WTO创始国地位，中国倡建的上海合作组织、金砖国家合作、亚洲基础设施投资银行、"一带一路"有138个国家和地区、60多个国际组织参与。亚丁湾护航，中国是联合国派出维和人员最多的常任理事国，中国负责任大国的形象愈来愈为世界所赞扬，世界也愈来愈认同人类命运共同体的先进理念。

同学们，历史烛照现实，和平需要保卫。当前，世界正经历百年未有之大变局，新冠肺炎疫情全球大流行，使这个大变局加速演变，世界进入动荡变革期，我国安全形势不确定性、不稳定性增大。习近平总书记在纪念中国人民志愿军抗美援朝出国作战70周年大会上讲话中指出："中国人民不惹事也不怕事，在任何困难和风险面前，腿肚子不会抖，腰杆子不会弯，中华民族是吓不倒、压不垮的！"[①] 同学们，我们都要锻造舍生忘死、向死而生的民族血性。在文化多样性的今天，需要"小桥流水"，更需要"大江东去"，要关注"小人生"，更要仰望"大写的人生"。浙大具有光荣的革命传统和优良学风，浙大学生具备"海纳江河""开物前民""树我邦国"的气魄胆略和广阔胸怀、气度，更具有舍生忘死、向死而生的民族血性！我们要胸怀两个大局，不负韶华，书写人生精彩华章！

今天，我第一次身着老军装参加这场特殊的宣讲活动。我曾是一名中国人民解放军战士，永远都是党的战士！只要党和祖国召唤，我虽年近耄耋，仍会同当年志愿军战士一样，雄赳赳，气昂昂，听党指挥，保家卫国！

中国人民志愿军万岁！抗美援朝精神万岁！伟大、光荣、正确的中国共产党万岁！

谢谢大家。

---

① 习近平：《在纪念中国人民志愿军抗美援朝出国作战70周年大会上的讲话》，《光明日报》2020年10月24日第2版。

在"邹先定工作室"成立仪式上的致辞

◎ 2020年10月23日　浙大紫金港校区校友楼紫金港厅

傅强副书记，各位领导、老师和同学：

上午好！

经过数年的酝酿和准备，"在鲜红的党旗下"党建教育平台"邹先定工作室"今天成立了。我的内心十分激动，因为它的成立也表达了我对党的崇敬和热爱、愿把自己余生贡献给关心下一代工作的心志，更使我意识到它是一份沉甸甸的责任和担当。

培养什么人、怎样培养人、为谁培养人是根本问题，是党之大计、国之大计。浙江大学在校党委领导下，高举习近平新时代中国特色社会主义思想伟大旗帜，坚定不移地培养社会主义合格的建设者和可靠的接班人，培养拥护中国共产党领导和我国社会主义制度、立志为中国特色社会主义奋斗终身的有用人才。大一这一年，是大学新生扣好人生第一粒扣子的关键时段，其中的学生党员和入党积极分子又是学生中的关键少数，思想建党、理论强党是党建的重要内容，是党建引领的基石。我个人领会，"五老"参与思政育人，就是践行党建引领，努力做好坚定理想信念和培养社会主义核心价值观的大文章。我们的工作是努力营造学习习近平新时代中国特色社会主义思想的浓厚氛围，始终围绕马克思主义为什么"行"、中国共产党为什么"能"、中国特色社会主义为什么"好"等学生成长中根本性和方向性的问题，开展各类活动；积极探索，创造性地提出结合浙江大学特点的思路和方案；把思政育人往实里走、往细里走、往深里走、往学生心里走，做到情感认同、思想认同、价值认同。这也是我们将工作室落在求是学院的初衷。我们初步打算，先在以下五个方面开展工作。

（1）马列经典和习近平著作研学；

（2）党建理论学习；

（3）红色基因传承、"四史"主题教育；

（4）青年大学生成才修养；

（5）浙大精神继承和发扬。

"五老"将和同学们在一起学习，胸怀中华民族伟大复兴战略全局和世界百年未有之大变局，宽口径、综合化、因时因事、因人因地、灵活地开展形式多样、生动的思政育人活动。讲好党的历史，讲好中国故事，讲好浙大故事，读懂浙大，读懂中国，读懂中国和世界的今天和明天。在"鲜红的党旗"指引下，工作室既是学生理论学习的辅导室，也是新时代"五老"探索思政育人的研究室，更是"在鲜红的党旗下""五老"和学生一起学习成长、互教互学的实践平台。

多年投身关心下一代工作的经验告诉我：新时代的浙大学生是可爱的、可信的、可靠的，他们毕竟是求是学子，继承了百廿年来浙大的光荣传统和优良作风。有几件事令我印象深刻：第一件事，近十年来，求是学院、竺可桢学院和农学院来访的学生，基本上不会迟到，很守时。个别因交通问题不能按时到达，也会及时告知，体现了对人的尊重和负责，这是浙大学生基本素质的一个表现。第二件事，学生来访后会手写密密麻麻的长信，真诚表达他们的感想和收获，字体端正，行文严谨，又从另一个侧面反映浙大学生的素质。我再给大家展示2018年心理学系"先锋学子"全员培训的纪念相册，上有四位学生党员的听后感，它令我既感动又受教育。学生捧着我阅读过的、上面有不同颜色的记号和眉批的马列著作，流下了眼泪。我想，我们新老两代人的心是相通的，这是十分可贵的基础，更增强了我思政育人的信心。

面对新时代的浙大优秀学生，我们还有什么理由不想方设法、竭尽所能来做好思政育人这项工作呢！我们要探索隐性教育的效能，潜移默化、润物无声，把显性教育与隐性教育结合起来，"五老"具有这方面的潜能和优势。

今天的活动还有一个赠书仪式，化学教授张孙玮先生，慷慨赠送他领衔编著的第五版《科技论文写作入门》200本，以激发学生科研兴趣，勇攀科技高峰，对此，我们鼓掌感谢！我也献上《我心中的华家池》第一卷、第二卷各5本。它是老同志关于浙大华家池历史的集体记忆，生动忆述浙大农科110年的奋斗和辉煌，记述了浙大的辉煌。书中有于子三烈士的手迹（信札片断）和农学院教授参加抗美援朝反细菌斗争的真实记录，在今天抗美援朝中国人民志愿军出国作战70周年之际读来弥足珍贵。由此我也萌生了策划"浙大'五老'宣讲丛书"的想法，试图以学术的语言讲活思政的道理，做著书育人著史育人的尝试。浙江大学出版社为支持今天的仪式，特赶印《我心中的华家池》第二卷样书，对于他们的支持，我在此表示衷心的感谢！

成立工作室不是目的，有效地开展"五老"思政育人工作才是目的。我们会按求是精神，热情、认真、努力地做好思政育人工作。个人的价值不在于我能得到什么，而是我能为你做点什么，尽可能实现"被需要"的实效。我还希望能继续得到大家的指导和帮助，做好"五老"思政育人工作，在鲜红的党旗指引下，以实际行动迎接中国共产党成立一百周年！

谢谢大家。

信仰之光照亮人生前行之路①
——回顾自己在鲜红党旗下的成长历程和感悟

在喜迎伟大、光荣、正确的中国共产党建党100周年之际，我时常回忆起自己入党54年来在党的教育培养下成长的历程，我深深地感悟到：是党、是马克思主义的信仰照亮了我人生的前行之路，给了我无穷无尽的力量。

我出生于一个普通的教师家庭，祖父、父母都是教师。我今年78岁，生在旧社会，长在红旗下。我对党的认识和感情源于1949年新中国成立时的童年印象。党领导人民经历长期的艰难曲折的武装斗争和其他形式的斗争后，终于推翻了帝国主义、封建主义和官僚资本主义"三座大山"的反动统治，取得了新民主主义革命的伟大胜利，建立了中华人民共和国，开辟了中国历史新纪元。

从6岁开始，我就沐浴在新中国的阳光下，耳濡目染人民解放军严明的纪律和共产党干部的优良作风，在《你是灯塔》《解放区的天》的歌声中，心中播撒下爱国、爱党、爱人民解放军的种子，扣正了人生的第一粒"扣子"。1957年冬，我14岁，母亲突发重病，在生命垂危之时，是党的及时抢救，给了我母亲第二次生命。少年的我有感于党的恩情，写下《党救了我们的妈妈》一文，发表在报纸上，一位少年的真挚情感跃然于报端。1962年，我19岁，在浙江农业大学就读，龟缩在台湾的蒋介石集团叫嚣要"反攻大陆"。为此，党号召大学生参军。在继续学业和参军的天平上，我毫不犹豫地选择响应党的号召，毅然中断学业，投笔从戎，成为一名解放军战士。记得当时部队里有一首队列歌曲，歌词中有"手拿枪，心向党，党叫干啥就干啥"，我印象特深。我在部队6年，年年被评为"五好战士"。1967年，我24岁时在部队光荣地加入了中国共产党，奠定了我一生对党、对马克思主义、对共产主义的坚定信仰。

人生信仰的确立，不能停留在朴素的感情和感性认知上，还需要理论的武装和自觉的实践磨炼考验。我学习毛泽东著作始于1963年毛主席号召"向雷锋同志学习"之时，自学了《毛泽东选集》（1～4卷）后，产生更多更深地学习马列经典著作的想法。我曾行走20里山路，去新华书店寻找列宁的哲学著作《唯物主义和经验批判主义》，捧回研读。在围垦海涂的抽水机机棚微弱的灯光下，我细读马克思、恩格斯的《共产党宣言》。尽管当时

① 本文原载《把心中的歌献给党》，浙江大学出版社，2021，第1-6页。

风吹雨打，但"心远地自偏"，我读得内心火红敞亮，激情澎湃。一本艾思奇的《辩证唯物主义　历史唯物主义》我读了半生，前后13遍。这本书见证了我渴望弄懂马克思主义哲学原理的热情和韧性。经典著作的学习点亮了我心中的信仰之灯，指明了前行之路，从此我养成了自觉学习经典著作的习惯。至今，我仍每天清早四时许起床，沿袭学生时代早自修的习惯，晨读马列经典和习近平著作一小时，作为一日的首课。我74岁时，重读了马克思的《资本论》，并较系统地阅读了马克思、恩格斯、列宁、毛泽东、邓小平等伟人传记，通读《中国共产党历史》，以加深对原文的理解。长期较系统地读原著、学原文、悟原理，理论联系实际，使我开阔了政治视野，提高了政治认识，加深了对历史逻辑、理论逻辑和实践逻辑相统一的理解，更坚定了我人生的信仰和信念。在长期的马克思主义理论学习中，我明白共产党人的信仰是对经过严密科学论证和实践检验真理的信仰，是对人类共产主义伟大理想的坚定信念，它与构筑在神灵和非人间力量基础上的宗教之类的信仰有着本质的区别。

实践性是马克思主义的鲜明特征。我在长期研读马列经典的同时，更注重于在实践磨炼中下功夫，在干中学，学会善读"无字之书"，在新中国革命建设改革的奋斗历程和惊涛洪流的搏击中，在各种风险挑战的艰难斗争中，在人民群众迸发的劳动热情、众志成城排山倒海的磅礴伟力和爱党爱国爱社会主义的崇高情怀中，汲取志同道合的正能量。在实践斗争的熔炉里升华认识、提高思想水平，淬炼意志和品德，更加坚定共产主义远大理想和社会主义共同理想的信念，更加坚定马克思主义的信仰，坚定不移听党话、跟党走，党叫干啥就干啥、就干好啥的人生方向。

我一生中当过解放军战士，当过班长、连队文书，种过田，顶风冒雪围垦过海涂，当过仓库保管员……干一行爱一行，干啥都是学习和历练，都能"曾益其所不能"。后来，党培养我成为一名大学教师，送我到中央党校自然辩证法研究班学习深造。在改革开放后，我又走上大学的领导岗位，成为一名理论宣传和思政教育工作者，在工作实践中兼涉自然辩证法和农业两个领域。从学生到战士，从群众到党员，从列兵到教授，从普通教师到担任大学领导工作，从退休后积极参与关心下一代工作，以及2017年74岁时当选浙江省第十三届人大代表至今的人生轨迹，见证了我在党的教育培养下，听党的话、跟党走、党叫干啥就干啥的成长历程。

信仰之光照亮人生的前进方向和道路。和党同心同德是我矢志不渝的人生准则，我要求自己在思想上政治上行动上同党中央保持高度一致。在苏东剧变、国际形势云谲波诡、敌对势力"和平演变"的喧嚣声中，我发表了《为了奋进的反思》《筑起抵御"和平演变"的钢铁长城》等文章，在大是大非面前绝不含糊。在平时，我始终不忘共产党员的第一身份，在党言党、在党爱党、在党忧党、在党为党；不忘几十年来党的教育培养，坚守共产党员的本色，吃苦在前，享受在后，摆正个人与党的事业、国家利益的关系；不忘自己的人生道路是怎样走过来的，知道余生的路该怎么走；自觉加强党性修养，慎独慎微，做到言行修为符合党员的标准和要求。记得有一次在与学生的互动交流中，有学生感言："看到您就看到了一位真正的共产党员。"我听后既欣慰又惭愧，深知自己离符合新时代党的要求还有不小的差距，我将把学生的评价作为一种鞭策，激励自己继续努力。

2003年，我光荣退休，但我知道为党的事业奋斗终身，没有"退休"一说。作为一名党员教师和曾经的战士，矢志离岗不离责，退休不退志。生命的价值在于奉献，在人生的历程中燃烧生命，为党的千秋伟业做奉献，哪怕爝火微明，也是发光发热。一个人能力有高低，贡献有大小，但为党工作都要生命不息，奋斗不止，都要以"早晨八九点钟的太阳"的心态和"革命人永远是年轻"的人生理念来拥抱生命全程。

国有成均、在浙之滨的浙江大学是享有盛誉的著名高等学府、国之重器。我认为，在浙江大学这所社会主义大学的殿堂里，培养什么人、为谁培养人是首要和根本的问题。作为一名老共产党员，我将继续发扬"忠诚敬业，关爱后代，务实创新，无私奉献"的"五老"精神，为党的教育事业、让红旗飘万代贡献绵薄之力。

退休18年来，我积极投身关心下一代工作。2012年，我担任了浙江大学关心下一代工作委员会顾问、求是宣讲团团长。2017年，在党的十九大胜利召开之际，我提出创建"在鲜红的党旗下"党建教育平台的设想，并积极推进。2020年10月，根据新时代形势发展的需要，又在求是学院成立"在鲜红的党旗下"党建教育平台"邹先定工作室"，以进一步改进教育方式，丰富教育内容，推进工作开展，提高教育效果。

自2012年浙大关心下一代工作委员会求是宣讲团成立以来，我怀着对党和祖国的挚爱，激情演讲逾百场，受众达两万余人次。在宣讲中，我把自己的信仰和确立信仰的心路历程讲给学生听，把自己对党、对祖国、对社会主义的热爱和不断深化认识、提高觉悟的体会和学生一起分享，把自己研读马列经典著作，特别是习近平新时代中国特色社会主义思想的体会写出来，力求将"四史"（指党史、新中国史、改革开放史、社会主义发展史）、浙大校史与农学院院史、个人成长史等融为一体。

2020年，我把在关心下一代工作中的演讲文稿等汇集成《愿继续耕耘在这土地上》一书，全书40余万字，由浙江大学出版社出版。其中，《我的新中国记忆和认识》（2019）、《从大国战"疫"看中国特色社会主义的优越性》（2020）、《抗美援朝战争伟大胜利的战略意义和深远影响》（2020）、《我为亲身感受的奇迹般发展欢呼》（2020）等宣讲文稿颇获好评；有的在报刊上发表。

退休后，我还主编出版《浙江大学农业与生物技学院院史》（两版）与《我心中的华家池》（两卷）（近220万字，记载传承浙大农科历史，弘扬浙大历史的优秀传统文化、革命文化和社会主义先进文化）。为迎接中国共产党建党100周年，"邹先定工作室"推出"庆祝党的百年华诞"系列讲座，特邀请党的一大代表王尽美烈士的孙子、光电子专家王明华教授等同志为学生作党史主题宣讲报告。我本人也推出四个系列讲座，即"我的新中国记忆和认识""走近伟人，不忘初心，牢记使命""习近平著作研读""习近平总书记推荐的马克思主义经典著作学习体会交流"等主题宣讲，并逐步落实。与此同时，我还建议并参与了浙江大学"在鲜红的党旗下""五老"宣讲丛书的策划。

信仰是心灵的太阳、魂魄的根本。余生我愿继续耕耘在关心下一代工作的广阔田野上，不断地培元固本，夯实根基，精耕细作，厚积薄发，永葆共产党人的信仰、信念和理想，在鲜红的党旗指引下，同祖国一起成长，一起向新时代奋进。

（2021年2月28日于华家池）

伟大飞跃　惊天动地

——党领导人民从站起来、富起来迎来强起来的百年伟业

◎ 2021年5月11日　浙江大学华家池校区常青楼报告厅

王东处长、施亮主任、各位老同志、各位领导、各位老师、同志们：

今天我汇报的主题是《伟大飞跃　惊天动地——党领导人民从站起来、富起来迎来强起来的百年伟业》。

中国共产党的百年征程有三个伟大飞跃：经过顽强奋斗，党团结带领人民实现了中华民族从"东亚病夫"到站起来的伟大飞跃；经过顽强奋斗，党团结带领人民又实现了从站起来到富起来的伟大飞跃；经过顽强奋斗，党团结带领人民迎来了从站起来、富起来到强起来的伟大飞跃。

中国共产党百年征程的三个伟大飞跃：既是一部改天换地的革命史，也是顶天立地的建设史、翻天覆地的改革史；既是一部惊天动地的奋斗史，也是一部感天动地的创业史。今天，中国人民欢天喜地收获满满当当的获得感、幸福感、安全感。它是一首风云激荡、沧桑巨变、苦难辉煌的壮丽史诗。

1949年，新中国成立，我6岁。2021年，党的百年华诞，我78岁。我亲历也亲证了新中国成立后三个伟大飞跃。

今天我向大家汇报以下两个主题。第一，亲历三个伟大飞跃的真切感受；第二，我的认识和体会：中国特色社会主义的历史成就和深远意义。

一、亲历三个伟大飞跃的真切感受

（一）童年，72年前，我6岁，欢呼新中国成立

1949年5月3日，星期二（农历四月初六），杭州解放了。

1949年4月21日，人民解放军百万雄师渡江作战；4月23日，人民解放军占领南京，标志国民党22年的反动统治崩溃。毛泽东在北京香山双清别墅写下《七律·人民解放军占领南京》：

钟山风雨起苍黄，百万雄师过大江。

虎踞龙盘今胜昔，天翻地覆慨而慷。

宜将剩勇追穷寇，不可沽名学霸王。

天若有情天亦老，人间正道是沧桑。①

这一天也是中国海军节，中国人民解放军自此建立海军。72年后的4月23日，在喜迎党的百年华诞之际，海军三型主战舰艇——长虹18号舰、大连舰、海南舰集中交接入列。这三艘舰艇代表了中国海军装备信息化、数字化水平已跻身世界一流行列，彰显海军实力。②

中国人民解放军英勇善战，势如破竹；国民党军兵败如山倒。童年的我，亲见纪律严明、打着绑腿的战士分班席地用餐，中间一盆韭菜炒豆芽，身边架着轻重机枪，身上硝烟味未散。

1949年10月1日，新中国成立，世界瞩目的开国大典在北京举行。1949年9月21日，毛主席在全国政治协商会议第一次会议上说："我们的工作将写在人类的历史上，它将表明：占人类总数四分之一的中国人从此站起来了。"③会议在《中国人民解放军军歌》和场外54响礼炮声中隆重开幕，全体代表起立，热烈鼓掌达5分钟之久。

1949年10月1日下午3时，开国大典隆重开始。毛主席用洪亮的声音向全中国、全世界庄严宣告："中华人民共和国中央人民政府今天成立了。"在国歌《义勇军进行曲》雄壮旋律中，五星红旗冉冉升起，广场上54门礼炮齐鸣28响，象征着中国共产党领导中国各族人民艰苦奋斗的28年历程。④

毛主席说："中国产生了共产党，这是开天辟地的大事变"⑤。"党的二十八年是一个长时期，我们仅仅做了一件事，这就是取得了革命战争的基本胜利"⑥。

我国经历了大革命、土地革命战争、抗日战争、解放战争，南昌起义，井冈山斗争，五次反"围剿"，长征，抗日战争的战略防御、相持、反攻三个阶段，解放战争的辽沈、淮海、平津三大战役，艰苦卓绝、气吞山河，为世界战争史所罕见。

在28年艰苦卓绝的奋斗历程中，无数革命先烈为中国人民的革命事业献出了宝贵的生命。毛主席说："中国共产党和中国人民并没有被吓倒，被征服，被杀绝。他们从地下爬起来，揩干净身上的血迹，掩埋好同伴的尸首，他们又继续战斗了。"⑦

① 《毛泽东诗词选》，人民文学出版社，2020，第66页。

② 《参考消息》2021年4月26日第2版。

③ 《毛泽东传（1893—1949）》，中央文献出版社，1996，第943页。

④ 《毛泽东传（1949—1976）》，中央文献出版社，2003，第3页。

⑤ 同③，第935页。

⑥ 同③，第937页。

⑦ 《毛泽东选集》第三卷，人民出版社，1991，第1036页。

别梦依稀咒逝川，故园三十二年前。

红旗卷起农奴戟，黑手高悬霸主鞭。

为有牺牲多壮志，敢教日月换新天。

喜看稻菽千重浪，遍地英雄下夕烟。

毛泽东《七律·到韶山》

忽报人间曾伏虎，泪飞顿作倾盆雨。

毛泽东《蝶恋花·答李淑一》

毛主席的诗表达了中国人民改天换地的气概和满怀信心建设美好生活的精神风貌。经其28年浴血奋战，新中国成立了，中国从几千年封建专制统治向人民民主专政的伟大飞跃实现了。

（二）青年，58年前，我20岁，自此亲历近一甲子的家国巨变

天安门广场雄伟的人民英雄纪念碑，熠熠生辉。毛主席亲撰的碑文光照千秋。

三年以来，在人民解放战争和人民革命中牺牲的人民英雄们永垂不朽！

三十年以来，在人民解放战争和人民革命中牺牲的人民英雄们永垂不朽！

由此上溯到一千八百四十年，从那时起，为了反对内外敌人，争取民族独立和人民自由幸福，在历次斗争中牺牲的人民英雄们永垂不朽！

从新中国成立到1978年，近30年，经历了立国之战抗美援朝、土地改革和各项民主改革、社会主义改造，社会主义建设全面展开，取得辉煌成就，创造诸多奇迹，其中也有艰辛探索和曲折，最终实现了中国人民从"东亚病夫"到站起来的伟大飞跃。从新中国成立前浴血奋战的28年到新中国成立后的29年，前后57年，中国共产党创立了毛泽东思想，实现了马克思主义与中国实际结合的第一次伟大飞跃，在实践中取得伟大成就。

红色政权来之不易，新中国来之不易，中国特色社会主义来之不易。

58年前的1963年，我20岁，我所在的"沙家浜团"在德清三桥埠一带进行冬季军事训练。当时的洛舍为一穷乡僻壤，我们行走十几里，看到的皆是冷冷清清的街面，店铺简陋，空空荡荡，一览无余。如今的洛舍已成为中外闻名的钢琴之乡，山清水秀的德清"洋旅游"搞得红红火火，成为一张生态文明建设亮丽的名片，也是孝文化之乡，中华优秀传统文化在此获创造性转化、创新性发展。德清大力弘扬社会主义核心价值观和社会主义先

进文化，成为道德建设的高地。这是当年20岁的我，做梦也不曾想到的。

50年前的1971年，我28岁，大学毕业，在萧山头蓬梅林湾军垦农场围海造田。当时我住在当地农民的茅草房里，就睡在稻草铺垫的泥地上，和当地农民一样，喝的是苦涩的盐碱水。如今的梅林湾，当地农民早已摆脱当年的贫穷和恶劣环境，过上幸福美满的小康生活，这一带已成为令人羡慕的富饶家园。

34年前的1987年，我44岁，参加全国贫困地区干部培训工作，地点就在华家池浙江农业大学（现浙江大学）。当时，全国所有贫困县党政一把手都到浙江农业大学集中培训。作为主讲教师，我不仅给学员授课，还给《贫困地区干部培训教程》撰写专题讲稿。34年过去了，2020年是我国全面打赢脱贫攻坚战收官之年。在中国共产党领导下，中国人民愚公移山，久久为功，如今消除绝对贫困即将变成现实。

28年前的1992年，我49岁，在衢州市龙游县挂职锻炼，担任分管农业农村工作的县委副书记。我跋山涉水、走村串巷，到大街等偏僻乡村访贫问苦。记得当年大旱，小南海镇抽水抗旱，意外发现地下石窟。如今龙游石窟已成为游人络绎不绝的天下奇观，大街成为新农村党建的先进典型。古老的姜席堰水利工程与都江堰等水利工程一起"申遗"成功，成为闻名于世的世界灌溉工程遗产。

11年前的2010年，我67岁，主编浙江大学农学院的百年院史，接触到浙大农学院先贤的生态理念。梁希1929年在《西湖可以无森林乎》一文指出，种树"使严冬经霜雪而不寒，盛夏金石流、火山焦而不热，可以大庇天下遨游人"。至20世纪40年代，他又指出："林不茂，则水不利。"[①]他在担任林垦部部长时指出："黄河流碧水，赤地变青山。"今天，在习近平同志"绿水青山就是金山银山"理念的指引下，浙江现代化蓝图的大湾区、大通道、大花园、大都市建设，无不遵循"绿水青山就是金山银山"理念，使水墨诗意的浙江在现代化建设中大放异彩。

祖国的科技成就，镌刻在我的记忆中。

1958年，第一座原子能反应堆（重水型）建成。

1964年10月16日，第一颗原子弹爆炸成功。

1967年6月17日，第一颗氢弹爆炸成功。

1970年4月24日，第一颗人造卫星成功发射。

1980年5月18日，中国在南太平洋成功发射第一枚洲际导弹。

1964年我接触到射电天文学，如今中国的"天眼"（FAST）为世界射电天文望远镜之最。

新中国科技事业一路披荆斩棘，一路高歌猛进。

---

① 《浙江大学农业与生物技术学院院史（1910—2010）》，浙江大学出版社，2010，第18页。

中国的深海探测、月球探测、火星探测、计算机速度、桥梁隧道建设、水力发电、输变电技术、造船技术、码头集装箱吞吐量、电动汽车、高铁、杂交水稻、南水北调、5G应用、移动支付、北斗导航……我们可以如数家珍地讲出许多祖国的成就，都居于世界领先的地位。

1996年浙大农科在争创"211工程"时，在全国农科高校中的位置是"坐三望二"；今天，浙大农科与中国科学院、中国农业科学院、中国农业大学一起跻身全球前50名的学术科研机构。

我见证了浙江改革开放、走向富裕的进程。古人云："生财有大道，生之者众，食之者寡，为之者疾，用之者舒，则财恒足矣。"中国人民的富裕是用辛勤汗水打拼出来的。浙江乡镇企业的异军突起、民营经济的蓬勃发展、"鸡毛换糖"义乌的华丽转身，都是一代一代浙江人打拼出来的，是贯彻习近平同志"八八战略"、撸起袖子加油干、一张蓝图绘到底的历史性成就。浙江是红船精神起航地，中国改革开放先行地，习近平新时代中国特色社会主义思想的萌生地。

二、我的认识和体会：中国特色社会主义的历史成就和深远意义

（一）中国社会发展的两大奇迹

习近平总书记指出："新中国成立70年来，我们党领导人民创造了世所罕见的两大奇迹，一是经济快速发展的奇迹……二是社会长期稳定奇迹。"[①]

（1）创造了长期经济快速增长的奇迹

我国经济实力跃上新台阶，国内生产总值（GDP）在2020年突破100万亿元，占世界经济总量比重达17%左右，稳居世界第二，且不断缩短与美国的差距。欧洲智库预言，2028年我国GDP将超过美国[②]。我国人均GDP已突破1万美元，稳步迈向高收入国家行列。党领导人民不断改革创新，使中国特色社会主义在解放和发展生产力、解放和增强社会活力、促进人的全面发展上比资本主义更有效率，更能激发全体人民的积极性、主动性、创造性，更能为社会发展提供有利条件，更能在竞争中赢得比较优势。我一直在研究农业现代化问题，有一个英格尔斯现代化指标体系，其中认为达到农业现代化的一个指标为人均GDP达3000美元以上[③]，今我国人均GDP已达1万美元。我在20世纪80年代初为研究生讲授自然辩证法课时，曾提及中国科技大学一位教授将安徽省与当时的联邦德国进行比较之

---

① 《习近平谈治国理政》第三卷，外文出版社，2020，第124页。

② 《参考消息》2021年4月7日第1版。

③ 邹先定，陈进红：《现代农业导论》，四川大学出版社，2005，第37页。

例，开启了我国内陆一个省份与西方一个发达国家比较之先例。①如今，中国广东省、江苏省的GDP均超俄罗斯，而浙江省的GDP于2018年超过世界第18位的荷兰。30余年，仅仅是历史长河中的弹指一挥间，中国这个世界上最大的发展中国家的一个省份的GDP，已迅速赶上并超过发展了几百年的资本主义发达国家，华丽转身，创造了惊天动地的人间奇迹。16世纪以来，特别是18世纪以来，世界发生多次工业革命，均源于科技革命。1543年哥白尼的《天体运行》出版，1687年牛顿的《自然哲学的数学原理》问世，1858年达尔文的《物种起源》面世，酝酿助推英国的第一次工业革命；瓦特蒸汽机、珍妮纺织机的发明，使英国取代西班牙，走上世界霸主地位；而美国则抓住第二次工业革命机会，赶超英国成为世界第一。从第二次工业革命以来，美国一直占据世界第一的位置，而现在情况在发生变化，格局在改变之中。

今天的中国，真正达到"让一切劳动、知识、技术、管理、资本的活力竞相迸发，让一切创造社会财富的源泉充分涌流，让发展成果更多更公平惠及全体人民"②。我国的社会经济生态状况充分体现了中国特色社会主义制度的优越性和强大生命力。

（2）创造了社会长期和谐稳定发展的奇迹

当今世界正经历百年未有之大变局，处于大发展、大调整、大改革的转变中。从20世纪80年代起，世界范围的改革浪潮不断形成，但并非全部成功。戈尔巴乔夫著有《改革与新思维》，结果苏联解体、东欧剧变。处于百年未有大变局中的世界并不安宁，局部战争和冲突不断，"灰犀牛""黑天鹅"事件、"颜色革命"时有发生，国际形势波诡云谲。习近平总书记指出：长期以来，各种敌对势力从来没有停止过对我国实施西化、分化战略，从来没有停止对中国共产党领导和我国社会主义制度进行颠覆破坏活动，始终企图在我国筹划"颜色革命"③，敌对势力政治上演变，经济上遏制，意识形态上渗透，军事上围堵，但始终未能得逞。中国始终坚如磐石地屹立在世界东方，昭示人类进步和发展的未来方向。

正如习近平总书记指出：我们党始终坚持为中国人民谋幸福，为中华民族谋复兴这个初心和使命，义无反顾向着这个目标前进，从而赢得了人民衷心拥护和坚定支持④。在以习近平同志为核心的党中央的正确领导下，全国人民万众一心奋进在伟大斗争、伟大工程、伟大事业、伟大梦想的征程中，充满道路自信、理论自信、制度自信、文化自信。记得1965年9月29日，副总理兼外交部部长陈毅举行中外记者招待会："我们等候美帝国主义打进来，已经等了16年，我的头发都等白了……如果美帝国主义打进中国大陆，我们将采取

① 杨纪珂：《用类比法预测安徽的未来》，《自然辩证法通讯》1983年第6期。
② 《中共中央关于全面深化改革若干重大问题的决定》（单行本），人民出版社，2013，第3页。
③ 习近平：《论党的宣传思想工作》，中央文献出版社，2020，第344页。
④ 《习近平谈治国理政》第三卷，外文出版社，2020，第530页。

一切必要手段来打败它"①。2021年中美阿拉斯加高层对话，面对美方的傲慢与偏见，中方正告美方：美国没有资格居高临下同中国说话，即使是二三十年前，美国也没有资格说这样的话，中国不吃这一套。这些话同56年前陈毅扬眉吐气的铮铮之言一样掷地有声，大快人心，讲出了我们的志气、骨气、底气和中美的消长态势。

党的十八大以来，我党探索出一条长期执政条件下解决自身问题、跳出"周期率"的成功道路，构建起一套行之有效的权力监督制度和执政执法体系。

所谓跳出"周期率"问题，为1945年民主人士黄炎培先生访问延安时问毛主席的问题："我生60多年，耳闻的不说，所亲眼看到的，真所谓'其兴也勃焉'，'其亡也忽焉'，一人、一家、一团体、一地方，乃至一国，不少单位没能跳出这周期率的支配力……""中共诸君从过去到现在，我略略了解的了。就是希望找出一条新路，来跳出这周期率的支配。"毛主席回答说："我们已经找到新路，我们能跳出这周期率。这条新路，就是民主。只有让人民来监督政府，政府才不敢松懈。只有人人起来负责，才不会人亡政息。"②党的十八大以来，党以前所未有的勇气和定力推进全面从严治党，取得历史性、开创性成就，产生了全方位、深层次影响。坚持以伟大的自我革命引领伟大社会革命，使党始终为中国特色社会主义事业的坚强领导核心。党的领导是中国社会长期和谐稳定，始终生机勃发、欣欣向荣的根本保证。习近平总书记指出：中国共产党作为世界第一大党，没有什么外力能够打倒我们，能够打倒我们的只有我们自己。③中国共产党是勇于自我革命、从严管党治党的中国工人阶级的先锋队、中国人民和中华民族的先锋队，具有这个世界政党中最鲜明独特的品格，以自身的理论和实践，回答了"跳出'周期率'"的问题。

（二）中国奇迹的世界意义

中国经济实力跃上新台阶，2020年GDP突破100亿元大关，为全球主要经济体中唯一的GDP正增长的国家，对世界经济的贡献率在30%以上。据外媒报道，2020年中国GDP已达美国的七成，2000年中国GDP在全球的比重为3.6%，2009年该数字为9%，而2019年上升为17.8%④，中美间的差距在明显缩小，GDP有望在"2028年超美"⑤。历史上看，苏联在计划经济全盛期GDP曾达美国的四成，日本在巅峰期GDP一度接近美国的七成，但两国均未完成对美国的反超，前者解体，后者停滞。外媒报道：中国2020年按照购买力平价计算的

---

① 《中国共产党历史》第二卷下册，中共党史出版社，2011，第667页。

② 《毛泽东传（1949—1976）》，中央文献出版社，2003，第16页。

③ 《习近平谈治国理政》第三卷，外文出版社，2020，第531页。

④ 《中国经济总量已达美国七成》，《参考消息》2021年3月2日第1版。

⑤ 《美智库称中国经济"2028年超美"》，《参考消息》2020年12月27日第2版。

GDP将达24万亿美元，比美国几乎多出20%[1]。在改革开放之初，中国经济总量在世界居第27位；2005年超法国，居第5位；2006年超英国，居第4位；2007年超德国，居第3位；2009年超日本，居第2位；嗣后一直保持世界第2位至今。2010年，我国制造业规模超过美国，居世界第1位。中国经济在世界舞台上由跟跑、并跑进而领跑的发展轨迹和态势，创造了让世界刮目相看的奇迹。

中国创造的又一个令世界刮目相看的奇迹就是2020年脱贫攻坚的伟大胜利。1949年，中国人民推翻"三座大山"统治，政治上翻身当家作主获解放，但"一穷二白"。摆脱贫困，消灭贫困，让人民过上好日子，是党的初心和使命。新中国成立以来，中国人民在党的领导下披荆斩棘，不断刷新减贫的历史纪录。2012年党的十八大以来，经过8年持续努力，到2020年底，中国如期完成新时代脱贫攻坚任务。现行标准下，9899万农村贫困人口全部脱贫，832个贫困县全部摘帽，12.8万个贫困村全部出列。脱贫攻坚是实现我们党第一个百年奋斗目标的标志性指标。1987年，我曾参加全国贫困地区干部培训工作，中顾委委员、浙江省委原领导林乎加同志亲自给我们主讲教师作动员，布置我们赴云南扶贫考察，那里有的地方还停留在刀耕火种的原始状态。今天，脱贫攻坚圆满收官，在新中国成立后"一步跨千年"进入社会主义的"直过民族"，又实现了从贫穷落后到全面小康的第二次历史性跨越。"直过民族"的第二次历史跨越是伟大飞跃中的亮点，也是中国消除千年贫困的一个缩影。法国著名作家维克多·雨果曾说："男人因贫穷而沉沦，女人因饥饿而堕落，儿童因黑暗而愚蒙。"[2]贫困这个世界性、历史性的难题，在党的领导下，被中国人民在新中国成立72年、中国共产党成立100周年之际，彻底解决。告别贫困这个困扰人类千年的难题，是彪炳史册的奇迹，用事实证明了中国共产党为什么"能"、中国特色社会主义为什么"好"！

中国已稳步迈向高收入国家之列。"上世纪60年代以来，全球100多个中等收入经济体中只有十几个成功进入高收入经济体"[3]，许多国家绕不开"中等收入陷阱"。如今，作为有14亿人口的中国，稳步迈向高收入国家行列的事实令世界刮目相看。这不论在中华民族的历史上，还是在现代世界发展经济学的历史上都是历史性的突破。

中国特色社会主义经济社会发展的奇迹，给世界上那些既希望加快发展又希望保持自身独立性的国家和民族提供了全新选择，为解决人类问题贡献了中国智慧和中国方案。

（三）对世界社会主义的伟大贡献

1516年，英国人托马斯·莫尔著有《乌托邦》一书，该书为空想社会主义开山之作。

---

① 《美智库称中国经济"2028年超美"》，《参考消息》2020年12月27日第2版。

② 雨果：《悲惨世界》，译林出版社，2001，序。

③ 《习近平谈治国理政》第三卷，外文出版社，2020，第238页。

19世纪初出现法国的圣西门、傅立叶和英国的欧文三位空想社会主义者。直至19世纪中期，以1848年马克思和恩格斯发表《共产党宣言》为标志，产生了科学社会主义。1871年巴黎公社起义，这场起义为无产阶级武装夺取政权的英勇尝试，但因寡不敌众而失败。19世纪，欧仁·鲍狄埃、比尔·狄盖特创作了不朽的《国际歌》。1917年俄国十月革命成功，建立了世界上第一个社会主义国家苏联，开辟了人类社会的新纪元，科学社会主义从理论变为现实。苏联社会主义模式虽然发挥过重要的历史作用，但也存在严重弊端，20世纪80年代末90年代初，世界社会主义遭受严重打击。戈尔巴乔夫的改革偏离了社会主义方向，在多种因素综合作用下，发生东欧剧变、苏联解体的历史悲剧。

一时间，"高天滚滚寒流急""万花纷谢一时稀"，西方"历史已经终结于资本主义"、中国将随东欧剧变的"多米诺骨牌效应"而倒下之类的鼓噪声甚嚣尘上。在这关键时刻，中国共产党高举马克思主义、科学社会主义旗帜，挺直腰杆，顶住冲击，经受住考验，以中国特色社会主义理论实践证明马克思主义的科学性、真理性和与时俱进的品格，以无可辩驳的事实彰显科学社会主义的强大生命力，使世界上正视和相信马克思主义、社会主义的人多了起来，使世界范围内两种意识形态、两种社会制度的历史演进及其较量发生了有利于马克思主义、社会主义的深刻转变，推进了世界百年未有之大变局的演变，中国特色社会主义成为振兴世界社会主义的中流砥柱，这是中国共产党人在世界社会主义发展中举旗引领的伟大贡献。

中国共产党领导全国各族人民在百年征程中实现了三次伟大飞跃，特别是21世纪中国特色社会主义进入新时代，国家经济实力、科技实力、国防实力、综合国力、国际影响力如前所述，显著提升。中国日益发挥着世界和平建设者、全球发展贡献者、国际秩序维护者的重要角色，前所未有地走近世界舞台中央。中国的发展理念、发展道路、发展模式，对世界产生了越来越大的影响，回应了时代之问、世界之问，彰显了中国特色社会主义的优越性和生命力。中国的伟大变革，不是简单地延续我国历史文化的母版，不是简单套用马克思经典理论思想的模板，不是其他国家社会主义实践的再版，也不是外国现代化的翻版。这是中国共产党人对科学社会主义理论和实践的创新与贡献。

以毛泽东同志为主要代表的中国共产党人，把马克思主义基本原理与中国革命思想实践相结合，创立了毛泽东思想，实现了马克思主义同中国实际相结合的第一次伟大飞跃：在新民主主义革命时期推翻帝国主义、封建主义、官僚资本主义三座大山，建立新中国；在社会主义革命和建设时期，团结率领人民完成了中华民族有史以来最为广泛而深刻的社会变革，为建设中国一切发展进步奠定了政治和制度基础，为开创中国特色社会主义提供了宝贵经验、理论准备、物质基础。

党的十一届三中全会以后，以邓小平同志为主要代表的中国共产党人，深刻总结我国社会主义建设正反两方面经验，借鉴世界社会主义历史经验，以巨大的政治勇气和理论勇气，科学评价毛泽东同志和毛泽东思想，彻底否定"以阶级斗争为纲"的错误理论和实践，把党和国家的工作重心转移到经济建设上来，确立改革开放的历史性决策，深刻揭示社会主义本质，确立社会主义初级阶段基本路线，明确提出走自己的路，建设有中国特色社会主义，科学回答了建设有中国特色社会主义的一系列基本问题，创立了邓小平理论，成功地开创了中国特色社会主义。

党的十三届四中全会以后，以江泽民同志为主要代表的中国共产党人，面对国内外十分复杂的形势，以及世界社会主义出现的严峻考验，捍卫了中国特色社会主义，加深了什么是社会主义、怎样建设社会主义、建设什么样的党、怎样建设党的认识，积累了治党治国的宝贵经验，形成了"三个代表"重要思想，成功地把中国特色社会主义推向21世纪。

党的十六大以后，以胡锦涛同志为主要代表的中国共产党人，深刻认识和回答了新形势下实现什么样的发展、怎样发展等重大问题，形成科学发展观。强调坚持以人为本，全面协调发展，提出构建社会主义和谐社会，成功在新的形势下坚持和发展中国特色社会主义。

党的十八大以来，以习近平同志为主要代表的中国共产党人，从理论和实践结合上系统，回答了新时代保持和发展什么样的中国特色社会主义、怎样坚持和发展中国特色社会主义这个重大时代课题，创立了习近平新时代中国特色社会主义思想。

中国共产党对马克思主义理论和实践做出历史性贡献。

在从站起来、富起来到强起来的百年征程中，中国共产党对世界社会主义做出了彪炳史册的伟大贡献，惊天动地。

我们今天通过总结党的百年征程中的三个伟大飞跃，回顾党的百年光辉奋斗历史和理论实践的伟大贡献。我们党的100年是践行初心使命的100年，是筚路蓝缕奠定基业的100年，是创造辉煌开辟未来的100年。党的百年历史是中国近代以来最为可歌可泣的篇章，是中国共产党和中国人民用鲜血、汗水、泪水写就的，充满着苦难和辉煌、曲折和胜利、付出和收获的，在中华民族发展史上不能忘却、不容否定的壮丽篇章。2016年，习近平总书记在庆祝中国共产党成立95周年大会上曾指出："当今世界，要说哪个政党、哪个国家、哪个民族能够自信的话，那中国共产党、中华人民共和国、中华民族是最有理由自信的。"①在100年三个伟大飞跃的非凡奋斗历程中，形成了红船精神、井冈山精神、长征精神、遵义会议精神、延安精神、西柏坡精神、红岩精神、抗美援朝精神、"两弹一星"精神、特区精神、抗洪精神、抗震救灾精神、抗疫精神、脱贫攻坚精神等伟大精神，构筑起中国共产党人的精神谱系，鼓舞着我们顽强拼搏，砥砺前行。党的百年辉煌历史，使我们更加坚定中国特色社会主义的道路自信、理论自信、制度自信、文化自信，使我们更加深

① 《习近平谈治国理政》第二卷，外文出版社，2017，第36页。

刻地理解红色政权来之不易、新中国来之不易、中国特色社会主义来之不易，使我们更加热爱党，热爱中国特色社会主义，热爱祖国和人民，坚定不移听党话、跟党走，在鲜红的党旗指引下，建功新时代，奋进新征程。同学们要努力成为德智体美劳全面发展的红色接班人！

从党的百年奋斗历程中汲取智慧和力量

◎ 2022年6月10日 浙江大学艺术与考古学院报告厅

方志伟书记、各位老师、同学们：

下午好！

我很高兴第一次来到艺术与考古学院汇报自己的学习体会。艺术是美的体现，美学是艺术哲学。它使我联想到朱光潜先生的美学论著和英国学者鲍桑葵的《美学史》。我还记得黑格尔著有四卷本的美学巨著。考古于我来说，既陌生又神奇。它使我想起了良渚古城申遗成功的浙大贡献。它也使我联想起"敦煌守护神"常书鸿先生和著名考古学家夏鼐先生，他们曾在浙大前身——浙江省立甲种工业学校就读或曾在浙大任教。来到艺术与考古学院，还使我想起前些年关于"浙大简"与"清华简"的讨论。总之，艺术、考古的学问都博大精深，在中华民族伟大复兴和文化强国建设中独树一帜，具有不可替代的地位和作用。

2022年下半年，将召开党的二十大。这是我国进入全面建设社会主义现代化国家，向第二个百年奋斗目标进军新征程的重要时刻，党召开的一次十分重要的全国代表大会。她代表9500多万名党员、480多万个基层党组织，是党和国家政治生活中的一件大事。从党的一大到喜迎二十大，党走过了百年奋斗的光辉历程。今天，我将结合自己的经历和感受，谈谈从党的百年奋斗历程中汲取智慧和力量的学习体会。我主要汇报三点：第一，中国共产党百年奋斗的历史意义和三重逻辑；第二，百年奋斗历程昭示中国共产党的伟大、光荣、正确；第三，从党的百年奋斗历程中汲取智慧和力量。

一、中国共产党百年奋斗的历史意义和三重逻辑

2021年7月1日，北京晴空万里。世界最大的广场——天安门广场上，100面红旗迎风飘扬，100响礼炮声震寰宇，礼兵100步正步震撼人心。中国共产党和中国人民隆重庆祝伟大、光荣、正确的中国共产党诞生100周年。习近平总书记发表"七一"重要讲话，激起全场40次雷鸣般的掌声和排山倒海的欢呼声。习近平总书记首次提出伟大建党精神："坚持真理、坚守理想，践行初心、担当使命，不怕牺牲、英勇斗争，对党忠诚、不负人

民"①。"请党放心，强国有我"的誓言在天安门广场上空久久回荡，迸发出百年大党的青春气息，展现盛世中国的万千气象，吸引了全世界的目光。

百年非凡奋斗的辉煌历史，值得9500多万名中国共产党党员骄傲和自豪。它是一部凝结百年顽强拼搏，不懈奋斗，用血水、汗水、泪水写就的丹心谱、英雄赞，气势磅礴的荣光史诗、时代华章。我们可以也应该在党百年奋斗历程中汲取无穷无尽的智慧和力量。

1. 百年奋斗的历史意义

习近平总书记在2021年"七一"重要讲话中指出，中国产生了共产党，"深刻改变了近代以后中华民族发展的方向和进程，深刻改变了中国人民和中华民族的前途和命运，深刻改变了世界发展的趋势和格局"②。三个"深刻改变了"内涵丰富，意义深远。第一个"深刻改变了"表明了党拥有改变近代以后中华民族发展方向和进程的血脉根基；第二个"深刻改变了"表达了党具有改变中国人民和中华民族前途、命运的磅礴伟力；第三个"深刻改变了"体现了党拥有已经改变并将继续改变世界发展趋势和格局的使命担当。

党的十九届六中全会通过《中共中央关于党的百年奋斗重大成就和历史经验的决议》（简称《决议》），以更宽阔的视角列论党百年奋斗的历史意义。

①党的百年奋斗从根本上改变了中国人民的前途命运。这讲的是党和中国人民的关系。今天，中国人民更加自信、自立、自强，极大地增强了作为中国人的志气、骨气、底气，焕发出前所未有的历史主动精神、历史创造精神。

②党的百年奋斗开辟了实现中华民族伟大复兴的正确道路。这讲的是党和中华民族伟大复兴的关系。中国新民主主义革命取得伟大胜利，成功跨越资本主义的"卡夫丁峡谷"，实现中国从几千年封建专制政治向人民民主的伟大飞跃，继而实现从新民主主义到社会主义的转变。中国特色社会主义不是简单延续中国历史文化的母板，不是简单套用马克思主义经典作家设想的模板，不是其他国家社会主义实践的再版，也不是国外现代化发展的翻版。

③党的百年奋斗展示了马克思主义的强大生命力。这是从党和马克思主义的关系来阐发百年奋斗的历史意义。马克思主义的科学性和真理性在中国得到充分检验，马克思主义的人民性和实践性在中国得到充分贯彻，马克思主义的开放性和时代性在中国得到充分彰显。

④党的百年奋斗深刻影响了世界历史进程。这是从党和世界社会主义、人类进步事业、人类社会发展的关系维度阐述百年奋斗的历史意义。中国式现代化道路创建了人类文明新形态，拓展了发展中国家走向现代化的途径，为推动人类发展进步贡献中国智慧、中国方案、中国力量。

① 习近平：《在庆祝中国共产党成立100周年大会上的讲话》（单行本），人民出版社，2021，第8页。
② 同①，第3页。

⑤党的百年奋斗锻造了走在时代前列的中国共产党。这是从马克思主义政党建设的视角、与时代关系的视角阐发百年奋斗的历史意义。党的百年奋斗锻造了走在时代前列、具有重大全球影响力的世界第一大执政党，领导中国人民在中国特色社会主义道路上不可逆转地走向中华民族伟大复兴。

中国共产党无愧为伟大、光荣、正确的党。

2.百年奋斗的历史逻辑、理论逻辑、实践逻辑

①历史逻辑

近代以后，国家蒙辱、人民蒙难、文明蒙尘，实现中华民族伟大复兴成为各族儿女的伟大梦想。中国迫切需要新的思想引领救亡运动，迫切需要新的组织凝聚革命力量。中国产生了共产党，是开天辟地的大事变。百年来，党领导人民顽强拼搏，英勇奋斗，历经建党之初和大革命时期、土地革命战争时期、抗日战争时期、解放战争时期、新中国成立后的社会主义革命和建设时期、改革开放和社会主义现代化建设新时期、党的十八大以来开创中国特色社会主义新时代的今天。百年来，民族独立、人民解放、国家富强、人民幸福的历史追求，在今天终于实现了。在党的领导下，中国人民经过28年浴血奋战、近30年社会主义革命建设和艰苦探索，又经过40多年改革开放，进入中国特色社会主义新时代，实现了从站起来、富起来，迎来了强起来的伟大飞跃，这是一幅宏伟的历史画卷，开天辟地、改天换地、惊天动地，彰显了中国共产党百年奋斗的历史逻辑和历史性贡献。

②理论逻辑

"十月革命一声炮响，给我们送来了马克思列宁主义"[①]。党坚持马克思主义基本原理，坚持实事求是，从中国实际出发，洞察时代大势，把握历史主动，进行艰辛探索，不断推进马克思主义中国化时代化，不断推进伟大社会革命，这是党百年奋斗的理论逻辑。

在革命斗争中，以毛泽东同志为代表的中国共产党人，对经过艰苦探索、付出巨大牺牲积累的一系列独创经验作了理论概括，开辟了农村包围城市、武装夺取政权的正确道路，创立了毛泽东思想。

毛泽东思想是马克思主义中国化的第一次历史性飞跃。在新民主主义革命时期，毛主席论述了革命对象、任务、性质、前途、不同时期的斗争策略和方针政策，为夺取新民主主义革命指明了正确方向。大家比较熟悉的毛主席著作《中国社会各阶级的分析》《湖南农民运动考察报告》《中国的红色政权为什么能够存在？》《井冈山的斗争》《关于纠正党内的错误思想》《星星之火，可以燎原》《中国革命战争的战略问题》《矛盾论》《实践论》《论持久战》《中国共产党在民族战争中的地位》《中国革命和中国共产党》《新民主主义论》《在延安文艺座谈会上的讲话》《论联合政府》《愚公移山》《抗日战争胜利后的时局

---

① 《毛泽东选集》第四卷，人民出版社，1991，第1471页。

和我们的方针》《关于重庆谈判》《和美国记者安娜·路易斯·斯特朗的谈话》《将革命进行到底》《在中国共产党第七届中央委员会第二次全体会议上的报告》《论人民民主专政》《丢掉幻想，准备斗争》，像一根红线一以贯之，指导中国革命从一个胜利走向另一个胜利。我自1962年参军开始学习毛主席著作以来，60年间，我反复认真阅读《毛泽东选集》，在我的心中清晰地描绘中国新民主主义革命胜利的画卷和毛泽东思想的理论脉络。

新中国成立后，如何建设新中国，使人民富起来、国家强起来，毛主席结合新的实际发展了毛泽东思想，提出了许多重要思想，包括关于社会主义历史阶段长期性的论述、两类社会矛盾的论述、建设中的十大关系、中共与民主党派"长期共存，互相监督"的方针、发展科学文化的"双百"方针等。毛泽东思想活的灵魂为：实事求是、群众路线、独立自主。党的三大法宝为：统一战线、武装斗争、党的建设。党的三大优良作风为：理论联系实际、密切联系群众、批评和自我批评的作风。

进入改革开放和社会主义现代化建设新时期，摆在全党全国人民面前的任务是解放和发展社会生产力，使人民摆脱贫困，尽快富裕起来，为实现中华民族伟大复兴提供充满活力的体制保证和快速发展的物质条件。党先后围绕以下几点展开工作。第一，什么是社会主义、怎样建设社会主义这一根本问题，借鉴世界社会主义历史经验，创立了邓小平理论。邓小平指出："社会主义的本质，是解放生产力，发展生产力，消灭剥削，消除两极分化，最终达到共同富裕"[1]。第二，加深对什么是社会主义、怎样建设社会主义和建设什么样的党、怎样建设党的认识，形成了"三个代表"重要思想。江泽民指出："我们党在革命、建设、改革的各个历史时期，总是代表着中国先进生产力的发展要求，代表着中国先进文化的前进方向，代表着中国最广大人民的根本利益，并通过制定正确的路线方针政策，为实现国家和人民的根本利益而不懈奋斗"[2]。第三，在全面建设小康社会的进程中，我党深刻认识新形势下实现什么样的发展、怎样发展等重大问题，形成了"科学发展观"。胡锦涛指出："科学发展观，第一要义是发展，核心是以人为本，基本要求是全面协调可持续，根本方法是统筹兼顾"[3]。

在改革开放和社会主义现代化建设中，创立了邓小平理论，形成了"三个代表"重要思想和科学发展观，形成了中国特色社会主义理论体系，实现了马克思主义中国化新的飞跃。

党的十八大以来，中国特色社会主义进入新时代，创立了习近平新时代中国特色社会主义思想。习近平新时代中国特色社会主义是当代中国马克思主义、21世纪马克思主义，是中华文化和中国精神的时代精华，实现了马克思主义中国化新的飞跃。马克思说："任

① 《邓小平文选》第三卷，人民出版社，1993，第373页。
② 《江泽民文选》第三卷，人民出版社，2006，第2页。
③ 《胡锦涛文选》第二卷，人民出版社，2016，第623页。

何真正的哲学都是自己时代精神的精华"，"人民最精致、最宝贵和看不见的精髓都集中在哲学思想里"①。习近平新时代中国特色社会主义思想全面完整系统，提出许多具有原创性、时代性、指导性的重大思想观点，思想深邃，内涵丰富，是新时代中国共产党的思想旗帜，是国家政治生活和社会生活的根本指针，是当代中国马克思主义、21世纪马克思主义。马克思主义中国化的三次飞跃彰显了党百年奋斗的理论逻辑。

③实践逻辑

我们学习研读毛主席诗词篇章：从"问苍茫大地，谁主沉浮"②到"唤起工农千百万，同心干，不周山下红旗乱"③；从"敌军围困万千重，我自岿然不动"④到"百万雄师过大江，虎踞龙盘今胜昔，天翻地覆慨而慷"⑤；从"为有牺牲多壮志，敢教日月换新天"⑥到"春风杨柳万千条，六亿神州尽舜尧"⑦；从"世上无难事，只要肯登攀"⑧"独有英雄驱虎豹，更无豪杰怕熊罴"⑨到"可上九天揽月，可下五洋捉鳖，谈笑凯歌还"⑩。

同学们，我们从毛主席瑰丽的诗篇中，读出了中国共产党和中国人民的志气、骨气、底气。从兴业路的一大会址、南湖红船到八一南昌起义、井冈山、长征；14年抗战从防御相持到反攻夺取胜利，完全证实毛主席在《论持久战》中的预言和精辟论述；从解放战争的辽沈、淮海、平津三大战役到新中国成立，再到抗美援朝、中国人民志愿军出国作战，"打得一拳开，免得百拳来"，打出了军威国威，打出了几十年的和平环境；从社会主义革命建设，到改革开放社会主义现代化建设，党的十八大后中国特色社会主义进入新时代。

这是一条中华民族伟大复兴的红线和轨迹，是从站起来富起来到强起来的伟大飞跃，是历史发展之必然，是亿万人民选择和奋斗之结果，是百年斗争实践反复检验之成功。这就是百年奋斗的历史、理论、实践之三重逻辑。

二、百年奋斗历程昭示中国共产党的伟大、光荣、正确

百年苦难辉煌、艰苦卓绝的持续奋斗，开天辟地、改天换地、惊天动地，彰显中国

① 《第179号〈科伦日报〉社论》，载《马克思恩格斯全集》第一卷，人民出版社，1958，第121-122页。
② 毛泽东：《沁园春·长沙》，载《毛泽东诗词选》，人民文学出版社，2000，第6页。
③ 毛泽东：《渔家傲·反第一次大"围剿"》，载《毛泽东诗词选》，人民文学出版社，2000，第30页。
④ 毛泽东：《西江月·井冈山》，载《毛泽东诗词选》，人民文学出版社，2000，第13页。
⑤ 毛泽东：《七律·人民解放军占领南京》，载《毛泽东诗词选》，人民文学出版社，2000，第66页。
⑥ 毛泽东：《七律·到韶山》，载《毛泽东诗词选》，人民文学出版社，2000，第96页。
⑦ 毛泽东：《七律二首·送瘟神（其二）》，载《毛泽东诗词选》，人民文学出版社，2000，第92页。
⑧ 毛泽东《水调歌头·重上井冈山》，载《毛泽东诗词选》，人民文学出版社，2000，第131页。
⑨ 毛泽东：《七律·冬云》，载《毛泽东诗词选》，人民文学出版社，2000，第116页。
⑩ 同⑧。

共产党"能"、中国特色社会主义"好"、马克思主义"行"，中国共产党无愧为伟大、光荣、正确的党。

1. 中国共产党"能"

百年进行的一切奋斗、一切牺牲、一切创造，归结起来就是一个主题：实现中华民族伟大复兴。那么，千秋伟业，百年大党是如何实现这个宏伟目标的呢？

首先是中国人民站起来。新民主主义革命时期，党领导人民历经28年浴血奋战，创造了新民主主义的伟大胜利，成立新中国，实现民族独立人民解放。2021年党的十九届六中全会通过的《决议》，以四个"彻底"表述其历史贡献：彻底结束了旧中国半殖民地半封建社会的历史，彻底结束了极少数人剥削统治广大劳动人民的历史，彻底结束了旧中国一盘散沙的局面，彻底废除了列强强加给中国的不平等条约和在中国的特权，实现了中国从几千年封建专制政治向人民民主的伟大飞跃。新中国成立时，我6岁，虽然年幼，但亲眼看见翻天覆地，换了人间的巨变，真切地感受到中国人民从此站起来了，体验到中华民族任人宰割、饱受欺凌的时代一去不复返了的扬眉吐气之豪情。中国发展从此开始了新纪元。

在新中国成立后社会主义革命的建设时期，我的年龄跨度从6岁到31岁，经历了中华民族有史以来最为广泛而深刻的社会变革，见证了一穷二白、人口众多的东方大国跨越资本主义的"卡夫丁峡谷"，大步迈向社会主义社会的伟大飞跃，创造社会主义革命和建设的伟大成就。中国共产党和中国人民以英勇顽强的奋斗向全世界庄严宣告，中国人民不但善于破坏一个旧世界，而且善于建设一个新世界。

从1978年党的十一届三中全会开始，中国进入改革开放和社会主义现代化建设新时期。如上所述形成了中国特色社会主义理论体系，党领导人民实现了从高度集中的计划经济时期到充满活力的社会主义市场。经济体制从封闭半封闭到全方位开放的历史性转变，实现了从生产力相对落后的状况到经济总量稳居世界第二的历史性突破，实现了人民生活从温饱不足到全面小康的历史性跨越，推进了中华民族从站起来到富起来的伟大飞跃。中国大踏步赶上了时代。这一时期，我的年龄从35岁到69岁，全程经历并参与其中，真切感受到改革开放的深刻变化，以义乌的凤凰涅槃为例，从"鸡毛换糖"的资源贫乏、生产落后小县，在改革开放中华丽转身，一举跨变为世界最大的小商品市场、中欧班列的始发站之一。

2012年，党的十八大以来，中国特色社会主义进入新时代。在新时代，党出台了一系列重大方针政策，推出了一系列重大举措，推进了一系列重大工作，战胜了一系列重大风险挑战，解决了许多长期以来想解决而没有解决的难题，办成了许多过去想办而没有办成的大事，推动党和国家取得历史性成就，发生历史性变革。党的十八大以来，一系列原创性思想、变革性实践取得突破性进展、标志性成果。中国共产党和中国人民以英勇顽强的奋斗向全世界庄严宣告：中华民族迎来了从站起来、富起来到强起来的伟大飞跃。

当下，国际社会空前关注中国的态度，重视中国主张、中国方案。究其根本原因就是中国的经济实力、科技实力、综合国力和国际地位不断提升，中国已成为世界上举足轻重的大国。中国在中国共产党的领导下，在世界乱局中化危为机，将在世界大变局中开创新的局面。

2. 中国特色社会主义"好"

我6岁时幸逢新中国成立，我生在旧社会，长在红旗下。在旧社会，自己虽年幼无知，但毕竟尚有依稀印象，形成国家贫弱、人民穷困的苦难记忆。我14岁那年，母亲病情危重，是党救了我的母亲。这让少年的我真切感受到中国共产党一心一意为人民、为百姓排忧解难的温暖，感悟到中国共产党立党为公、一心为民的伟大。

我亲历新中国70多年的沧桑巨变。我认为，一个国家社会制度的优劣，应该以历史唯物主义的观点来认识，即是否有利于解放和发展社会生产力，是否能给人民带来幸福生活，是否能使国家日益强盛，以及在这个社会制度下人民高兴不高兴、满意不满意、拥护不拥护。我全程亲历新中国70多年的发展变化，并得出完全肯定的答案。

中国仅仅用了几十年时间就走上了西方发达国家几百年走过的工业化历程，创造了经济快速发展和社会长期稳定两大奇迹。

我在2021年教育部编辑出版的《心路：教育部直属系统老同志庆祝中国共产党成立100周年文集》上撰文《我为亲身感受的奇迹般发展欢呼》，真实记录自己从20岁至70岁的各不同工作时段，特别是党的十八大以后，所对照感受到的眼前的奇迹般变化[1]。

中国幅员辽阔，面积超过欧洲；人口14亿多，是法国的28倍，美国的4倍多。法国作家维克多·雨果描述资本主义社会的状况："男人因贫穷而沉沦，女人因饥饿而堕落，儿童因黑暗而愚昧。"[2]在今天的中国，到处充满生机活力，人们撸起袖子加油干，奋发有为，又充分公平公正地享受改革发展的成果。各种社会生产要素竞相迸发，各种生产社会物质财富的源泉充分涌流。几千年的绝对贫困在中国历史性地一扫而光。中华各民族像石榴籽一样紧密团结。中国百姓日子过得如"芝麻开花节节高"，不断收获着丰富的获得感、幸福感、安全感。能使一个国家欣欣向荣、蒸蒸日上、不断发展，实现国泰民安、国富民强，其优越性当然不言而喻。我同人民群众一样发出"中国特色社会主义好！"的心声。

3. 马克思主义"行"

马克思主义揭示了人类社会发展规律，是我们认识世界、改造世界的科学真理和强大武器。100年来，中国共产党坚持把马克思主义写在自己的旗帜上。在波澜壮阔的斗争

---

① 邹先定：《我为亲身感受的奇迹般发展欢呼》，载《心路：教育部直属系统老同志庆祝中国共产党成立100周年文集》，高等教育出版社，2021，第387-389页。

② 《悲惨世界》，译林出版社，2001，作者序。

实践中，马克思主义的科学性和真理性在中国得到充分检验，马克思主义的人民性和实践性在中国得到充分贯彻，马克思主义的开放性和时代性在中国得到充分彰显，这显示了马克思主义强大的生命力。100年来，中国共产党不断推进马克思主义中国化的时代化、大众化。实践证明，马克思主义的命运早已同中华民族的命运、中国共产党的命运、中国人民的命运紧紧连在一起。中国共产党是一个以马克思主义为指导、勇担民族复兴大任、带领组织人民创造人间奇迹的伟大的马克思主义政党。马克思主义中国化、时代化、大众化不断取得成功，使马克思主义以崭新的形象展现在世界上。中国共产党坚持以人民为中心的发展思想，让发展成果更多、更公平地惠及全体人民，促进社会公平正义，在14多亿人口、960多万平方千米的土地上，历史性地消除绝对贫困，实现幼有所育、学有所教、劳有所得、病有所医、老有所养、住有所居、弱有所扶，不断促进人的全面发展，朝着全体人民共同富裕的目标不断迈进。当年马克思、恩格斯设想的人类社会美好前景不断地在中国大地上活生生地与时代同步展现出来，并不断发展，使世界范围内社会主义和资本主义两种意识形态、两种社会制度的历史性演进及其较量发生了有利于社会主义的重大转变。中国式现代化道路，创造了人类文明新形态，拓展了发展中国家走向现代化的途径，给世界上那些既希望加快发展又希望保持自身独立性的国家和民族提供了全新的选择。

马克思主义为中国革命、建设、改革提供了强大思想武器，使中国这个古老的东方大国创造了人类历史上前所未有的发展奇迹。中国共产党把马克思主义写在自己的旗帜上是完全正确的，坚持马克思主义基本原理同中国具体实际相结合，不断推进马克思主义中国化时代化是完全正确的。中国共产党"能"，中国特色社会主义"好"，归根结底是马克思主义"行"。

100年来，党领导人民浴血奋战，百折不挠，创造了新民主主义伟大成就；自力更生，发奋图强，创造了社会主义革命和建设伟大成就；解放思想，锐意进取，创造了改革开放和社会主义现代化建设伟大成就；自信自强、守正创新，创造了新时代中国特色社会主义伟大成就。世界上没有哪个政党像我们的党这样，遭遇如此多的艰难险阻，经历如此多的生死考验。在100年的非凡奋斗历程中，一代又一代中国共产党人顽强拼搏，不懈奋斗。一大批视死如归的革命烈士、一大批顽强奋斗的英雄人物、一大批忘我奉献的先进模范，以伟大建党精神为源，形成了红船精神、井冈山精神、长征精神、遵义会议精神、延安精神、西柏坡精神、红岩精神、抗美援朝精神、"两弹一星"精神、特区精神、抗洪精神、抗震救灾精神、抗疫精神、脱贫攻坚精神等伟大精神，构筑中国共产党人的精神之谱系。

习近平总书记指出："当今世界，要说哪个政党、哪个国家、哪个民族能够自信的话，那中国共产党、中华人民共和国、中华民族是最有理由自信的。"①各个历史阶段的实践一再表明，中国共产党不愧是伟大、光荣、正确的马克思主义政党。

三、从党的百年奋斗历程中汲取智慧和力量

1. 中国共产党人精神谱系中的浙大人

浙江大学至今已有125年的历史，全程经历新民主主义革命、新中国成立后的革命建设、改革开放和社会主义现代化建设以及中国特色社会主义进入新时代的各个阶段。2021年，在党的百年华诞之际，《浙江大学报》特开辟"中国共产党精神谱系中的浙大人"专栏，介绍竺可桢、陈望道、邵飘萍、夏衍、钱三强、王淦昌、贝时璋、程开甲、林俊德等共产党人的奋斗业绩和革命精神。据统计，浙江大学在近代革命斗争中涌现了陈敬森、邹子侃、赵仲兰、费巩、何友谅、于子三6名革命烈士（当时为在校师生），还有林白水、林文和、林尹民（求是书院学生），许寿裳、马宗汉、邵飘萍、陈仪、郁达夫、韦廷光9名革命烈士（为校友）②。浙江大学具有光荣的革命传统，在新民主主义革命时期，有"民主堡垒"之誉。邵飘萍、陈望道、陈敬森、邹子侃、宋侃夫、胡乔木、李晨等均为顽强拼搏、英勇斗争的中共地下党党员③。

在新民主主义革命时期，浙江大学的进步学生运动在党的领导下如火如荼地蓬勃开展。浙大学生投身五四运动，参加大革命和土地革命战争时期的英勇斗争，九一八事变后投身抗日宣传救亡运动，浙江大学是最先响应一二·九运动的南方大学。在抗战西迁历程中，在党的领导下，浙江大学在遵义、湄潭组建了不少进步社团。地下党员和进步学生既能努力学习修炼品格，又能随时关注同学思想脉搏，使党的方针政策贯彻到学生工作中。浙大学生在物质生活极端困难的条件下，尤其是在反动势力白色恐怖日益严重的环境中，始终保持勤奋的和追求真理的精神，始终坚持渴望光明，坚持进步，与反动当局不屈不挠地开展斗争④。进入解放战争时期，于子三因组织反饥饿、反迫害、反内战的爱国民主运动而惨遭国民党反动派杀害。震惊中外的于子三运动因此爆发。毛主席指出：中国境内已有两条战线。蒋介石进犯军和人民解放军的战争，这是第一条战线。现在又出现第二条战线，这就是伟大正义的学生运动和蒋介石反动政府之间的激烈斗争⑤。于子三运动是继抗暴和五月运动之后又一次学生学潮，它有力地配合了人民解放战争，加速了国民党反动政权的彻底

---

① 习近平：《在庆祝中国共产党成立95周年大会上的讲话》，人民出版社，2016，第12页。

② 杨达寿：《星星颂》，中国诗联书画出版社，2017。

③ 杨达寿：《点燃青春之火，照亮求是路》，《浙江大学报》2021年4月9日第4版。

④ 参见《黔北风云——活跃在抗战大后方的浙大学生运动》，浙江大学出版社，1987，序二。

⑤ 《毛泽东选集》第四卷，人民出版社，1991，第1224-1225页。

崩溃。浙江大学在新民主主义革命时期的进步学生运动，同时也淬炼和造就了积极投身于新中国成立后的社会主义革命和建设事业以及改革开放和社会主义现代化建设的中坚力量。

新中国成立后，在伟大斗争中，浙江大学涌现了一大批杰出的英雄人物和先进模范人物，其中有程开甲、钱三强、王淦昌、赵九章等4位"两弹一星"功勋科学家，程开甲、谷超豪、吴文俊、徐光宪、叶笃正等5位国家最高科学技术奖获得者，贝时璋等8位上国家现代科学家纪念邮票的科学家，竺可桢等14位获国际小行星命名的科学家，以及"人民科学家"程开甲、吴文俊、叶培建，"人民教育家"高铭暄，抗击新冠肺炎疫情的"人民英雄"陈薇，"最美奋斗者"马寅初、吴文俊、高铭暄、林俊德、叶培建、姚玉峰等，全军挂像英雄林俊德，"八一功勋"获得者程开甲等。竺可桢、吴耕民、陈鸿逵、朱祖祥等著名科学家加入中国共产党，也是浙江大学老科学家爱党信党、追随党，矢志不渝成为共产主义战士的典例。

2.浙大的使命担当

2022年是浙江大学建校125周年。2014年，党中央做出建设世界一流大学的战略决策。当年，习近平总书记在北京大学师生座谈会上深刻指出，世界上不会有第二个哈佛、牛津、斯坦福、麻省理工、剑桥，但会有第一个北大、清华、浙大、复旦、南大等中国著名学府。他高屋建瓴地指出办好中国人的世界一流大学必须有中国特色，如果没有特色，跟在他人后面亦步亦趋，依样画葫芦，是不可能办成功的，[1]强调扎根中国大地办大学，鲜明地表达了中国建设世界一流大学的高度自信以及中国人有志气、骨气、底气。我认为这又是浙大历史方位的重要参照坐标。

习近平总书记在2014年5月9日在北京大学师生座谈会上所列的中国5所著名高等学府（见表1），在2017年—2022年公布的世界一流大学和一流学科建设高校及建设学科名单中均为"双一流"建设高校（A类）。

表1 中国五所著名学府"双一流"建设学科数目

学校	2017年公布数	2022年公布数	增量
北京大学	41	自主确定建设学科并自行公布	不详
清华大学	34	自主确定建设学科并自行公布	不详
浙江大学	18	21	3
复旦大学	17	20	3
南京大学	15	16	1

---

① 《习近平谈治国理政》，外文出版社，2014，第174页。

浙江大学的愿景和战略目标为：在2035年，浙江大学走在世界一流大学的前列。同学们，这个愿景和近期战略目标的实现距今仅仅只有13年时间了。

浙江大学的战略导向是：更高质量，更加卓越，更受尊敬，更有梦想。在新时代，要充分彰显"求是创新"的浙大校训和"海纳江河、启真厚德、开物前民、树我邦国"的浙大精神。

东风吹，战鼓擂，我们有幸生活在中国特色社会主义新时代。今天，我们弦歌一堂，努力践行勤学、修德、明辨、笃实的浙大共同价值观；明天，我们要为实现第二个百年奋斗目标奋力拼搏。同学们，要自觉意识到我们处在中华民族发展的最好时期，欣逢盛世，有为人民建功立业难得的人生际遇，肩负"天将降大任于斯人"的时代使命。这是历史赋予的责任、时代的召唤、党和人民的期盼！

同学们，每当我来到浙大紫金港校区，便会遇到扑面而来的学生单车洪流，正如习近平总书记所讲的，"让人迎面就能感受到的清澈和纯粹"①。一眼望去，就知道这是受过良好教育和训练有素的浙大青年。在你们身上跳跃着百年名校的青春脉搏。浙大的学生要筑牢红色信念之基、自信大气之基、求是创新之基、时代担当之基②，按照习近平总书记的要求，"用脚步丈量祖国大地，用眼睛发现中国精神，用耳朵聆听人民呼声，用内心感应时代脉搏，把对祖国血浓于水、与人民同呼吸共命运的情感贯穿学业全过程，融汇在事业追求中"③。"国有成钧，在浙之滨"，浙大莘莘学子定将努力学习，奋发有为，在新时代"成章乃达，若金之在熔"，开物前民，树我邦国！

谢谢大家！

---

① 习近平：《在庆祝中国共产主义青年团成立一百周年大会上的讲话》，《光明日报》2022年5月11日第2版。
② 《浙江大学报》2021年9月30日第1版。
③ 习近平：《论党的青年工作》，中央文献出版社，2022，第242页。

在鲜红的党旗指引下：同祖国一道奋进，和学生一起成长

——在浙江大学庆祝中国共产党成立100周年暨表彰先进大会上的发言

◎ 2021年7月2日　浙江大学紫金港校区小剧场

尊敬的各位领导、同志们：

上午好！

今天学校隆重庆祝伟大、光荣、正确的中国共产党成立100周年，组织上安排我发言，这让我感到无比的光荣和激动！我发言的题目是《在鲜红的党旗指引下：同祖国一道奋进，和学生一起成长》。双手捧着金灿灿的"光荣在党50年"纪念章，一行热泪流满面。我把它视为我一生中最宝贵、最有分量、最值得珍惜的褒奖和鼓励。70多年来的往事一下子涌上心头：我生在旧社会，长在红旗下，6岁便开始沐浴在新中国的阳光下，扣正人生的第一粒扣子。14岁时，党救了我病危中的妈妈，为此，少年的我写下了《党救了我们的妈妈》一文，并发表在报刊上，党就是我们伟大的母亲。19岁的我听党的话，响应祖国召唤，毅然中断学业，投笔从戎，成为一名人民解放军战士。24岁时，我光荣入党，从此，一生听从党安排：我当过战士、文书、班长，种过田，当过仓库保管员。当兵6年，年年都是"五好战士"。后来党把我送到中央党校学习，成为一名理论宣传和思政教育工作者。从学生到战士，从列兵到教授，从一名普通教师到走上大学领导岗位，退休后我还当选为浙江省人大代表，这都是党培养教育的结果。不管人生轨迹如何变动，我始终保持一个坚定的信念：听党的话，跟党走，党叫干啥就干啥，就干好啥。

今天，在喜庆党百年华诞的难忘时刻，作为一名光荣在党50多年的老党员，我要向党汇报：自己虽然已退休18年，但为党的事业奋斗没有"退休"一说，共产党员始终是我的第一身份，在党信党、在党爱党、在党忧党、在党为党。生命的价值在于奉献，哪怕熠火微明，也要发光发热，献给党的千秋伟业。

国有成均，在浙之滨的浙江大学是享有盛誉的高等学府，国之重器，并且正阔步迈向世界一流大学。培养什么样的人、如何培养人以及为谁培养人是根本问题。作为一名老党员，我将继续发扬"忠诚敬业，关爱后代，务实创新，无私奉献"的"五老"精神。2017

年，党的十九大召开，我提出创建"在鲜红的党旗下"党建教育平台的构想，并积极参与推进。我怀着对党和祖国的真挚情感，把自己的信仰和信仰确立的心路历程讲给学生听；把自己对党对祖国对社会主义的热爱和不断深化认识、提高觉悟的体会和学生一起分享；把自己研读马列经典著作，特别是习近平新时代中国特色社会主义思想的体会写出来讲出来，力求把"四史"和浙大校史、院史以及我的个人成长史结合起来；努力把中国共产党为什么能，马克思主义为什么行，中国特色社会主义为什么好的道理讲明白、讲透彻。我和"邹先定工作室"的战友们一起推出"庆祝党的百年华诞"系列讲座。我自己也拟定了"我的新中国记忆和认识""走近伟人：不忘初心、牢记使命""习近平著作研读""习近平总书记推荐的马克思主义经典著作学习体会交流"等主题宣讲活动方案，并逐步落实。

各位领导、同志们：我把荣获"光荣在党50年"纪念章看作是党要求我们建功新时代、奋进新征程的集结号和动员令。我永远是党的一名战士，将始终保持"早晨八九点钟太阳"和"革命人永远是年轻"的精神状态，为党育人，为国育才，继续耕耘在关心下一代工作的广阔田野中，在鲜红党旗指引下，同祖国一道奋进，和学生一起成长。

谢谢！

附录

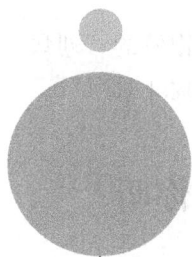

"我永是一名列兵！"①
——访2020年"全国关心下一代工作先进工作者"邹先定

◎杨　金

　　78岁的邹先定教授，在退休17年后，穿着一身旧军装，站在浙江大学紫金港校区小剧场的讲台上，神采飞扬地向年轻学子们讲述着抗美援朝的故事……这已不知是他第多少次向青年学子进行主题宣讲了，情之所至，他深情地朗诵起魏巍的《谁是最可爱的人》，现场掌声如潮……

　　台上，一头银发的"列兵"口若悬河；台下，意气风发的学子们求知若渴。夕阳与朝阳交相辉映，春晖寸草。

把信仰讲给你听

　　邹先定14岁时，他的母亲因严重胃溃疡大出血，命悬一线。在单位关怀下，母亲重获新生。邹先定给报纸投了一篇题为《党救活了我们的妈妈》的稿件，并将这篇发黄的剪报一直珍藏在相册中。邹先定说："我生在旧社会，长在红旗下，当过兵，永远都是党的战士，要把对党、对社会主义祖国的真挚情感传承下去！"

　　22年前，中华人民共和国驻前南斯拉夫联盟共和国大使馆被轰炸，学生们群情激奋，邹先定临时决定举行一场主题宣讲。在华家池校区的礼堂里，长达2个小时关于"科索沃危机和美国的全球战略"的演讲中，学生们鸦雀无声，爱国之志在年轻的心中坚定种下，邹先定忘不了当时的场景。

　　8年前，6月7日，那天正是邹先定的生日，他被邀请为离退休干部宣讲中国梦。当天大雨滂沱，他本以为现场只会有寥寥数人，谁知耄耋之龄的老干部们早早到场等候，其中一位老干部还是特地从医院请假赶来的。邹先定的裤腿被雨水湿透，但他说："这是我那年生日最好的礼物，我还有什么理由不用心做好宣讲这件事呢！我要坚持把党日新月异的理论讲给更多的人听！"2013年，他宣讲《中国道路与中国梦》等专题11场次，受众达2000余人次。而这一坚持，就是很多很多年……

①　本文原载《浙江大学报》2021年4月2日第3版。作者杨金系《浙江大学报》记者。

"有幸听了您的宣讲，如果没有听到您的授课，将是我巨大的遗憾！"听过邹先定宣讲的学生，常能被他的昂扬激情所感染，禁不住发出感叹。他既讲雷锋、焦裕禄，也讲比尔·盖茨、乔布斯；既讲《共产党宣言》，也讲《礼记》《尚书》；既深入浅出地讲着马列主义、毛泽东思想、中国特色社会主义理论，也信手拈来康德、黑格尔的经典论述……从老子、孔子到第四次工业革命、大数据时代，从宏大的历史命运到个人的成长经历，他仿佛立在岁月的长河堤岸边，纵观全局后，把枯燥乏味的理论举重若轻地娓娓讲述给孩子们，把信仰的光照在那些稚嫩的脸庞上。

为做好宣讲工作，邹先定每天清晨4点钟起床，阅读1个小时的马列经典和习近平著作，反复研读相关著作，剪下《光明日报》并细阅画圈、按专题分类，以资宣讲备课，至今已写下30多本笔记，收集100多袋专题资料。

把经典写给你看

"我坚持晨跑锻炼35年了，如果从1962年入伍算起，已经59年了。"邹先定笑着说："我算是实现了为党健康工作50年的目标，今后还要继续'站岗'。"

在他的最后一堂博士授课结束后，课堂上没有一个人离开，掌声一直没有停下来。学生们对他说："您是大树，我们是森林，我们在您的身边茁壮成长。"尽管已经正式离开授课课堂很多年，邹先定仍坚持不懈地关心年轻一代，笔耕不辍。2005年，他出版30万字的著作《现代农业导论》，该书2011年被推荐为报考农学硕士的参考书目。2011年，他又担任科学出版社《农业科学方法论丛书》编委、《农业科学方法论概论》审稿人。邹先定还被聘为浙江省科技报告团成员，奔赴舟山、温州、宁波等地作《科学发展观与农业可持续发展》《现代农业与可持续发展》等专题报告50余次，受众达5000余人次。

退休后，邹先定两度主编《浙江大学农业与生物技术学院院史》，前后历时7年。它是浙江大学正式出版的第一部院史，运用大量真实可靠的材料，记述了农学院百年来的发展历程，传扬了前辈的创业之功，是我国高等农业教育和浙江大学校史中的珍贵篇章。

邹先定接到著书任务时，肩上还挑着照顾九旬父亲的重担。那时，老父亲双目失明，邹先定为照顾好父亲，基本上是利用夜间进行写作，考究严谨，所有历史素材全凭手工查询和抄写。子夜时分，青灯黄卷，修史七载，步履不停。为充实资料，他多次赴相关历史事件原址寻访考证。即使编写期间突发眼部视网膜裂孔以及颈椎疾患，他仍坚持到最后一个标点落定，两部共130万字。

除了编写院史，他还先后发表了《永远铭记于心的教诲——回忆与钱学森先生的一次接触》《继承和发扬求是勤朴的优良传统》《谈卢守耕先生对海峡两岸农业的贡献》《谱写无愧于时代的青春之歌》等十多篇文章。2016年始，他又主编了《我心中的华家池》系列书目，深刻探寻浙大农科史，追访浓浓的校园"乡愁"。

与你一起站在鲜红的党旗下

邹先定退休后多次婉言谢绝外单位聘用，但毫不迟疑地接受浙江大学关工委顾问和宣讲团工作。作为宣讲团团长，他以身作则，带头宣讲，细致地制定宣讲团的定期学习、集体备课、试讲、宣讲稿汇编等制度，并根据实际情况及时调整细节。

这些年，邹先定与学生间的联系交流也从未断过。家中，一本又一本泛黄的笔记本上记录着他接待的一批批莘莘学子。他把他们的专业、年级和联系方式仔细地记录下来，每次都耐心地与年轻学子们促膝谈心，解惑释疑。

2017年，党的十九大胜利召开后，邹先定提出创立"在鲜红的党旗下"党建教育平台，浙大关工委与党委学工部联合在14个学院、学园建立基地，开展了一系列活动。2020年10月，"在鲜红的党旗下"党建教育平台邹先定工作室成立，成立至今，各类丰富的活动深受新生欢迎。

此外，邹先定在自己的著作完成后，向浙江大学农学院学生、浙江大学继续教育学院干部培训中心、浙江省科技干部培训中心捐赠了400余册《现代农业导论》。2013年、2014年，他又分别向浙江大学华家池子弟小学和湖州练市第一小学捐赠精心挑选的"红色图书"各400余册。

从2015年始，邹先定就用自己的退休金设立了励志奖学金，每年至少捐赠1万元，资助家乡赣东北革命老区在浙大的困难学生。至今，受助学生达38人次。

他说：列兵，是队伍中最平凡的一员，而他，永是党的一名列兵。说这话时，他将腰背挺得笔直，仿佛身后站着一支队伍。

邹先定教授：退休17载，坚持不忘关心下一代①

◎朱　征

2020年11月17—18日，纪念中国关心下一代工作委员会成立30周年暨全国关心下一代工作表彰大会在北京召开。会上，中国关工委、中央文明办联合表彰593个先进集体和1907名先进个人。浙江大学关心下一代工作委员会被授予"全国关心下一代工作先进集体"称号，邹先定同志被授予"全国关心下一代工作先进工作者"称号。今天，让我们一起走近邹先定同志。

邹先定，男，中共党员，教授，研究生导师。1943年6月出生，祖籍江西玉山。1962年，应征入伍。1970年，本科毕业于浙江农业大学；1982年，研究生毕业于中央党校自然辩证法研究班。曾担任浙江农业大学党委副书记，主编《世纪之交的中国农业和农村》《宏观农业原理与现代农业建设》《农业发展的宏观分析》《现代农业导论》等著作，获国家级优秀教育成果奖二等奖、浙江省社会科学优秀成果奖三等奖、《高等农业教育》优秀论文奖一等奖、中央农业管理干部学院授予的农业干部教育优秀教师证书及国务院贫困地区经济开发领导小组办公室授予的荣誉证书等奖励。退休后，仍笔耕不辍，主编了《浙江大学农业与生物技术学院院史》等著作，还担任浙江大学农耕文化研究会理事长等职。同时，致力于关心下一代工作，在大、中、小学生中积极宣传中国梦、社会主义核心价值观等，传播正能量。2013年获浙江大学关心下一代工作先进个人称号，2014年获浙江大学优秀共产党员称号，2015年获浙江省离退休干部先进个人称号，2017年当选浙江省人大代表，2018年获浙江省"学生资助"最美爱心人物，2019年获浙江省"最美五老"，2020年被授予"全国关心下一代工作先进工作者"称号。现任浙江大学关工委顾问、关工委求是宣讲团团长，浙江省离退休干部红色讲师。

今生坚定跟党走

邹先定同志长在红旗下，是一位有53年党龄的老党员，也是一名老战士，曾在"沙家浜团"当兵，连续6年被评为"五好战士"。作为新中国成立、社会主义革命和建设、改

---

① 作者朱征系浙江大学离休党工委书记、离退休工作处处长、浙江大学关心下一代工作委员会秘书长。

革开放的见证者、亲历者、参与者，他深知没有共产党就没有新中国的真理。他始终自我定位为一名党的战士，要把对党对社会主义祖国的真挚情感传承下去，为把青年一代培养成为社会主义事业的建设者和接班人而努力。2012年，他在《高校思想政治工作》上撰文《愿继续耕耘在这土地上》；2013年7月1日，他在浙江大学庆祝建党92周年座谈会上深情地作《今生坚定跟党走》的发言，以明心志。

著史育人

邹先定同志两度主编《浙江大学农业与生物技术学院院史》，前后历时7年。他以高度的文化传承使命感和责任感，呕心沥血，终于在2007年出版《浙江大学农业与生物技术学院院史》第一版，并于2010年完成第二版，实现了编纂农学百年院史的夙愿。他治学严谨，所有历史素材全凭手工查询和抄写。因为要照顾90高龄、双目失明父亲的生活起居，他基本上利用夜间进行写作。子夜时分，青灯黄卷，是他7年修史的真实写照。《浙江大学农业与生物技术学院院史》运用大量真实可靠的材料，记述了农学院百年来的发展历程，传扬了前辈的创业之功，是我国高等农业教育的宝贵史料，也是浙江大学校史中璀璨的篇章。自2005年始，邹先定同志以《浙江大学农业与生物技术学院院史》为载体，结合形势，向农科学生作《农学院发展史与当代青年学生的使命》《百年农学的辉煌与期望》《浙江大学农业科学家的梦想与奋斗》等报告，每年3～4场，对学生进行爱国主义和浙江大学求是优良传统的教育，受到学生热烈欢迎。他的报告现已成为研究生入学教育的必修专题。

积极投身关心下一代和宣讲团工作

邹先定同志退休后多次婉言谢绝外单位聘用，却毫不迟疑地欣然接受浙江大学关工委顾问和宣讲团工作。他把关心下一代视为崇高的事业、光荣的职责，不辞辛劳随校关工委跋山涉水、外出学习考察，殚精竭虑地献言献策。作为宣讲团团长，他以身作则，带头宣讲。在校关工委的领导下，他制订宣讲团定期学习集体备课、试讲、宣讲稿汇编等制度，加强宣讲团自身建设。在他的带领下，宣讲团围绕中国梦主题安排12个专题的系列讲座50余场次，深入宣传党的十八大、党的十九大精神，内容丰富、形式多样，受众达7000余人次，获得校内和社会的广泛赞誉。

邹先定同志毕业于中央党校自然辩证法研究班，长期从事马列主义理论的教学和研究。他最爱读书，长期订阅《光明日报》《新华文摘》等报刊，紧跟时代步伐。他曾主编《马克思主义哲学教程》《形势与政策》等教材，发表《当前大学生的困惑及其成因》等有一定影响力的论文。他的宣讲主题鲜明，观点正确，脉络清晰，层次分明，针对性和逻辑性强，语言生动，富有激情，不迎合媚俗，不哗众取宠。他在宣讲中坚持以习近平新时代中国特色社会主义思想为指导，将历史发展与自己亲历感受相结合。他既讲雷锋、焦裕禄，也讲比尔·盖茨、乔布斯；既讲老子、孔子，又讲第四次工业革命、大数据时代；既继承发扬革命精神和优良传统，又富有时代气息，与时俱进。他每次讲座均留时间与学生交流互动，营造青春与银发互动、朝阳与晚霞共融的氛围。他热情参与浙江大学和浙江省新四军历史研究会共建的"相约星期五"座谈活动，每次发言均做精心准备。他在家中亲切接待一批批莘莘学子，与他们促膝谈心，解惑释疑。学生们真切地感受到他的拳拳赤子心、深深儒者情。2013年，他宣讲《中国道路与中国梦》等专题11场次，受众达2000余人次。《中国道路与中国梦》被浙江省新四军历史研究会作为宣传党的十八大材料，推荐转发给下属各宣讲团；全国青少年普法教育活动网也在2013年第3期对他在南浔作主题宣讲的事予以报道。

2020年10月，"在鲜红的党旗下"党建教育平台邹先定工作室成立，工作室将充分发挥"五老"优势，宽口径、综合化开展形式多样的教育活动，讲好党的历史，讲好中国历史，讲好浙大故事。

科普宣传，著述不辍

将理论研究与科普宣传紧密结合起来是邹先定同志的另一个特点。退休后，他笔耕不辍，先后发表《永远铭记于心的教诲——回忆与钱学森先生的一次接触》《继承和发扬求是勤朴的优良传统》《谈卢守耕先生对海峡两岸农业的贡献》《谱写无愧于时代的青春之歌》等十多篇文章。他以哲学的视角，长期致力于宏观农业和现代农业的研究，退休后也未中断。2005年，他出版30万字的著作《现代农业导论》。专家指出该著作"系统性强，观点鲜明，阐述清楚，文笔流畅，字里行间反映出作者具有较高的学术水平和专业造诣"。该书2011年被推荐为报考农学硕士的参考书目。他的论文《现代宏观农业及其课程建设探讨》获农业部高等教育优秀论文奖。2005年，作为自然辩证法工作者的他入选《中国农业专家大全》。2008年，他获得"从事中国自然辩证法事业30周年"荣誉证书。2011年，他又担任科学出版社《农业科学方法论丛书》编委、《农业科学方法论概论》的审稿人。邹先定教授还被聘为浙江省科技报告团成员，奔赴舟山、温州、宁波等地作《科学发展观与农业可持续发展》《现代农业与可持续发展》等专题报告50余次，受众达5000余人次。

邹先定同志积极参与中国科协组织的"陈子元院士学术成长资料采集工程"。2012年在北京参加会议期间，他由于过度劳累，左眼视网膜裂孔，视力明显下降，但仍然坚持到底，取得会议颁发的资质证书。他潜心梳理陈子元院士的学术轨迹，在《浙江大学校友》

上发表《核农学家强国梦的璀璨轨迹》论文。他向《光明日报》《农民日报》力荐陈子元院士的先进事迹，在社会上产生广泛影响。他以此为契机，向大学生作《一生的目标，永不懈怠的奋进》主题报告，介绍陈子元院士的爱国精神和奋斗足迹。

向社会献爱心

邹先定同志居所简朴，生活节俭，却经常向社会表达挚爱之心。汶川地震后，他向中组部交纳特殊党费，并在社区捐款。浙江大学"陈子元教育基金会"成立时，他捐款1万元。他向浙江大学农学院学生、浙江大学继续教育学院干部培训中心、浙江省科技干部培训中心捐赠自己的著作《现代农业导论》400余册。2013年、2014年，他分别向浙江大学华家池子弟小学和湖州练市第一小学捐赠精心挑选的"红色图书"各400余册。他尽己所能，为党的事业增添正能量。2015年，他设立励志奖学金，每年从退休金中至少捐赠1万元（2019年起每年2万元）资助家乡赣东北革命老区在浙大的困难学生。他与学生亲切交流沟通，鼓励他们立志成才。至今，受助学生达50余人次，其中6位已毕业。

邹先定同志退休17年，老当益壮，终日乾乾，奋斗不息。他坚持做到"两不变"和"两不忘"：勤奋笔耕不变，乐于奉献不变；关心下一代不忘，做学生思想宣传教育工作不忘，体现了一位老党员为人民服务的本色。

后记

在《思政教育实践——邹先定思政教育札记选编》即将付梓之际，我却因为住院动手术而将"后记"耽搁了一点时间。

本书记录了我个人投身大学生思想政治教育工作的轨迹及理论思考。时间跨越度大约40年，正置于国家改革开放和社会主义现代化建设新时期、中国特色社会主义新时代的宏伟背景之下。我把它献给青年大学生朋友们和从事高校思政教育工作的同行们。

我诚挚感谢浙江大学党委学生工作部、求是学院各位领导的指导支持和帮助。衷心感谢浙江大学出版社对本书的出版给予的支持。这本著作能得到母校的关怀而顺利出版，是我的荣幸。责任编辑季峥女士不辞辛劳，多次登门与我沟通，从封面设计、装帧到文字编辑校核，倾注了大量心血。在征得校离退休处处长朱征和校报记者杨金的同意后，我将他们的文章作为附录收入本书，从另一视角供读者参阅。在此，我一并表达深深的敬意。

今年我已届八旬之龄，作为一名党员教师，更加坚定了自己矢志不渝的决心：在鲜红的党旗指引下，学习贯彻习近平新时代中国特色社会主义思想，为党育人，为国育才，做学生的良师益友，和学生一起成长，奋进新时代新征程。

邹先定

2023年"五一"前夕于浙大华家池